The South China Sea: The Struggle for Power in Asia *by* Bill Hayton

南海

21世紀的亞洲火藥庫與中國稱霸的第一步？

比爾·海頓、著

林添貴、譯

目錄

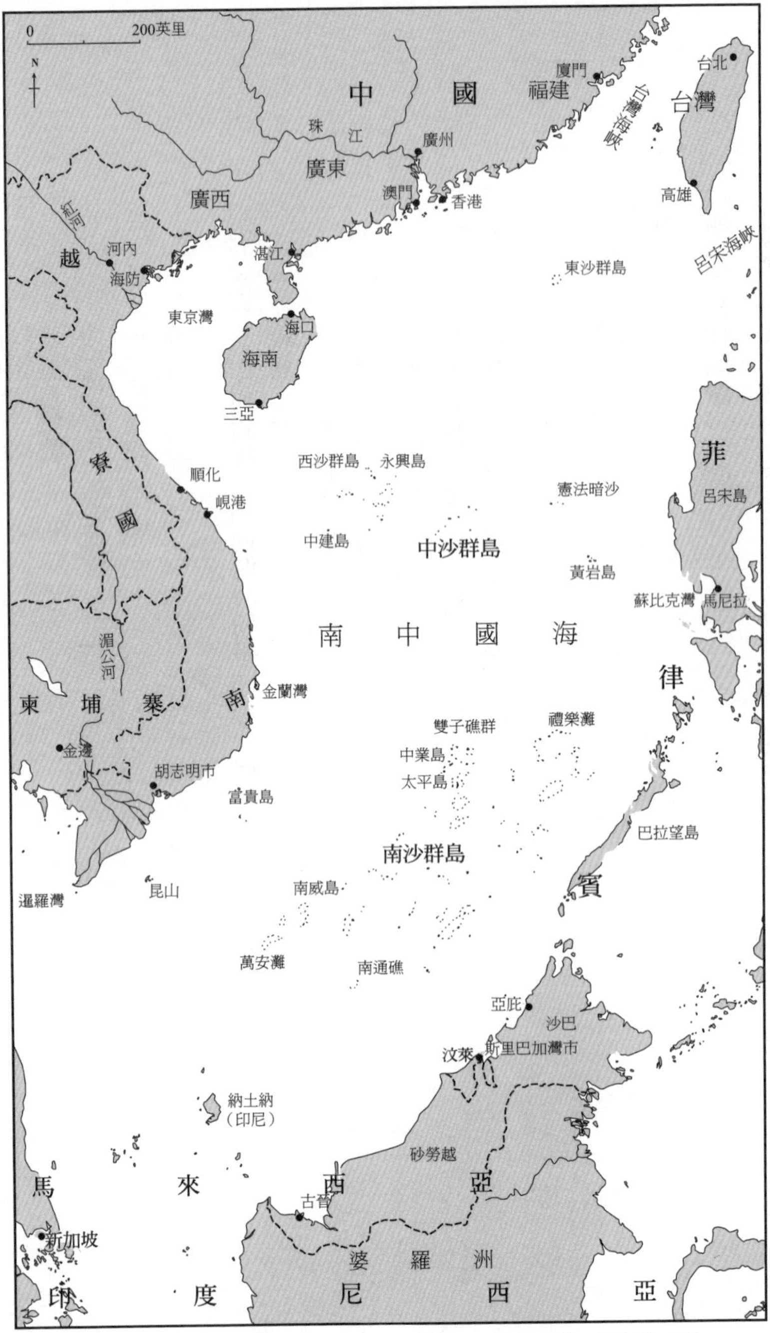

南中國海，越南人稱之為東海，菲律賓人稱之為西菲律賓海。

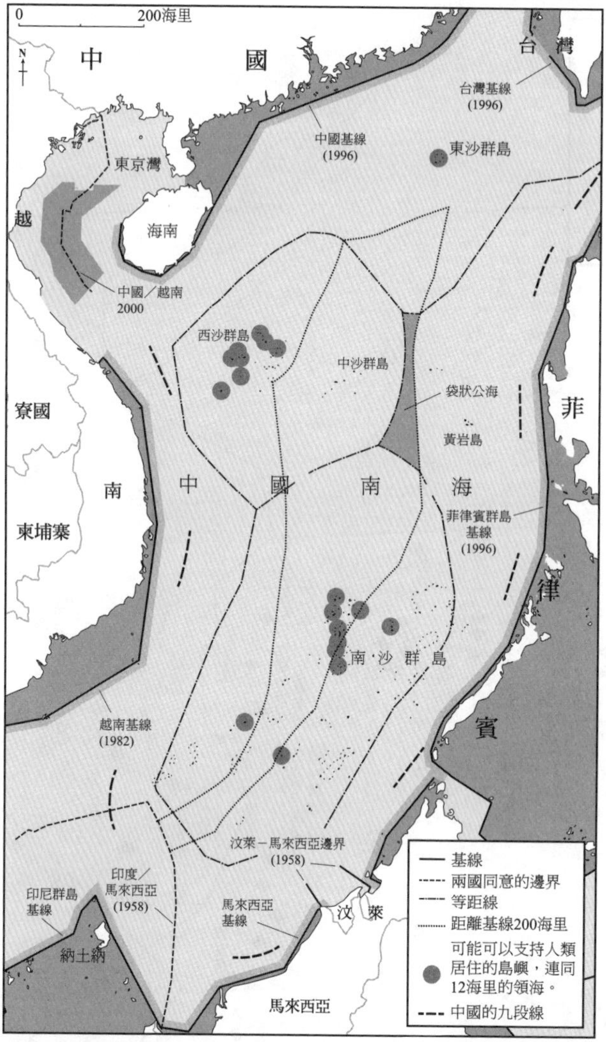

這張南中國海的地圖標示出了大到可能「可以支持人類居住或經濟生活」的島嶼。製圖者也把這些島嶼的十二海里領海與假想的專屬經濟區畫了出來。專屬經濟區以最大可能的方式呈現，即位於該島與最鄰近的海岸線之間的中間線上。根據最近國際法院的判決，該線的劃定可能會更接近該島嶼一些。本地圖同時顯示，中國主張的「U形線」如何切入每個海岸國家外海的專屬經濟區。

本圖的繪製參考了印尼日惹大學（Gadjah Mada University）大地測量與空間學系（Department of Geodetic and Geomatic Engineering）講師I Made Andi Arsana先前繪製的地圖。

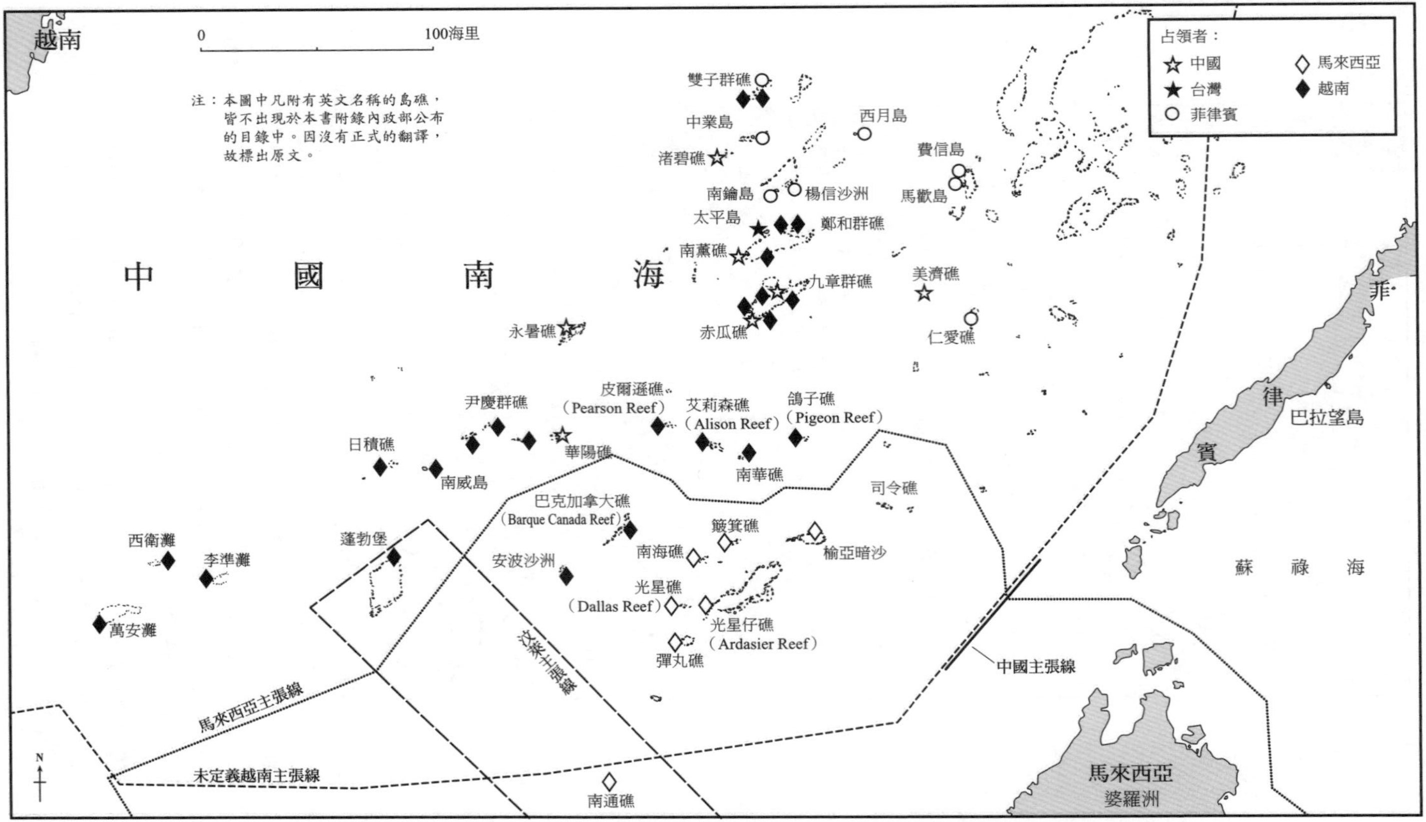

史普瑞特利群島，中國稱之為南沙，越南稱之為大長沙，而菲律賓稱之為卡拉揚群島。

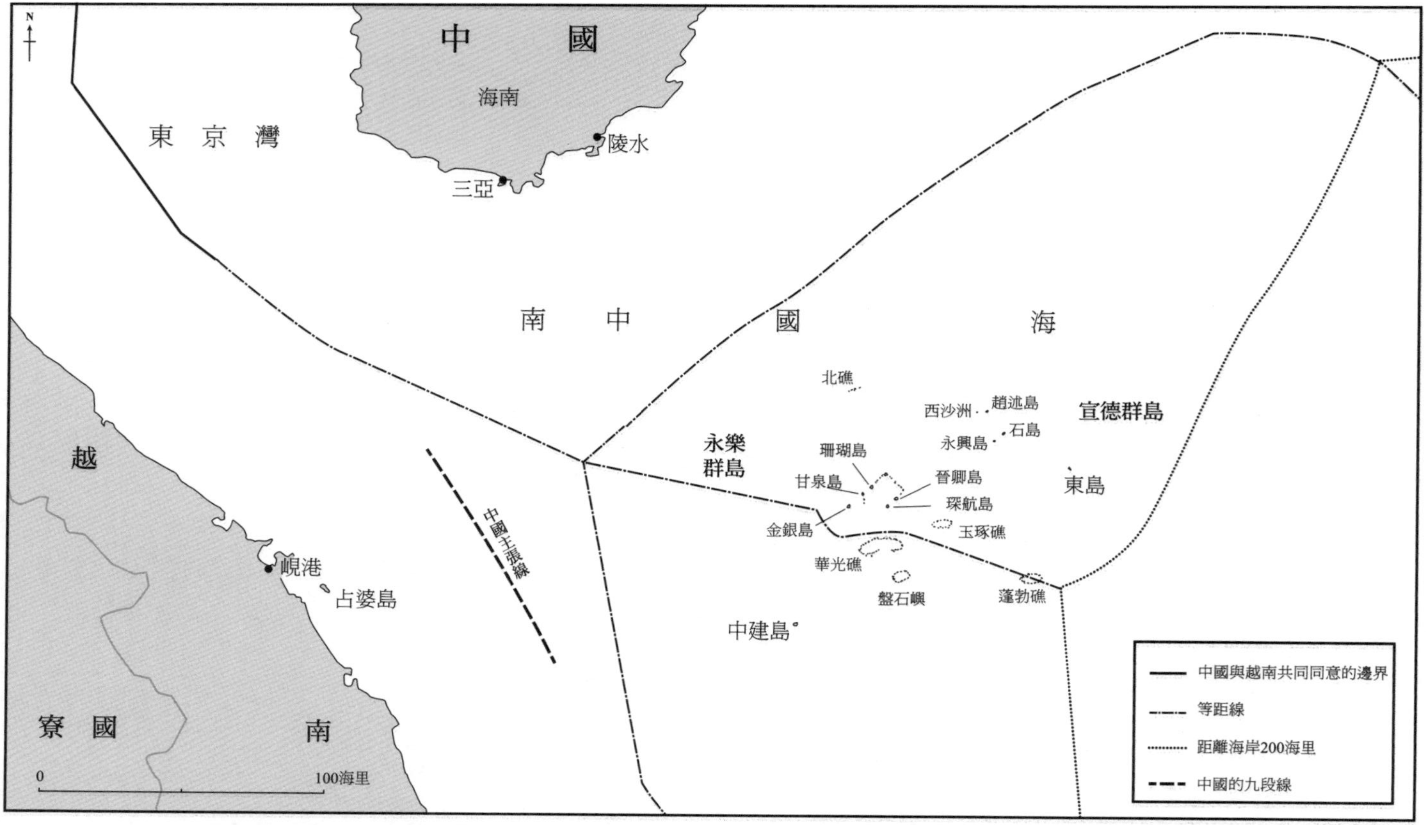

帕拉塞爾群島：由中國占領，中國人稱之為西沙，但越南也主張有主權，並稱之為黃沙群島。

推薦序（一）

兩岸釐清或處理南海U形線問題的思路

宋燕輝
中研院歐美所研究員

二〇一四年十月上旬，在出發前往新加坡參加一場有關南海問題的學術研討會的前幾天，一位學術界的好友——國立新加坡大學法學院教授，也是該校國際法研究中心主任羅伯特・貝克曼（Robert Beckman）——傳來一份電郵，告知比爾・海頓（Bill Hayton）剛出版一本題為*The South China Sea : The Struggle for Power in Asia*之新書的信息。他特別建議，新加坡樟宜國際機場書店有賣，當我入境時可順便去買一本，因為此書值得一讀。

當我抵達機場，由於辦理入境手續、提領行李、加上友人已抵達接機，因此沒有機會抽空到書店去買這本書。第二天，沒想到在會議討論期間，一位資深新加坡教授特別影印了此書英文版原著的第二百六十五頁（本書第三六七與三六八頁）給與會學者共討論之用。這一頁主要提到台灣在正確解讀南海歷史所扮演的關鍵角色。

海頓認為，「在台灣，更加自由地辯論中國歷史的機會，要比在大陸大得多。台灣已經有一些持異議見解的學者在重新思考二十世紀歷史的各個面向。台灣也是中華民國政府檔案儲存之所在，而最先劃出『U形線』者正是中華民國政府……如果台灣的統治者，亦即國民黨或國民黨政府，願意〔先採取措施去〕（筆者加入）降低南海史料編纂的衝突，北京政府才方便跟進。唯有誠實、批判性地檢視過去的歷史，才是未來〔南海〕（筆者加入）和平之鎖鑰。」

海頓的新書觸及幾個南海核心問題，此包括：第一，南海島礁的領土主權；第二，南海歷史性權利的主張；第三，南海「九段線」或「U形線」的意涵；第四，島礁在南海海域主張與劃界上所扮演的重要地位等。

海頓指出，太平島將是對南海提出島嶼主權主張的任何國家最核心的一塊領土。如果南海聲索國全都堅持立場，要求國際法院就全部島礁做出判決，那麼南威島、中業島和其他島礁的所有權恐怕都要歸於對太平島的主張最有力的那個國家。

鑒於太平島在過去七十年絕大部分時間由中華民國控制，海頓認為贏家極有可能是中華民國。

有關太平島的法律地位問題，海頓在書中寫到：「太平島只有三百七十公尺寬，但是有自己的淡水，也有天然植栽。它顯然能夠支持至少最低度的人類居住。」基此，海頓應該是採取支持太平島依據《聯合國海洋法公約》第一百二十一條規定是可以主張兩百海里專屬經濟海域和大陸礁層，享有此海域內有關有生與無生資源主權權利的見解。

就南海歷史性權利問題，海頓表示，儘管所有南海聲索國都堅持對目前其所占領的島礁擁有「歷史權利」，但此要在國際法院上提出充分有效證據，進而說服法官接受此主張具有高度的不確定性，因此，越南與菲律賓傾向依據《聯合國海洋法公約》去處理南海爭端。相對的，北京愈來愈主張「歷史權利」。就台北而言，既強調《公約》規定，但也主張特定的「歷史權利」，例如，傳統捕魚權。

前言與結語不算，這本由耶魯大學出版，並獲選為二〇一四年《經濟學人》年度選書的專著有九章，總共二百九十八頁（平裝版）。在書中，長期擔任英國國家廣播公司記者的比爾・海頓由歷史、地理、考古、文化、外交、法律、軍事安全、地緣政治、油氣資源開發、民族主義、及區域衝突和合作等角度生動的向讀者說明幾個世紀以來南海周邊國家和區域外大國如何在此海域爭奪權力的過程。

海頓認為，沒有任何國家或民族可以號稱「擁有」南海。他表示，「從歷史的角度來看，對這些島嶼的權利主張——不論是英國、法國、中華民國、中華人民共和國，或甚至菲律賓所提出——沒有一個有完全的說服力。」但台北官方立場一向是：無論就歷史、地理及國際法而言，南海四大群島及其周遭水域屬中華民國固有領土及水域，主權屬中華民國，此不容置疑。

海頓以報導、說故事，甚至在有些地方採取加油添醋的方式揭露了一些南海島嶼和開發權益爭奪的內幕。他所敘述的一些鮮為人知的人、事、時、地、物的故事，包括了南海聲索國和域外國家石油公司如何絞盡腦汁爭奪南海石油油氣資源開發；菲律賓狂人托瑪士．柯洛馬（Tomas Cloma）於一九五六年如何以個人發財致富為目的，宣稱發現巴拉望海岸之外一塊六角形水域，以及水域內所有大小島礁沙洲淺灘，並將此區域命名為「自由邦」（亦即目前菲律賓所主張的卡拉揚島群）；以及為何在二〇一二年東協外長會議首度無法發佈聯合公報的困境等。一般學術論文不太會提及這些內幕，因為有些可能是道聽塗說，衍生查證問題。

全球華人讀者對此書第三章一段有關中華民國海軍在南沙群島採取維權作為的敘述可能會特別感到興趣。海頓寫到：「一九五六年十月一日一大早，菲律賓海事學院船隊四號船下錨泊停在雙子礁（North Danger Reef）……被中華民國海軍兩艘軍艦堵上。費勒蒙．柯洛馬船長（Captain Filemon Cloma）被『邀請』到其中一艘軍艦上談話。雙方在艦上辯了四小時國際法——同一時間，中華民國人員登上四號船，沒收所有武器、地圖及相關文件。次日，費勒蒙又被邀請過去，要他簽署一份聲明承認擅闖中國領土，保證絕不再犯。」

海頓的書是在二〇一三年完成、二〇一四年十月出版，因此書中並未進一步討論南海仲裁案的新發展；美國如何施壓要求台北與北京釐清南海U形線或九段線的意涵；美國如何建構牽制中國大陸在南海佈局的結盟策略；菲越等國如何進行雙邊戰略合作並拉攏美國、日本、印度，以及澳洲等國支持其對抗中國大陸；西沙「981事件」越南暴民攻擊華商與北京撤回鑽井平台之內幕；中國大陸加速進行南海填海造陸工事的主因；以及北京積極推動「一帶一路」倡議和籌設「絲路基金」和「亞投行」等重要發展。儘管如此，海頓在書中有關南海、南亞、以及歐洲海上貿易歷史的論述似乎呼應了習近平主席在二〇一三年所提出「二十一世紀海上絲綢之路」的倡議。

海頓的書深入解釋南海衝突的主要原因，包括各聲索國之內部政治考量、民族主義的興起和政府的顧慮、美國的積極介入，以及中國大陸的整體戰略軍事安全佈署等。有關南海合作面向或和平倡議的討論主要擺在此書的最後一章。海頓提及一些與南海漁業資源保育與管理、設立海洋生態保護區或海洋和平公園、設立南海「和平自由友好合作區」（Zone of Peace, Freedom, Friendship and Cooperation）有關的倡議、中國大陸所提的「擱置爭議、共同開發」建議、印尼所主導召開「處理南中國海潛在衝突非正式研討會」此架構下的合作項目、成立「共同研究小組」，以及討論草擬簽署一份包括界定「南沙群島特許區」（a Spratly Island Concession Area）範圍的可能區域合作。

海頓在書末特別提到地中海的經驗，做為未來南海能有更富饒前景的類比。地中海是一個半封閉海。一九八二年《聯合國海洋法公約》第一百二十二條將「閉海或半閉海」定義為：「兩個或兩個以上國家所環繞並由一個狹窄的出口連接到另一個海或洋，或全部或主要由兩個或兩個以上沿海國的領海和專屬經濟區構成的海灣、海盆或海域。」地中海「分享著共同的歷史，也有休戚與共的現在，其整體大於每一個部分的加總。它將是根據普世原則議定疆界的海域，會依共同責任治理以求最明智地運用其資源，這片海域的漁群將由所有成員以全體利益為宗旨來管理，這裡的石油開採和國際航線造成的污染將被減輕，搜索和救援任務也可以順暢地進行。」海頓認為，地中海沿海國在半閉海內的上述合作都有可能在南海發生，但先決條件是南海的海洋疆界線必須重新劃定。

海頓的此一比擬值得南海周邊國深思。南海的確是《聯合國海洋法公約》第一百二十二條所界定的半閉海，且依據此公約第一百二十三條規定，南海周邊國都有條約義務就南海生物資源的保育、管理、開發及利用、南海海洋環境之保全與保護，以及海洋科學研究等進行合作。此合作包括可邀請關注南海或自認具有實質利益之區域外國家或國際組織的參加。由於南海也包括沿海國的專屬經濟海域和小部分公海海域，公約所規範適用於此些海域的合作義務同樣適用於南海。

至於是否必須重新劃定南海海域疆界後再進行合作的問題，我個人認為不盡然。首先，南海劃界涉及複雜的島嶼主權問題。此敏感領土問題要獲得解決得曠日費時，在可見的未來很難達成。第二，除《聯合國海洋法公約》第一百二十三條所規定沿海國在半閉海應履行一般合作義務外，第七十四條與第八十三條也規定在未達成劃界協定前可透過臨時安排進行合作。

或許南海周邊國家解決南海爭端的可行方案是先進行劃界前階段性臨時安排協商，在達成簽署臨時合作安排協議後，台北或北京可以進一步與相關國家進行協商階段性刪除U形線的可能。誠如海頓在書中指出，在十三至十六世紀期間，主權之概念與問題與今天截然不同；現代國家領土、主權的概念也因全球化而有所改變。因此，南海周邊國家應朝擱置爭議、共同開發、將南海資源視為區域人類共同遺產的合作方向去思考。

總的來看，海頓的這本書對有意深入瞭解南海爭端之歷史、政治、法律、資源、地緣戰略、軍事安全、可能合作面向的一般人士、研究人員，以及政府機關涉及南海業務的官員具有高度閱讀與參考的價值。二〇一四年十月十一日，我與同行出席新加坡會議的另外兩名台灣學者辦完出境手續後在機場書店，每人各買一本。回國後，我很快的把這本書讀完，也曾推薦給國外友人。半年後，很高興知道麥田出版社決定出版此書的中文版。透過林添貴先生信、雅、達的中文翻譯，相信更多的讀者可排除英文閱讀與理解的障礙或限制，進一步去理解南海爭端的歷史背景和發展現況。我很高興為比爾・海頓新書的中文版寫推薦序，因為這本書的確值得仔細閱讀。

推薦序（二）

中華民國應展現維護太平島主權的決心

林郁方
立法委員

《南海：21世紀的亞洲火藥庫與中國稱霸的第一步？》是介紹南海問題的佳作，為了撰寫本書，作者取材豐富，蒐集了許多國內難得一見的史料，提供不同的觀點供讀者參考。再加上譯者林添貴先生信、達、雅兼具的翻譯，使本書可讀性極高。對於熟悉南海問題的專家或是初學者，此書都是一本不可或缺的好書。

不過，站在中華民國的立場，本書令人感慨！因為書中對中國大陸、美國、越南、菲律賓、馬來西亞和印尼在南海的縱橫捭闔，均有不少討論；但對一九六〇年代後，中華民國在南海的經營，卻著墨不多。

這一情形，正好印證了我們長久以來的擔憂，即台灣在南海問題上已逐漸被「邊緣化」！這和政府長期以來為避免影響中華民國和美國以及區域內其他國家的關係，刻意保持低調有關。幸而近年來，馬英九政府開始積極強化太平島的防務。例如，雖然目前無法讓陸戰隊回防太平島，但所有派駐該島的海巡署人員都必須先在陸戰隊受訓六周。此外，對於我在立法院的各項提案，諸如在太平島和東沙島部署120迫砲和40機砲、在太平島興建新碼頭以及中油在該島進行地質探測等等，若非馬政府欣然接受和積極行動，也無法成事。

本書作者在結尾建議中華民國重新檢視對南海的主權訴求，並暗示這是讓中國大陸在南海不要那麼強悍的關鍵。坦白說，我不能認同作者的看法。第一，影響中國大陸在南海的作為之因素，除了較抽象的民族情緒以外，還有具體的國家利益，如油氣探採和區域戰略佈局。即使中華民國調整主權訴求，中共也未必會變得溫和。第二，中華民國在中國大陸與其他聲索國之間，始終巧妙扮演「平衡者」的角色，中華民國若果在南海主權上退縮，有可能激發中共和區域內其他相關國家，尤其越南，更嚴重的競爭和衝突。李登輝主政時期，主動撤回太平島和東沙島的陸戰隊，代之以海巡署人員，此區域其他國家之間的軍備競賽卻因此變得更嚴重。第三，中華民國在南海有自己的國家利益要維護，若片面放棄既有立場，恐將盡失談判籌碼。

本書的出版對我們的啟示很明顯，我們必須讓全世界更瞭解我們的南海政策以及作為，更重視我們維護太平島主權的決心。期待有更多國內學者能發表更多有關南海的著作，為中華民國在國際發聲。

序幕

未來的某一天，可能有兩艘漁船從菲律賓呂宋島出發，向西開往大海。它們將把航線定向一個珊瑚礁，它的名字即來自它們出發的港灣巴約．狄．馬辛洛克（Bajo de Masingloc）。過去三百年，這個島礁有過許多不同的名字。西班牙人稱它為馬羅納礁（Maroona Shoal），英國人稱它為斯卡伯勒淺灘（Scarborough Shoal），中華民國稱它為民主礁，共產中國將它改名為黃岩島，而最近菲律賓民族主義者給它取了一個並不貼切的名字帕納塔格礁（Panatag Shoal），意即寧靜礁（Tranquil Shoal）。當他們抵達時，一行人看不到什麼東西：只有從四千公尺底下的海床冒出來的一座山的峰頂。茫茫南中國海中孑然獨立的一塊岩尖。

如果它再矮個三公尺，除了對過往船隻構成危險之外，它就不值一哂了。但是即便是高潮時，幾塊岩塊露出水面，每塊大小只夠有人站在上頭。由於島嶼的正式定義是「自然形成的一片陸地，被水面包圍，在高潮時高於水面」，區區這幾公尺可就大大有學問。[1]受承認擁有一個島嶼，主人就對海洋、四周的魚，以及海床之下可能出現的礦物擁有權利。近年來，擁有它更有其他意義。對某些國家而言，得之則榮、失之則辱，是大國或龍套地位之別。也正是因為如此，在未來的這一天，兩艘漁船試圖前往這個島礁。

在假設性的這一天，船上載著揮舞國旗的菲律賓人：國會議員、退役軍官和資深的街頭運動者。在夜色掩護下，他們企圖溜過一艘中國海警局的船：它守在這兒就是為了防止有心人士擅闖。它們差一點達陣成功。中國海警船正在島礁的另一端巡邏時，它們硬闖潟湖入口。這是相當危險的舉動。入口有三百五十公尺寬，但是潮水、海浪幾乎把漁船推去碰暗礁。就在他們接近島礁時，他們聽到一聲槍響，燈火突然大亮。一艘小船快速向它們趨近，有人透過擴聲器以英語喊出警告：「這裡自古以來即是中國領土。請立刻離開。否則我們將被迫採取行動。」但是菲律賓人繼續往前衝：他們已幾乎進入潟湖。另一聲警告：「如果你們不立刻離開，我們將採取武裝行動。請立刻下令船隻掉頭。」第一艘漁船只距潟湖入口十公尺，中方又開了一槍。這一次它不是照明彈。子彈打在水面上。

菲方漁船上的軍人要求船長繼續向前衝。他們有過槍林彈雨的經驗，可不害怕。他們已經走了這麼遠，現在可不能退卻了。他們將在這塊菲律賓領土插上國旗。另一排槍彈掃射到甲板上。一名船員當場斃命；一位國會議員肩胛中彈，另兩名積極分子受了重傷。但是船隻已衝進潟湖——軍人掏出武器、還以顏色。中方快艇退走，但是母船現在擋住潟湖唯一出口。菲律賓船隻已彈痕累累，眾人十分驚慌。一方面對傷者施以急救，國會助理也忙著用衛星電話求救。他們立刻連線接受氣喘吁吁的電視新聞主播現場即時訪問。馬尼拉方面，群眾圍聚在國防部和中國領事館外頭，要求當局要展現魄力。北京方面，另一批群眾向菲律賓大使館丟擲石頭，網路戰爭爆發，網站遭駭。人人都要求要有所行動。中國政府拒絕准許菲律賓漁船離開潟湖，聲稱它們非法擅闖中國領土，必須依法處理。菲律賓政府要求中方釋放漁船及船上一切人員，並且派它最大的軍艦戈里格里歐．狄爾．皮拉號（BRP *Gregorio del Pilar*）馳往現場。

中方不肯退讓，因此戈里格里歐號開火警告。沒有反應。菲律賓海軍特種部隊登上中國船隻，雙方在艦橋上鬥毆，有人開了催淚瓦斯，槍聲大作。接下來，兩架中國噴射機試圖掃射戈里格里歐號。它們沒有命中，但是這是最後一根稻草：菲方特種部隊退走，戈里格里歐號砲打中國船隻，打中它的船尾。中方船隻倉皇退走，菲律賓積極分子退出潟湖，被移到戈里格里歐號上施救。北京豈能容忍此一挑釁行徑。在全世界一片力促冷靜、要求節制的聲浪中，中方一支特遣部隊從海南島三亞的南海艦隊總部出海。

海上保險費率大漲，貨櫃輪取消航班，民航機改道飛行，半導體供應鏈斷了，「及時物流網」開始瓦解。漁民停止捕魚、市場架上空了、城市工人買不到食物、積極分子怒火上升、石油價格飛漲、政客喧囂叫罵、警告愈加嚴峻；但是情勢絲毫不見緩和。中國軍隊是在南沙群島最北的北子礁（Parola）——位於黃岩島西方約數百公里——登陸。菲律賓薄弱的守軍只能象徵性的稍做抵抗。但是三公里之外，據守南子礁（Dao Song Tu Tay）的越南軍隊，武裝較為精良，將中方的舉動視為攸關生死的重大威脅。他們以大砲及岸基飛彈攻打中國艦隊。雙方都召來空軍助陣。

戰鬥蔓延到南沙群島所有其他島嶼——各國在這片大洋的許多島礁、沙洲都紛紛派兵搶灘登陸。華府重申海洋自由攸關美國國家重大利益。它調派航空母艦戰鬥群進入本地區；其他國家派出象徵性船艦加入，以示國際決心。中、美船艦的對峙變得日益緊張：海上發生擦撞、潛水艇在水面下玩起貓捉老鼠的遊戲。日本軍艦奉令護送運油輪船。福島（Fukushima）核電廠事件之後，日本的發電業需要每六小時有一艘油輪抵達，才能維持穩定供電。印度政府表示願意援助其戰略夥伴越南，導致賭注越益攀升。接下來，德里有人決定，時機成熟，可藉機收復喜馬拉雅山脈一些失土……

以上所述只是一份劇本，而且即使我寫到這裡，仍有許多善心人士用心良苦想方設法防止它發生。但是也有一些力量在推動亞洲向反方向發展。經濟競爭、超級大國邏輯和民粹的民族主義都在升高衝突的機會。南海是中國的野心與美國的戰略意志硬碰硬的第一戰線。數十個其他角色，從中型國家到小政客，也想伺機從衝撞之中謀求好處。各方皆在評估利益，不斷組建同盟關係：戰略夥伴、共同防禦條約——種種承諾網絡把世界與這個區域的未來結合在一起。如果有人開了一槍、殺了大公爵*，世局會如何演變？

* * * *

要了解南中國海對廣大的世界之重要性，你可以在某個晴空萬里的一天，從新加坡樟宜機場起飛，向底下的水面望去。從最小的漁船、到極大的油輪，數百艘船隻塞滿了水道。駁船、拖網漁船、貨櫃輪船、載運汽車運輸船，以及大型貨輪，載運著現代生活的種種商品。往東去的石油引燃起南中國海另一端的台灣、南韓、中國和日本的巨大經濟體的活力。往西去的則是世界工廠的種種產品，硬體、軟體、頭飾和鞋類。根據最可靠的估計，除了全世界半數液化天然氣和三分之一原油之外，還有半數以上的海上貿易通過麻六甲海峽。如果這裡的船隻不動，不消多久，世界上某個角落的燈光將開始熄滅。

南中國海既是世界貿易的槓桿支點，也是角力的戰場。一九七四年和一九八八年，這個區域發生過戰爭，此後又有數十次規模較小的武力對抗。美國自始就捲入其中，印度則開始對南中國海產生興趣。這個區域值得我們注意，可是除了一小撮學者、專家及其他狂熱分子，外界對它非常不了解。對於爭議有許多公認的事實真相，不斷反覆出現在媒體報導上，但其實它們並不正確或是未經證實。南中國海的石油和天然氣資源並沒有特別豐富，繫爭島礁上的軍事基地並不特具

---

* 譯注：此處借用奧匈帝國王儲斐迪南大公（Franz Ferdinand）被暗殺引發了第一次世界大戰。

「戰略」意義，因為只要發射一顆飛彈，幾乎全可把它摧毀；領土爭議涉及到六個國家、不是五個國家，因為印尼雖假裝不受影響，其實也是其中之一；而且繫爭各國所謂的「自古以來即有的權利主張」，也是相當現代的事情。

有關南中國海的許多關鍵著作——至少是英文著作——可以追溯原始源頭到兩份西方學術著作：一是德國歷史學者戴耶德・海恩茲（Dieter Heinzig）一九七六年寫的論文〈南中國海繫爭諸島〉（Disputed Islands in South China Sea），以及美國地理學者馬文・薩繆爾（Marwyn Samuels）一九八二年出版的專書《競逐南中國海》（*Contest for the South China Sea*）。它們是令人大開眼界的開路先鋒作品，讓各界對此一主題有了迫切需要的了解。但是這兩本書敘述的歷史，相當大部分依據一九七四年一月中國入侵西沙群島之後，中國共產黨刊物所刊載的文章。其中之一發表在一九七四年三月號《七十年代月刊》，另兩篇發表在一九七四年五月號《明報月刊》。它們很明顯不是中立性質的學術作品：它們意在合理化中國的入侵行為。這也怪不得海恩茲和薩繆爾，因為當時能參考的材料本來就有如鳳毛麟爪。*

然而，透過依賴這些早期作品（以及依賴這些作品的其他作品），太多學者和評論員仍然允許這三篇已經出版四十年的中文文章框限有關南中國海的整個辯論。在那之後，我們對於南中國海歷史及當前情勢的了解已經更豐富，允許研究者重新檢視過去的定論。太多這類新材料躺在學術刊物之中，沒人讀它們。我希望藉由將這些作品推廣、得到更多人注意，讓這本書能對改變辯論有所貢獻。

除了為幾塊荒島礁石爭吵之外，其實南中國海還有更重大的意義。在它四周海岸曾有過神秘的文化興起與覆滅，外來的侵略者來了、又走了，而數百年來貿易風和戰爭已經把南中國海和遠處的帝國之命運直接連結起來。它的歷史也是全球歷史。它的未來應該得到全球關心。在我們這一代，南中國海發生的事將界定未來。中國的崛起將會導致超級大國之間的衝突嗎？中國領導人將會遵循國際遊戲規則、或是挑戰它們？美國有意志堅持立場嗎？東南亞各國從超級大國的競爭中會得利還是吃虧？爭奪碳氫化合物會如何影響衝突？總而言之，我們能做什麼來阻止戰爭爆發？南中國海的資源要如何讓居住在它周邊的數億窮人能夠雨露均沾呢？請繼續讀下去。

作者識於二〇一三年十二月緬甸仰光

---

* 譯注：把一九七四年李怡的《七十年代》和查良鏞的《明報月刊》稱為中國共產黨刊物，恐怕不恰當。

第一章　沉船與真相：從史前到一五〇〇年

四千年前的航海民族

維克多．帕茲（Victor Paz）倒吸了一口氣。在他面前躺著三塊石板，全部大約是一個人身長。這得費點手腳。他得稍微屏息、控制住興奮之情：既充滿希望、又告訴自己要小心。在他屏息這一刻，雲雀——塔加洛語（Tagalog）叫 *hinay hinay*——在樹林間輕快地掠過，牠們的歌聲在洞口迴盪，預示著考古學上一大發現。洞穴上方巨大的艾勒石灰岩柱（Ille limestone tower）從水稻田中高聳而出，俯瞰著這片寬廣、翠綠的河谷。現在，大家都放下工具，圍靠在他四周。中間那塊石板似乎最容易移動。維克多伸出雙手抓緊它，小心謹慎地扳開它。

石板底下是一根肋骨，雖然已經壓扁，但仍可辨出是人類的骨骸。維克多笑了。不錯呀！挖掘了一季之後，總算有了收穫。一小群人湊上來擠在洞口，位於維克多蹲踞的地方之上方約一公尺。當石板被移到旁邊時，他們看到這具遺骸是經過隆重厚葬的。它的胸口中央有一塊錘石：它是新石器時代工匠的重要工具。它頭頂上方位置擺放一小堆貝殼，雖然原本盛裝貝殼的袋子早已腐爛，貝殼仍然緊密貼在一起。它的兩側各有一個可以盛水的大貝殼。但是後來證明最重要的發現是在胸前的一串點綴著圓錐狀珠子編成的項鍊——用圓錐形的小貝殼所製作的珠寶。

維克多移走另兩塊石板，露出整具骨骸。現在他可以看清楚葬儀是多麼的隆重。大體四周有更多石塊，刻意擺成形狀把它圍起來。頭頂上方，石頭形成一個尖頂，最頂端是一塊優美的鵝卵石。身為菲律賓大學考古研究計劃主任，維克多必須是個專業的懷疑論者。但是他曉得這個發現不僅在科學上重要、在情感上也非常重要。他的前輩——他的恩師——是威廉．索爾海姆（Wilhelm Solheim）。過去數十年，索爾海姆搜遍巴拉望島這片地區，拼湊起一套理論證據，要解釋整個東南亞地區的民族、語言和文化。但是在南中國海四周投下一生精力研究之後，索爾海姆已經時不我與。高齡八十一，索爾海姆的班底慢慢地散去。二〇〇五年四月艾勒洞穴（Ille Cave）的發現將是他的勛獎。

維克多站起身來，仔細地再瞧瞧骨骸四周的石塊。它們呈現一艘船的形狀，朝向洞穴的蔭影、指向遙遠的來世。優美的石塊象徵船首，而戽斗貝殼是駕著易漏水的獨木舟進入大海的任何人必備的工具。但是即使維克多心理上也沒準備好會有下一個重大發現。圓錐形珠子送到馬尼拉的實驗室做檢查。由於動物從牠們所攝取的營養品和礦物質製作外殼，這些殼片會顯示他們生存及死亡的時間和地點。這些圓錐貝殼被蒐集起來、加工、變成珠寶，置放在葬禮中，已經至少有四千二百年之久。對維克多．帕茲和威廉．索爾海姆而言，這正是他們多年來尋找的證物。這使得他們有機會敲定考古學界爭論不休的一項辯論：現代人類是如何及為何居住在東南亞？他們的發現顯然證明了在艾勒洞穴埋葬死者的人，在四千多年之前已是航海民族。這可以擊倒東南亞文化純然從中國南方擴散的主要論述。帕茲承認：「我們還需要更多的了解，但是它已經成為愈來愈無法否認的一項論述。」

帕茲、索爾海姆和他們的同僚前往巴拉望島北端荒野的一座偏僻村落，試圖贏得論戰。他們的動機有個人因素、也有科學因素。他們費心尋找或許能支持他們已經形成的理論之證據，不過他們的方法是誠實的、他們的團隊是開放的，他們的推理是合乎邏輯的。不幸的是，獨立追求知識只是南中國海地區考古勘查的諸多動機之一。其他人並不關心大是大非，因為他們已經選定他們的答案：他們的目的在於探尋寶藏或合理化領土主張。而這些意向不是那麼高尚的人士卻握有極大的資源。

東南亞的考古學者、歷史學者——以及他們的主子——存心互異，並不是新鮮事。數百年來，東南亞地區歷史的作品已經透露對當代的迷戀程度並不下於對過去的眷戀。東南亞除了是外來者進行帝國賽局的舞台之外，還具有什麼意義？住在南中國海周邊的民族是源自中國，還是來自其他地方？占城（Champa）、吳哥（Angkor）和三佛齊（Srivijaya）的偉大文明是本土萌生的，還是外來移植的？文化和文明是源自一個來源，還是來自許多不同地方？誰控制領土，而它究竟代表什麼意義？殖民主義、民族主義和國際主義的歷史學家對這些問題各有不同的解答。近年來從語言學、陶器、遺傳學、植物學和沉積學而來的新證據，不斷綻放異彩。真相揭露得愈多，故事就愈加複雜。

南亞語系的人種起源

東南亞最早的人類遺跡可上溯到大約一百五十萬年前。「爪哇人」（或正式稱謂「直立人」〔*homo erectus*〕）的殘骸出現在爪哇和中國。但是，他、他的妻兒子女似乎在五萬年前左右就絕跡，有可能是被他更加聰明的親戚「智人」（*homo sapiens*）追殺剿滅。現代人類可能在五萬年前左右來到澳大利亞，這代表他們在路途中已於東南亞定居。在婆羅洲和菲律賓找到的頭骨指出現代人類分別於四萬年及兩萬兩千年前來到這兩個地方。問題在於我們只有非常少的其他證據——主要是因為當時的世界和今天非常不一樣。一萬七千年前海平面比起今天約低了一百二十公尺左右。現今的爪哇、蘇門答臘和婆羅洲在當時和大陸連在一起，而澳大利亞也和新幾內亞連在一起。如果「智人」真的住在海岸附近，那麼他們蓋的村子和製作的工具現在埋在水面下一百二十公尺深，考古學家接觸不了。我們的了解有極大的空隙，而我們很少有證據可縮短空隙。

但是我們若更靠近現代——假設只是數千年前——證據倍增，論據也更多。散居生活的屯墾地區是如何演變為城市中心？只曉得石製工具的人是怎麼熟練的鍊銅鑄鐵？這些創新又是怎麼傳布開的？頭一批解釋來自德國學者奧圖．鄧普渥夫（Otto Dempwolff）的了不起的洞察。大約在二十世紀初，他開始證明東南亞一些不同語言之間的類似性。等到美國語言學家羅伯．布拉斯特（Robert Blust）在二十世紀末發展他的研究時，已經發現彼此相距甚遠的台灣、夏威夷、復活島、紐西蘭、馬來西亞和馬達加斯加等地一千多種語言之間有其關聯。這裡頭的意義非常不得了。它們證明被數千英里汪洋大海——涵蓋半個世界圓周——阻隔的人類，有共同的文化根源。布拉斯特認為這些根源全可上溯到大約五千五百年前流通於台灣的單一語言；他把這種語言稱為原始南島語（proto-Austronesian）。藉由展示這一語言如何分化、繁衍，他建立起一套理論，把南島語文在東南亞各島散布，同人民的遷徙、新地區的墾殖和農業及其他技術的散布，聯結起來。它成為所謂的「走出台灣」模式。

但是這些說原始南島語的人又是從何而來？住在澳大利亞的考古學家彼得·貝爾伍德（Peter Bellwood）相信他們是大約八千五百年前在長江流域最先嫻熟種稻藝術的農民之後裔。在這段時期，除了原始南島語之外，「中國」還住了許多不同語言的族群，例如漢藏語系人（Sino-Tibetan，從它衍生漢人、藏人和緬甸人）、南亞語系人（Austroasiatic，從它發展出越南人和高棉人）和泰語系人。除了種植稻米，這些人還養豬和家禽、製陶器、使用石製工具。往後一千年，國內的壓力、國外的機會，引起這些族群移往東亞和東南亞。根據貝爾伍德的說法，原始南島語系人逐漸向東方及南方移動，終於在五千五百年前左右來到中國沿海地區。

到目前為止，人口是在陸地上移動。但是下一階段南島語系人的旅程就大為不同。五千年前的海平面已和今天大致相同，使得台灣海峽最窄的部分也有約一百三十公里寬。可是這個障礙顯然是被克服了，因為考古學家發現台灣大約在這個時期已經有種植稻米的證據。往後一千年，更多南島語系人到達台灣或在台灣繁衍，甚至掩蓋了早先移民的任何遺跡，而且他們的語言開始分裂為各種方言。按照貝爾伍德的模式，下一個階段是「走出台灣」。

第一步就是跨過呂宋海峽向南遷徙。先跳到最長的間距只有約八十公里的巴丹群島（Batanes Islands）。接下來的一跳就把南島語系人送到菲律賓的主要大島呂宋，在這兒，他們又遭遇了更早以前即移入本地的人類。新來者藉著比較先進的技術和文化，建立屯墾區、繁榮起來，人口也逐漸成長，接著又要往外擴張。貝爾伍德認為，從大約四千年前（即西元前二千年），「走出台灣」的這個族群散布到菲律賓各地，然後往西進入今天的印尼。也有些人向東移動。到了西元前一千五百年時，已有人到達離呂宋兩千五百公里的馬里亞納群島（Mariana Islands），然後持續東行，前往斐濟（Fiji）。到了西元前八百年，東加（Tonga）已見人蹤，西元三百年到了夏威夷，而西元一千二百年來到紐西蘭。

這是一個很戲劇化的故事，也有相當多證據支持這個說法，例如，他們講的語言、考古學的發現和基因研究等等。但是這裡頭也有一些講不通的問題。巴丹群島出現比呂宋更新的文物，表示人類由南方移入、而非由北方移入。越南南部出現的殯葬技術比起台灣和呂宋的類似技術更古老。台灣早期種稻的證據稀少，表示大約四千年前當地並不普遍種稻。同時，對稻米進行基因分析後發現，在中國品種從北往南移入之前，不同的品種——來自印度和爪哇——可能已從南往北到了本地區。基因學也顯示太平洋豬和太平洋鼠來自印度支那，而非台灣。反對的聲浪日益高漲。

因此之故，對於南中國海四周語言和文化如何散布，出現了另一種解釋。新理論不再強調人從台灣流出去，而提出有一個持續交通的網絡把資訊和技術往許多方向散布。它也認為中國既接收此一文化，也傳輸此一文化，但不是唯一的源頭。這正是索爾海姆欣喜北巴拉望這一座古墳發現的原因。

索爾海姆在五十多年前就開始追尋東南亞文化的起源：在柏克萊和亞利桑那唸書，一九五〇年代來到菲律賓進行田野研究。他對陶器的研究使他發展出和貝爾伍德非常不同的模式。他認為他在菲律賓馬斯巴特島（Masbate）卡拉奈（Kalanay）找到的兩千五百年前的瓶罐，和越南南部海岸沙螢文化（Sa Huynh）挖出的古瓶罐，兩者十分相似，並非巧合。許多瓶罐繪有非常精確的幾何模式——三角形、鋸齒形、平行線和陰影線——切割或壓進黏土裡。有些瓶罐有精緻的造型，也有許多漆上鮮明的紅色線條。從這裡做開端，索爾海姆的視角擴大到包括來自東南亞其他地方的瓶罐、其他的器物——特別是工具和珠寶——然後推及到其他時期，包括在它之前的時期以及之後的時期。他的許多同僚不贊成，認為「相似性」的定義已經變得太含糊而失去效用。即使如此，索爾海姆還是堅持不懈。他的下一步工作是試圖解釋這些相似性是怎麼來的。

有一點很重要，那就是雖然相似的器物可以出現在許多地方，它們出現的時期並不同。因此，固然石斧（Stepped adze，一種早期的切割工具）大約五千年前在中國東南地區發展，並在往後一千年傳布到台灣和越南，骨鐔於四千年前出現在越南和巴拉望，但直到一千年前才出現於呂宋和台灣。同樣的，狀似圓圈，開口在上方的玉耳環四千年前出現於越南，但是要更晚近才出現在台灣和菲律賓。在索爾海姆看來，這代表器物、知識和文化在不同地方發展，然後在東南亞大陸及島嶼四周橫跨廣大距離向前後散布，並且在散布過程進一步演化。

因此，他開始發展出一個海洋網絡的概念：藉由海洋和河流旅行，靠狩獵、蒐集和貿易為生的半遊牧族群。索爾海姆理論的問題出在，這些民族若是真的存在的話，沒有留下太多蹤跡：沒有永久的定居地、沒有紀念碑石，也沒有文字記錄。得要有天馬行空的想像力才能相信他們的存在。可是他明白，證據實際上仍然存在。直到一九五〇年代，美國人類學家亞歷山大·史波伊爾（Alexander Spoehr）還在菲律賓民答那峨島遇見沙瑪族（Samal）婦人，他們從來不踏上陸地，而且深信若是踏上陸地，就會遭到惡靈侵襲。即使到了今天，許多「海上吉普賽人」，如菲律賓的巴瑤人（Badjao）、馬來西亞的巴夭人（Bajau）、印尼的海上人（Orang Laut）、華南的蜑家和越南的蜑人（Dan），仍然依傍海洋而居住，靠捕魚和貿易為生。的確，在東南亞地區，從中國到越南和泰國，仍然有些海上族群過著數千年前傳承下來的生活方式。索爾海姆從南島語系指謂「南島」和「人民」的字造出一個新字，稱呼這些人為「南島民族」（Nusantao）。

要真正了解他們，我們必須顛覆「陸地是安全的地方、海洋是危險的地方」的概念。陸地可能充滿敵意、住著危險的生物、盜賊和稅吏。海洋有豐富的食物，而且大部分也容易旅行。水果、蔬菜可以取資於河岸的種植或是交易而來，照紐西蘭人類學家艾托爾·安德生（Atholl

Anderson）的解釋，即使淡水的問題也可以克服。[1]大量的淡水可以靠竹節裝載。它很牢固、方便裝運，水若是喝完，竹子可用以修理船隻。加上雨水和來自生魚的體液，在海上航行三、四個星期不會有問題。

索爾海姆把他的模式稱為「南島民族海上貿易及交通網絡」（Nusantao Maritime Trading and Communication Network）。它的優點在於它不需要和過去的歷史有重大的斷裂，也沒有任何單一的大遷徙行動。它沒有依賴、也沒有排除任何特定的族群。科技和文化自行逐步演化。某些「南島民族」說南島語，也有些不說南島語；有些是半定居，也有些是完全遊牧族；有些住在海上，有些住在河口，也有些住在內陸。他們和定居的族群有互動，族群必然產生混合。他們從來不曾有意識地以同一個團隊行動，而且他們的技術很單純，可是透過旅行和貿易的小小動作，南島民族創造了廣大的風帆和船槳的運輸網，可以把澳大利亞北部的海蛞蝓（sea slug）運到華南的餐桌上，把新幾內亞叢林的香蕉樹送到馬達加斯加的庭園裡。每一次的旅行都挾帶著商品、知識和文化往還交流。

這是一種隨興所至的美妙模式，非常輕鬆愉快而且人性化。它意味真正發現南中國海諸島的民族並沒有我們今天所認識的族群認同，也不附驥於所謂國家這樣的東西。政治單位在陸地發展時，南島民族試圖生活在它們管控之外。貿易和走私、海盜和叛亂，其界線相當模糊。挺諷刺的是，現代國家在南中國海提出領土主權主張時，經常以這些人的活動為根據，可是在過去，這些國家卻試圖限制或甚至消滅這些人。

南島民族既然不是一個種族群體，就沒有什麼必要追問他們來自何方。然而，索爾海姆主張，南島民族網絡的中心位置是今天越南中部和香港中間這塊沿海地區。從這裡，它向西延伸至非洲的馬達加斯加、向東延伸至復活島（Easter Island），南及澳大利亞、北抵日本。我們曉得，印度的玻璃珠是由中國古籍上所謂的「馬來人」在西元前四百年左右帶到中國；大約兩千年前在越南北部所製作的銅器「東山」鼓（Dong Son drum）在東南亞各地及華南的殯葬上經常出現。這是快速發展的時代，繁複的社會和帝國開始在世界許多地方崛起——而它們靠著海上網絡串連起來。

假如真的有海上社群在沿海地區穿梭貿易，又能跨遠距離交通，那麼要認為這些串連會在我們今天所謂的「東亞」、「東南亞」、「印度」、「阿拉伯」或「歐洲」等疆界停止，那才真是可笑。沿海貿易商人會與他們在東、南、西、北各方的同行建立聯繫。資訊和商品會透過這些網絡流動，某地的人會知道別的地方之思想和物資；民間有關遠方來客的記憶將會流傳，帶有異國風味的傳家寶也會代代相傳。當然，海路不是唯一的大道。也有人藉陸路通行，但基本上海路更迅捷、更安全。

一九三九年，在義大利龐貝的灰燼中出土了一具印度象牙小雕像，考古學家開始接受在西元七九年維蘇威火山爆發之前，羅馬和南亞之間的遠距離貿易已經相當發達。不僅只雕像來自東方。羅馬有一份文件《厄立特里亞海航行記》（*Periplus of the Erythraean Sea*），年代約是西元六三年，它提到有個地方叫做Thina，絲織品非常有名。看來兩千年前有些歐洲人已經知道有海路可通往中國。有人辯論羅馬歷史學者普林尼（Pliny）是否真的在西元第一世紀提到丁香，但是大約西元一八〇年左右，丁香已經被記載進口到埃及。當時世界上唯有一個地方種植丁香：今天印尼的摩鹿加群島（Moluccan Islands）北部。西元一八四年，東羅馬帝國首次派遣使節取道林邑（今天的越南）到中國。

扶南、占城、三齊佛：東南亞古文明考

從越南的占城、柬埔寨的吳哥窟，到印尼的婆羅浮屠（Borobudur）和普蘭巴南（Prambanan），整個東南亞各地散布著數十座高塔和廟宇，它們顯得與周遭環境格格不入。它們明顯具有印度風格，到處是豔麗的處女、又有珠光寶氣神祇的祭壇，可是今天皆因印度風退潮而破敗，湮滅在叢林中數百年，在歐洲殖民者已經成熟到能夠聘請考古學家到帝國深幽地區到處勘察時才被發現。

這些考古學家很快就為是誰蓋了這些偉大的結構、為什麼要興建它們下了定論。為了合理化歐洲人在這些異域的統治，他們設想這些廟宇是更早世代的外來人所興建。正如歐洲人給土著帶

來文明和進步，這些巍峨宮闕的興建者早來了幾個世紀。他們肯定來自印度，把他們的語言文字和生活方式傳授給蒙昧的居民，在過程中把原住民的文明向上拉抬。這意味歐洲的殖民只是延續東南亞長期以來即有的行為模式。

這種思想延續了相當長一段時間。到了一九六四年，法國歷史學者喬治・賽代斯（George Coedès）還寫說：「當印度的婆羅門與佛教文化初次被引進遠印度（Further India）*時，當地的人民保有新石器時代晚期的文明。」換句話說，這個地區困陷在石器時代，直到西元四〇〇年左右，當它被來自西邊的印度人和佛教徒所殖民才獲得啟蒙。東南亞人民也不在故事之中；歷史是發生在他們身上的東西，不是他們參與創造的產物。要經歷半個世紀的考古挖掘、翻譯和思考，才推翻這樣的觀點。

所以今天我們才看到這些巨大寺廟的興建者和數百年來東西奔波往還於大海的南島民族之間的直接關聯。的確，今天看來，在印度文化於東南亞生根之前，東南亞人與印度已經有數百年的貿易往來。貨物和知識在整個貿易網絡上你來我往。南島語系民族在西元第一世紀就把他們稱呼船隻的字詞傳給印度南方。印度製作玻璃珠的技術則在更早就傳遍東南亞各地。

西元一世紀至五世紀之間，東南亞沿岸因為與不同的印度文明交易而有蓬勃的發展，如檀香

*譯注：舊時指涉今日大約是東南亞地區的名稱。

木、小荳蔻、樟腦、丁香、珠寶和貴重金屬。印度文獻提到「黃金群島」（Swarnadvipa）和「黃金國度」（Swarnabhumi）。伴隨著貿易，不同文化的元素也在流動：從陶器設計到宗教，再到哲學和政治。證據似乎顯示，東南亞不但沒有被南亞人統治，反而是東南亞的統治者主動選擇採納南亞人對國王、僧侶和權力的概念，以強化他們對人民的控制，並堅守領土、抵禦外寇。

從我們有限的所知來看，西元之初幾個世紀東南亞最強盛的國家是中國史書所稱的扶南國。扶南位於湄公河三角洲，版圖橫跨今天的越南南部和柬埔寨。透過有利的地理位置和政治上的狡黠，它從扼居歐洲、印度和中國之間貿易通道的關鍵地位，建立起帝國。羅馬人喜愛中國絲綢和東南亞香料，中國人喜愛來自阿拉伯的乳香和沒藥，玻璃、陶器、金屬品、象牙、獸角和珍貴礦石則人人皆愛，扶南國藉著這些流通貿易而致富。

打前鋒的是南島民族，他們遷徙於各地之間，交換商貨，從中間賺取利潤。中國文獻記載馬來船隻（名為崑崙舶）早在西元前三世紀就來到中國。逐漸地，來自印度及中東沿海的其他人也加入行列。沒有考古的證據可資證明，有任何中國船隻在十世紀之前跨越南中國海從事貿易活動。這似乎推翻了許多中國人的主張，譬如中華人民共和國外交部的網站宣稱「東漢年間（西元二三至二二〇年）楊孚在他的著作《異物志》就提到南沙群島」。[2]現有的證據顯示，楊孚的研究比較像是他向來到中國港口的外國貿易商的訪查，而不是自己實際的出海見聞。雖然的確有些中國人坐上其他民族的船隻出洋，但是過去住在今天華南地區的居民似乎傾向於讓別人冒險出海，只在商品抵達之後處理交易。

扶南的確位居樞紐地位，因為這段時期的貿易屬於接力性質。很少有船隻走完全程。貿易商可能只在他們最熟悉的路段運載商品：從歐洲到印度、從印度到馬來半島，再取陸路經過馬來半島最狹窄的克拉地峽（Isthmus of Kra，經過這段四十公里的陸運，可以免去一千六百公里海運的周折），然後再走水路到扶南，最後再由扶南到華南。若要成功，貿易商必須精通每年風向所定下的旋律，也就是由阿拉伯文字「季節」（mawsim）所衍生出的季風（monsoon）。

北半球的夏天，亞洲大陸氣溫上升。陸地上的空氣升起，從南方海面吸進更多空氣，製造強大、持續吹向大陸的風：西南季風。到了秋、冬天，亞洲涼快下來，陸地上空的空氣下沉，從大陸往外推：東北季風。從馬來半島揚帆行船到扶南，在十二月和一月最容易，因為風從南亞吹出，但是要等候一段長時間，直到六月，才方便從扶南開往華南。在七月中旬颱風季開始之前，船隻需要進港泊靠。反方向而走的話，從中國揚帆航向東南亞最容易的時機是一月和二月，風和潮流都由東北而下。然後又得停駐，等候南亞季風允許船隻安全、方便地往西方前進。

每年二月至六月這一段風向、潮流不利航行的時間，為今天越南沿海地區造就了數百年的繁榮。當年，貿易商必須在扶南暫停，從當地來源補給。第三世紀中國有一項記載描述這些「馬來」船隻的形狀：五十多公尺長，最多有四帆，能載七百人和六百噸貨品。[3]大量的船隻，加上它們的旅客和船員，提供本地農民和商品掮客蓬勃的商機，也讓統治者和朝廷有源源不絕的稅收收入。它也使扶南成為重要商業據點，到了西元第二世紀，它成了波斯人、印度人、中國人及東南亞各地商人薈萃的樞紐。雖然中國的勢力極大，提供給扶南文化和政治啟示的卻是印度。扶南的統治者接受印度教，取印度名，向印度汲取政治思想。甚至它的市鎮規劃顯然也走印度路線。

扶南只是南中國海四周在西元頭一千年崛起、興盛，再繁華退盡而沒落的許多帝國、酋長國和采邑之一。它們的歷史迄今仍渾沌未明：既有待考古學者的挖掘，也需要從中國及其他文獻中去爬梳。通常我們只在回憶錄中看到它們，是別人所記錄的它們。我們往往從今天心心念念的角度去看它們：想透過古時候國界的變動和人民的遷徙去追蹤現代國家的譜系。但是我們現在的疆界和認同意識對於實際生活在當時的人並不具任何意義。譬如，歷史學者麥可・邱哲明（Michael Churchman）提出，漢、唐時期（西元前一一一年至西元九三八年）的文獻並沒有針對「華」（Chinese）和「越」（Vietnamese）做語言學上的區別。把現代國家認同意識安置到古人身上的是十九、二十世紀的歷史學者。[4]法蘭西帝國行政官員企圖界定清楚他們的領地和「中國」的邊界時，法國歷史學者同時把古人分為不同類別，把他們的姓氏寫為中式或越式。

今天的中國和兩千年前的中國，是非常不同的。中國文獻上的「粵人」或「越人」全住在南方沿海，包括今天越南的紅河三角洲。他們在西元前二二一年短暫被秦朝征服，但秦朝國祚僅有十五年即潰崩，南方沿海重獲獨立約一百年。直到西元前一一一年，南方又併入漢朝版圖——即使如此，本地區大體上維持約一百年的自治。在西元後初期，漢朝施加比較直接的統治，造成偶有叛變，中央必須出兵懲治。這種含糊的控制狀況持續到西元二二〇年漢朝覆亡。漢室傾覆，中國分裂為三，孫吳接管了長江以南大部分地區。但是孫吳只維持到二六五年，就亡於北方的晉朝。僅僅八十年，晉朝於三一六年被迫退出華北、南遷，於四二〇年滅亡，中國出現一系列南方國家。

這段時期的「中國」究竟在哪裡？用白魯恂（Lucian Pye）的說法，中國歷史學者往往「以文明假裝是國家」，一個控制東亞大地上千年的悠久文化。[5]從南中國海的角度看，這個說法就不成立。幾百年來，控制南中國海北岸的王朝和人民，與控制「中國」內陸地區的王朝和人民並不相同。北方王國向內觀照，南方王國則把目光投向外。他們直接連結海上貿易網絡，透過它們接上扶南及東南亞其他地區。

這段時期的絕大部分時間，扶南具有兩樣東西，後來證明是東南亞每個成功的貿易中心不可或缺的重要條件：與印度及中國南方的統治者維持友善關係。在危機時期，特別是政治變動之後，扶南會派遣使節到中國，設法維持它做為優惠貿易夥伴的地位。扶南使節會「進貢」以利磋商。朝貢關係效用極大。有些民族主義的中國歷史學者主張，它證明東南亞社會是中國皇帝的藩屬。中國的古籍往往以這種方式記載。然而，當代東南亞的記載則不把「朝貢」視為主、僕之間的一種封建關係，認為它只是貿易夥伴關係。中國統治者歡迎這種「朝貢」，視之為外國承認他們的統治權利。朝貢既確保在國外有良好關係，又可以象徵性地強化統治者在國內對付潛在敵手的權力。對於「朝貢國」而言，這只是要取得進出中國口岸港埠所需的形式。扶南基於這種「朝貢關係」的地位，成為其勢力範圍之內富人、以及在遠方的富人的守門人。

將近三百年期間，儘管有敵人競爭和攻擊，扶南似乎主宰南中國海的貿易。它運用外交和武力維持地位，應對長程海上貿易的起伏興衰，直到四世紀中葉。大約此時，中國港口徵收高額費用、貪瀆橫行，傷害到貿易，失業的商人轉身成為海盜，而相互競爭的貿易商學會繞開馬來半島，結束了扶南對克拉地峽的控制。東南亞其他地區的商人開始繞過扶南，直接與更北方的港埠打交道。扶南逐漸被它的對手搶走光彩。等到西元四二〇年晉朝覆亡之後，海上貿易復活，其他港埠、尤其是更靠近北邊的占城的港口搶走生意。

扶南留下的遺跡不多，占城則不然，許多紅磚塔樓散布在今天的越南中部各地。它們的印度形象十分明顯；甚至「占城」這個名字似乎都借用自印度一個王國。占城的根源可溯及到石器時代的沙螢文化，索爾海姆把它認為是南島民族網絡的一部分，它的繁榮就和在它之前的扶南一樣，建立在海上貿易和內陸商品出口的結合這個基礎上：象牙和犀牛角是它的森林能夠提供的最具異國色彩的兩種產品。占城不是個中央集權的國家，比較像是沿著海岸一些河谷的屯墾區的集合體，並共同承認一個統治者。在它歷時一千年的歷史中，權力經常在不同河谷流域之間移動。

占城罕有和平時期。它是在第四世紀末期與中國的合法貿易式微後的海盜亂世中崛起。晉朝滅亡後，華南的新統治者劉宋無法穿越從中國往西方的陸路交通，因此他們必須依賴海上貿易

——可是它又受阻於占城的海盜。這個威脅太嚴重，逼得劉宋於四四六年出兵討伐占城，夷平其首都。但是劉宋也宣布開放通商，因此占城成為集散地——同時繼續寬容、甚至有時亦鼓勵海盜行為。大約同一時期，珠江三角洲的廣州成為華南主要港口，兩者之間的貿易——透過每年的季風周期連結——變得大發利市。

但是占城雖然主宰對中國的海上貿易，它並不能壟斷一切。其他的貿易口岸也開始發展關係。西爪哇的塔魯馬（Taruma）王國和蘇門答臘其他統治者也在西元四六〇年派遣使節朝貢。這些地方全有一項共同點：他們全都採納印度宗教和政治文化的元素：先是印度教、後是佛教。王國以梵語曼達拉（mandala）——法輪——自稱，統治者即是法輪大王（cakravartin）。他們以網絡的中心自居，不是具有固定疆界的國家之君主。他們的正當性比較不是出自實質控制領土，而大多出自其他統治者的承認。他們之間的關係並不固定，比較弱小的中心可能向不只一個曼達拉效忠。但是這種正當性必須靠軍事力量支撐。為了保持中央地位，曼達拉在必要時需要能夠強迫從屬政體聽命行事。

使用「印度」方式統治，以及印度宗教在本地區持續傳布，乃是西元第一個千年東南亞和它西方各地有強大貿易關係的證明。香木、樹脂、黃金、香料，甚至奴隸，都有極大的需求。證據雖然不是十分清晰，但是這段時期的東南亞大部分地區與印度各王國的商務關係，顯然比和中國的往來更加密切。和中國的貿易在六世紀末尤其衰頹不振。不過，唐朝在六一八年建祚，兩百年來首次統一南方，南中國海的貿易似乎又再度起飛。條件已經成熟，可以迎接其他曼達拉的崛起。這是「印度化」文明的偉大時期：占城、三佛齊和吳哥，此地興建的石碑令歐洲殖民者驚嘆不已，直到今天仍然令我們嘖嘖稱奇。

當占城偶爾仍會出現海盜行為之際，更往南方的蘇門答臘東南岸出現一個更為可靠的貿易夥伴。很長一段時間，我們所了解的三佛齊幾乎全來自中文記載。即使它的地點也很神秘。一直要到一九九三年，法國考古學家皮耶—伊扶士·曼奎恩（Pierre-Yves Manguin）才能夠證實早期的猜測：三佛齊位於今天印尼城市巨港（Palembang）附近穆西河（Musi River）沿岸。令人哀傷的是，東南亞最重要的文明之一其大部分遺址現在被埋在PIHC肥料廠地底下。這家公司舊名PT Pupuk Sriwijaya，但是即使這個古城的遺跡也不見了，就像這家公司在一九六〇年代不知情之下毀壞了其遺址。

三佛齊是個典型的曼達拉——在東西主要貿易路線上一群貿易據點當中最主要的大國。從它的基地出發，它控制了北邊麻六甲海峽與南邊巽他海峽兩者的交通進出。西元六八三年，它有一支兩萬多人的軍事力量——其中許多人或許是遊牧性質的南島民族，他們可以做生意，也能替統治者作戰。[6]東西海上貿易若不經過三佛齊點頭同意，根本就行不通。它的勢力強大到中國唐朝在六八三年第一次派遣使節下「南洋」——東南亞諸島——俾便兩國修盟交好。[7]三佛齊實質上成為唐朝在本地區的守門人。

開放與鎖國：歷來中國的海洋政策

海參（印尼文trepang）做為珍饈和藥品從東南亞出口到中國，至少已有兩千年之久。因此，一位搜尋海參的潛水伕湊巧有個發現，它大大改變了我們對南中國海貿易史的理解，也就不足為奇。一九九八年八月，這位潛水伕在印尼勿里洞島（Belitung）北方海岸約兩公里處的海床搜尋滑溜溜的海參時，發現有塊奇怪的隆起物。結果它是一艘載了五萬五千多件中國陶器的阿拉伯單桅帆船——這批貨最後賣了三千二百萬美元，只不過他和印尼政府都分不到一杯羹。陶器的記號顯示這艘船在西元八二六年、即唐朝中葉沉沒。它成了最早的具體證據，證明阿拉伯世界和中國之間有直接的海路貿易。

所有的歷史學家所要追尋的就是證據；中國有數千年的文字記錄，東南亞卻缺乏歷史記錄。很少文件流傳下來，靠海邊的定居地已被大水沖走，熱帶氣候加上昆蟲噬咬，縱使有些文件，也大多毀損。湮滅的大城市固然有些可資參考的碑銘，但是歷史記載仍有許多不足的漏洞。填補漏洞最好的機會是發現實體的文物。最小的細節，從貝殼的分子組成、到造船技術，可以解釋人們如何移動、往哪裡移動，他們吃些什麼，他們居住的社會型態，以及他們彼此的互動關係。因此現代考古學家非常吹毛求疵詳細記錄他們的挖掘細目：一艘船活動空間的布置可能點出文化及船上眾人的階層關係，載貨的安排可能透露它到訪港口的順序。每一片證據都很有用。甚且，唯有將發現確實記錄，並且開放供檢視及重新詮釋，同行才會認為你的詮釋有效。勿里洞島沉船完全沒有做到這一切；至少一開始完全沒做到。當時有更緊迫的其他優先事項。

在那位海參潛水伕取了幾只碗在市場上出售之後，消息很快就傳開。一家本地公司「大洋之子」（Sulung Segara Jaya）從印尼國家沉船打撈委員會取得許可撈起沉船。它很快就找來德國營建工程師兼海底探險家提爾曼・華德方（Tilman Walterfang）經營的海床探險公司（Seabed Explorations）做夥伴。兩家公司迅如脫兔。他們從痛苦的經驗得知，如果手腳不快，現場很快就會遭別人掠奪。一九九八年八月，印尼正在崩潰中。蘇哈托將軍已經下台，在動亂中上千人喪生，分裂活動大熾，外僑攜帶鉅資逃離印尼。華德方留下不走，他的財富仍然躺在海底下。他們在九月、十月拚命搬移船貨，直到季風來了、無法安全作業為止。果如他們所擔心的，本地的尋寶人幾乎立刻搶進。華德方另外委託東主是麥可・佛列克（Michael Flecker）的一家海洋探險公司（Maritime Explorations）在新年打撈其餘船貨，並進行比較科學化的研究分析。佛列克已在本地區打撈過數十艘沉船，也具有海洋考古學博士學位。

我們現在知道勿里洞島沉船上的陶器是在中國至少五個不同地方大量產製，它們從中國沿海輾轉運到廣州，然後裝上類似今天阿曼（Oman）仍在使用的一艘船上，它用的是原來生長在中非洲和印度的木材所製造。船員可能是阿拉伯人、波斯人和馬來人的混合兵團，船貨的最終顧客是巴格達的阿拔斯哈里發王國（Abbasid Caliphate）的權貴及中產階級。船隻從廣州順著季風往西南航行，或許途中停靠、補給食物和清水，卻在三佛齊勢力範圍內觸礁沉沒。那麼，這批船貨該合法歸誰所有？在華德方看來，答案再簡單不過：非我莫屬——以及任何預備出價向他購買的人。在陶器被送去保存、清理，船隻遺體接受檢查以便判斷它原始來自何處之下，爭議開始出現了。

到最後，只有新加坡最熱切爭取，付了華德方所索討的價錢。搶購這批船貨的幕後推手是潘美莉亞．李（Pamelia Lee），時任新加坡觀光局長、李光耀總理的弟妹。她回憶說：「我以為該是新加坡關注生活中美好事物的時候了。和其他國家經濟發達之後一樣，你必須注重建立根源。」[8]潘美莉亞．李希望將船貨陳列在聖淘沙島正在規劃的大型度假村，吸引觀光客來欣賞，最後就能賺回投資。二〇〇五年四月，新加坡貿易及工業部所屬國有事業聖淘沙公司，宣布同意以三千二百萬美元向華德方的公司買下全部船貨。東南亞巨富、金融及旅館業大亨邱德拔認捐一半費用。這筆交易被形容是聖淘沙要興建一座嶄新的的海事博物館，以陳設沉船文物的計劃的關鍵。

二〇一一年初，海事博物館還在興建，某些「唐代沉船珍寶」已借給位於新加坡海濱的金沙藝術科學博物館（ArtScience Museum）公開展出。當時的計劃是在次年將展品移到華府史密斯松尼博物館（Smithsonian Institution）。可是，這時候有一群美國考古學家跳出來干預。他們很憤怒，竟然准許一家私人公司挖掘如此罕見的寶貴場所。有些人甚至指控史密斯松尼博物館縱容掠奪。這變成理想主義者和現實主義者兩派之間的大辯論：前者堅持每個個案都要遵守最嚴格的考古規範；後者則認為現實世界的掠奪和考古財務問題，需要有現實世界的解決方法。二〇一一年四月，史密斯松尼退讓，取消展出計劃。華德方指控批評他的人是「趨炎附勢者」，「玩弄另一種政治遊戲」。[9]雙方關係迄今一直沒有改善。

更慘的是，聖淘沙的「海事博物館」（Maritime Experiential Museum）也冷落唐朝寶物。他們館裡已有從其他遺址找到的寶物，但是沒有一件來自勿里洞島沉船。本書寫作時，船上打撈出來的寶物只有一小部分公開展出，少數情況是借給原本屬於邱德拔先生的新加坡良木園酒店（Goodwood Park Hotel）展出。看來新加坡人對全世界最了不起的一樁考古學大發現，興趣缺缺。潘美莉亞．李對於堪可比擬為現代扶南和三佛齊的這個島國的人民不能了解這批古物的重要，十分失望。她歎息說：「我以為未來有那麼一天，當他們有了最好的科技產品時，就會想到要去找些截然不同的稀世珍品。」[10]但是這裡頭或許富饒另一層深義。新加坡人似乎不僅沒感到他們「擁有」這批寶物，且儘管全國的生存依賴海上貿易，他們也沒有擁有海洋的意識。新加坡是個商貿集散地，靠著經過其海港的東西向潮流發達起來，但是這並沒有使它的老百姓對此資源產生休戚與共的意識。

除了它的現代意義之外，勿里洞島的發現向考古學家證明了在唐朝（西元六一八至九〇七年）中葉，南中國海的貿易已成為高度整合的出口產業。中國許多地方的生意人為特定市場設計專屬產品（應需求而飾以佛教的符記或是《可蘭經》的文字），並且大量生產。地方代理商再把商品經由陸地、內河，運到沿海集散地，接下來由外國商人負責長程運送。國內製造商和對外貿易商彼此的分工十分清楚。

唐朝官方採取特別措施來鼓勵這種關係。它早早就下令替抵達廣州的外國人準備補給品；還設置正式官職監督貿易。馬來貿易商（或許就是南島民族）偕同阿拉伯人、波斯人、亞美尼亞人和印度人，大量移居到廣州。他們帶來其母國最精緻的產品：波斯的珍珠、地毯和礦石（包括用在給瓷器上釉的藍彩）；阿拉伯的乳香、香樹脂和棗子；印度的珠寶和玻璃器；以及東南亞的香料和香水。他們以之交換中國的瓷器、絲綢和金屬品。從廣州到巴格達的海上絲路，中間經過三佛齊和斯里蘭卡，成為連通阿拔斯王國與大唐的超級公路，為能夠控制它的人創造了巨大財富。

在唐朝，貿易專屬朝廷管理，且只有指派的官員可以處理進口事宜：宦官們無所不用其極地索賄並壓榨貿易商。貪瀆日益嚴重，直到西元七五八年十月發生暴動。波斯和阿拉伯貿易商洗劫這個城市，棄之而去。今天越南紅河三角洲（名義上歸唐朝統治，但大體上自治）的統治者逮住機會，他們在龍邊（Long Bien）的港口有好幾十年成為貿易集散地。但是，勿里洞島沉船於八二六年由廣州出發時，廣州肯定已經恢復其地位。但是幾十年之後，即八七八年，反唐叛軍占領廣州。有一份阿拉伯人的記載說，叛軍鎖定城裡頭的外國居民，屠殺數千名阿拉伯人、波斯人、猶太人和基督徒。即使如此，其餘外國貿易商似乎仍留駐他們在沿海的據點。

但那場叛變只是冰山一角。西元九〇六年，唐朝滅亡，藩鎮割據，沿海地區又成了獨立狀態。影響所及，整個區域徹底變化。西南海岸，廣州周圍地區自立為南漢國，後來紅河三角洲統治者又由它分裂出去，組成大越國。大越日益壯大，與占城相爭，最後征服了占城（經過一千年的發展，成為今天的越南）。

東南沿海，即今天的福建省，出現閩南國。由於脫離北方，閩南國擁抱海洋。十世紀時，它成為完全海上貿易的國家。泉州港從默默無聞逐漸興起成為冒險家蜂擁而至的地方，也吸引了來自中東的商人。經過和外國一千多年的貿易往來，今天我們稱為華人的民族，首次坐上自己的船跨海南下。[11]這是當地航海傳統的開始，福建人——尤其是閩南人和客家人——今天已遍布南中國海及世界各地。

經過六十多年的獨立，華南在西元九七〇年又納入宋朝版圖，宋朝首都設在北方的開封。宋朝對待海洋的態度起初就和傳統的內陸統治者無殊，視之為威脅的源頭。海洋是「壞分子」——不論是私梟或政治對手——藏身之地，也是外國思想可以宣傳之地。九八五年，朝廷下詔，嚴禁所有商人出洋旅行。宋朝仿前人之制，由國家壟斷貿易。民間交易受到禁止，迫使外商透過官方管道進口貨物，朝廷藉此可就船課稅、對進口品徵收關稅，也可沒收部分船貨，再靠轉賣給國內消費者賺取利潤。

可是，不到幾年，宋朝就來個政策大轉彎。九八七年，朝廷派出四個使節團出國，鼓勵外國與中國通商。這還不夠。朝廷遭受四面八方的壓力，要求政府更加放鬆管制：沿海商人希望能賺取利潤；消費者想買舶來品；戶部需要稅收來支撐官僚體系。九八九年，民間船隻准許出海通商。最後，經過數百年來只做進口、不做出口貿易之後，中國商人正式獲准做出口生意。政府還給予稅負優惠。進口貨依律被政府徵收一部分，現在減半優惠，後來又更進一步降低抽取成數。造船工匠學會打造能走遠洋的船隻。他們效法中國內河船隻的隔水艙和船尾舵技術，也兼採進出中國港口已有數百年之久的馬來船隻的長處。甚至他們給這些船隻取的名字——舶——也是出自馬來語。

西元一〇六九年，王安石變法革新，藉由刺激貿易、打算增加政府稅收。最初，他實驗性地採取了自由經濟政策，調降進口稅，貿易的管理下放到各個港口。結果成效斐然：二十年內，貿易值倍增。另一項改革也產生長遠的效果。朝廷取消不准銅幣外流的禁令。銅幣迅速在南中國海的通商網絡流通，遠及蘇門答臘和爪哇都以宋朝銅幣做為交易媒介。

到了一〇九〇年，中國船隻獲准可以從任何港口出航，使得人人都可以從貿易分一杯羹。此舉也讓福建貿易商打進原本由外國人壟斷的生意。他們也和外國商船一樣，必須順著季風走、必須守在外國港口等候風向轉變。停留期間，他們開始扎根：興建保佑出海人的媽祖廟，也闢建雛形的唐人街。縱使如此，政府還是保留若干禁令。譬如，中國船隻只准離港九個月，正好是一個季風周期。他們最遠只能到達蘇門答臘，就得啟航回國。再往西行的印度洋貿易仍然由阿拉伯人、印度人和三佛齊人的船隻控制。可是，冒險心更強的中國商人也開始不顧禁令，往印度及波斯灣推進。

但是，宋朝在國內面臨愈來愈大的壓力。一一二六年，北方領土被來自滿洲的女真人占領，宋朝遷都到華東沿海的杭州。在危機中，朝廷禁止船隻出海、停止幾乎所有奢侈品之進口（因為象牙被用以製作官員的腰帶扣，是少數的例外）。但是，這個危機至多也只有六年之長，朝廷旋即又開放貿易。十四年之內，貿易政策差不多全恢復到危機之前的狀況。貿易之需排山倒海而來。到了一一六〇年代，泉州外僑僑民人數極多，多到需要特設墓區。這些貿易商大多是穆斯林，伊斯蘭此時已在占城生根，他們與中東的穆斯林以及中國越來越多的穆斯林都保持密切關係。

南宋國祚又延續了一百多年。總括起來，從九〇六年大唐滅亡到一二七九年南宋亡國這段期間，可謂是南中國海四周商業的「黃金時期」。中國和印度的變化，以及伊斯蘭商業的成長，促成了貿易大興、財富劇增。[12]這時最強大的占族國家佛逝（Vijaya，又稱毘闍耶）富甲四方，而原本強大的三佛齊在一〇二五年遭到印度南部注輦王國（Chula，又稱朱羅）入侵之後國勢衰敗。這一來，蘇門答臘、爪哇、峇里、婆羅洲和東南亞大陸的其他港口紛紛崛起。菲律賓的島嶼（中文書籍稱之為武端和麻逸）也開始被記載為貿易實體。一九八一年在菲律賓民答那峨島東北角的蘇里高市（Surigao）發現極大量的黃金寶藏，顯示此時已有非常有錢的印度化菁英落腳居住在該地。

新商品相互流通交易，愈來愈多的人和地區加入此一區域貿易體系，也隱然有全球通商之勢。但是，到了十三世紀末，繁榮似乎要泡沫化了。一二七五年，三佛齊主要港口詹卑遭到來自爪哇的敵人摧毀。與此同時，蒙古人也南下攻進南宋領土。到了一二七九年，蒙古人終於征服福建和廣州，似乎引起區域貿易開始式微，不過它還是撐到大約一百年之後元朝覆亡之時。蒙古人的元朝想要擴張勢力，可是南中國海卻變成衝突頻頻的戰場。元世祖忽必烈派艦隊南下十四次，尤其針對占城和爪哇發動毀滅性的攻擊。可是，沒了海上貿易帶來的財富，元朝本身財庫空虛，維繫不了國祚。到了一三六八年，蒙古人被掃進歷史的垃圾筒。

明朝登場。它幾乎立刻就想廢除民間海外貿易、完全恢復國家壟斷。貿易關係捨棄公開市場，正式恢復「朝貢」辦法，廣州被指定為來自東南亞船隻的合法通商口岸。但是經過將近四百年來中國民間商人的營運，以及已經在整個東南亞地區建立起的代理商架構與家族網絡關係，非官方的貿易一直沒有被消滅，特別是福建商人彼此的交易往來。後來，走私十分猖獗，特別是華僑懂得利用「朝貢」貿易做掩護。最後，明朝棄海洋、專注內陸問題；但是在此之前，卻有一段為期三十年最壯觀的發揚大漢天威的「三寶太監下西洋」的壯舉。

中國式考古

澳大利亞歷史學者韋德（Geoff Wade）是明史專家，對《明實錄》研究尤深。如果你想惹韋德生氣，只要跟他提作家加文．孟席斯（Gavin Menzies）和他寫的那本書《1421：中國發現世界》（*1421: The Year China Discovered the World*）就行了。提起這本大談中國太監鄭和豐功偉業的書，韋德不免就要痛批一番。他嘲笑說，孟席斯這本書「最了不起的就是全書上下沒有一個主張有事實根據。他宣稱環繞地球的這位太監水師大帥其實行蹤從來沒有超過非洲；沒有任何中文、外文文獻可以支持他航行全球的說法；超出亞洲，從來沒有過中國沉船遺骸；超出亞洲，也從來沒有明人屯墾之地或建物。如此天馬行空的虛構之作還能出版，且被當成非小說行銷，不但孟席斯先生千不該、萬不該，他的出版社更是罪加一等。」[13]韋德或許是怒氣旺盛，但是專業史學工作者對孟席斯的著作一般都是這樣評價。

孟席斯的敘述或許大部分出於「創作」，但是鄭和毫無疑問是個了不起的歷史人物：他是雲南的穆斯林，在明朝征伐時被俘，去勢之後做了太監，並協助明成祖奪得皇位。鄭和現在家喻戶曉，因此我們很難相信有很長一段時候他默默無聞。轉折點在一九八四年，當時中國領導人鄧小平在中國共產黨中央顧問委員會發表講話，以鄭和為代表人物來支持他的與西方交往的開放政策。此後，鄭和成為北京「和平崛起」政策的樣板人物，中國與世界交往的典範。二〇〇四年，負責籌備盛大慶祝鄭和首航下西洋六百周年活動的中國交通部副部長徐祖遠，總結官方對其成就的看法：「這都是友好的外交活動。鄭和七次下西洋的整個過程中，沒有占領一塊土地、沒有建立任何城堡，也沒有奪人財產。在商貿活動中，他秉持多給少取的作法，因此受到沿途各國人民的歡迎和讚許。」[14]

然而，韋德表示，這樣評價鄭和其實幾乎和孟席斯一樣混淆視聽。韋德研究《明實錄》後發現，從一四〇三年至一四三〇年期間，不同的宦官總共率艦下西洋二十五次，其中只有五次由鄭和率隊。大部分航程是到東南亞，但鄭和之所以有名是因為他的艦隊走得更遠，進入印度洋。韋德聲稱這些航行不是和平出訪，而是清楚展示威力。每隻遠征——出動船艦在五十至兩百五十艘之間——載了超過兩萬名士兵，配備當時最先進的武器。其目的顯然是要威鎮四夷。他在一四〇五年奉令首次出航，曾在蘇門答臘的巨港停過，在當地追緝明朝亡命之徒陳祖義，這一役據史書記載死了五千人。在同一趟航程中，鄭和艦隊在爪哇與一支軍隊交戰；韋德研判這支軍隊可能是當時與中國爭奪南海霸業的滿者伯夷國（Majapahit）的部隊。一四一一年另一次航程，鄭和攻打斯里蘭卡某個城邦，摧毀其軍隊後冊立一個傀儡統治者，並把國王帶回中國。一四一五年，他介入蘇門答臘一場內戰；另外也有記載顯示他的部隊在阿拉伯半島有施暴行為。[15]

韋德認為有那麼多統治者和使節隨著鄭和艦隊到中國，代表他們是被脅迫而去的；而這種威懾使得明朝得以控制港口和航道。一四〇五年，鄭和在開埠才三年的麻六甲建立城寨，使得明朝軍隊控制了麻六甲海峽。他則以冊封其統治者為王做為報酬。明朝艦隊屢次下西洋的整體目的有二：一是控制貿易路線，一是透過強迫外國統治者朝覲，讓僭奪帝位的明成祖在國內取得正當性。這可和北京所宣傳的「和平友好的傑出使節」形象相去甚遠。這一「砲艦外交」只持續了三十年。朝廷大臣心生嫉妒而抑制了宦官的權力。政策重心轉向國內：鄭和的海圖燒了、船艦聽任鏽爛。一直要到五百年後美國人送了一條船，中國再也不曾擁有能夠開到南海諸島的軍艦。

但是中國共產黨深諳神話力量比史實強大之道，只要需要在東南亞暢論「海上合作」、或在東非稱頌投資交易，它就把和平使者鄭和端出來。「正史」在共產中國扮演的角色非常重要，走一趟天安門廣場的中國國家博物館就曉得了。它強化中共統治的權力，並且抹黑敵人。一旦某個特定的歷史論述成為黨的教條，順之者昌，逆之者亡。

西元一九八六年，中國國家文物局成立一個「水下考古研究中心」交給中國國家博物館管理。之所以會有這個決定，一部分原因是中國深怕遠處沉船的文物的「所有權」會輸給外國資金雄厚的淘寶人。但是其實它別有用心。該中心第一次出海打撈就跑到中國人占領、但越南人聲稱它擁有主權的西沙群島去。一九九九年三月，中心主任張威宣布，打撈人員找到一千五百件可上溯至西元九〇七年的古物，「證明中國人是〔西沙群島〕最早的居民」。不受共產黨指揮的考古學家聞言捧腹大笑。九〇七年時唐朝剛覆滅，沉船是有可能由剛獨立的閩南國開出的船隻。然而，船隻也頗有可能屬於馬來人或阿拉伯人。當時整個區域、甚至更遠的地方都有中國瓷器的買賣交易。任何島礁出現陶瓷都證明不了中國古時候擁有它，就好比中國安陽某個青銅時代墳墓找到數千個子安貝（cowry shell），也不能就說是河南省該屬於菲律賓所有。

不過，中心主任張威又不是被聘來擔任歷史證據的公正、獨立分析人員。二〇〇五年，張威在向「國際文化紀念物與歷史場所委員會」（International Council on Monuments and Sites）介紹水下考古研究中心時說明，該中心準備「在南沙群島進行一兩項打撈沉船項目」，「打撈的結果可以證明中國對南海諸島擁有不容爭辯的主權」。[16]該中心和中國外交政策可說是共存共榮。它擁有的預算是本區域其他考古學者做夢都不敢想像的寬裕。[17]光是它在青島的「研究基地」就花了兩千四百萬美元興建，而它還在湖北、海南和福建分別設置其他研究基地，另外它也擁有一艘全新的研究船。[18]在珠江口的「南海一號」沉船打撈項目預算高達一億五千萬美元。水下考古研究中心當然要效忠服務國家、肝腦塗地以為報答：努力尋找「證據」以佐證正史，並強化中國對南海擁有不容爭議的主權之論述。

其他國家的水下考古學家發現在南中國地區愈來愈難研究不同的論述。二〇一二年四月，馬尼拉國家博物館組織的一支法國、菲律賓專家聯合小組正在黃岩島，也就是菲律賓主要島嶼呂宋西方二百二十公里處調查一艘沉船。他們住在「薩蘭甘尼號」（MV *Sarangani*）上，並嚴守規範：只探勘遺址地點，不做商業用途，且希望將發現結果公諸於世，接受各方批評指教。但是這時候出現一艘中國海監船（Chinese Marine Surveilance），命令他們離開——理由是沉船歸中國所有，只有中國考古學者才准到場調查，這樣他們才好又找到「證據」證明中國具有無可爭辯的主權。

儘管阻礙重重，維克多・帕茲、彼得・貝爾伍德、威廉・索爾海姆、皮耶—伊扶士・曼奎恩及其他考古學者已搜集到足夠證據，對南中國海可以講出一套截然不同的故事：它是一個多種語言交流與貿易的地方，當時的主權問題與今天有天壤之別。直到十六世紀之初，一連串印度化的曼達拉主宰著海上東南亞。每個權力中心沒有清晰的先後繼承關係。他們的崛起是漸進的，衰亡也是漸進的，而且有很長一段時期同時共存——有時和平相處，但經常兵戎相見。湄公河三角洲的扶南國從一世紀到四世紀盛極而衰；占城位於今天的越南中部，從第六世紀到十五世紀國力鼎盛；三佛齊位於蘇門答臘則從第七世紀到十二世紀稱霸一方；吳哥則由九世紀初到一四三〇年代馳騁於湄公河下游；爪哇的滿者伯夷從十二世紀到十六世紀雄踞一方；位於馬來半島的麻六甲崛起於十五世紀初，直到十六世紀初被葡萄牙人占領。南中國海北岸、即今天我們稱之為中國的這塊地方，其統治勢力偶爾會干預其他政治體的事務——但這種情況少有，且為時不長。沒有任何國家或民族可以號稱「擁有」南海。據說，鄧小平一九七五年九月告訴越南領導人黎筍說，南海島各島「自古以來即屬於中國所有」。[19]這句話一九七五年十一月首度公開出現在中國三份刊物上。[20]從此以後這句話不知道被重複了多少次，但是檢視證據之後，我們將會看到，這種所有權的意識不是自古有之，而是非常晚近才出現。

第二章　地圖與航線：一五〇〇年至一九四八年

地圖上的秘密

二〇〇八年一月，在遠離南沙群島五千五百海里、牛津大學博德利圖書館（Bodleian Library）光線、濕度都小心控制的地下室，羅伯特．巴齊樂（Robert Batchelor）打開將劇烈改變我們對南中國海歷史之了解的一份文件。它是一張地圖，一公尺半長、一公尺寬，涵蓋今天我們所謂的東亞和東南亞：從東北邊的日本、直到南邊的蘇門答臘和帝汶。它也是一件藝術品。它在圖書館已有三百五十年之久，許多人都誇讚它精雕細琢的「山水」畫：淡綠的海點綴著竹、松和檀香木；山川和植物栩栩如生。但是巴齊樂發現的是——數百年來都沒有人注意到——從華南的泉州港伸出一組淡淡的線條。這些線條把泉州和本地區幾乎每個港口都連結起來：從長崎到馬尼拉、麻六甲，甚至更遠。更令人意外的是，每一條線都標出航行指示：中國羅盤方位和距離。

巴齊樂是個美國歷史學者，他所重新發現的是亞洲貿易公路指南。它推翻了傳統上認為十七世紀的中國是個內觀、孤立主義大國的印象。它呈現的中國是和大洋有互動，且透過海洋走向廣大世界。它也呈現出這個地區不受正式邊界囿限，各個王國和采邑都互相有來往。這幅地圖出現的時代，各地統治者之間的關係和今天劃分本地區的疆界，具有南轅北轍的性質。它出現的時代，由於在世界另一端的帝國之間爭戰不休、思想家之間也爆發辯論，國界的性質正在開始改變中。這些戰爭和辯論都替現代國際法奠立基礎，也賦予疆界新的定義，而它們直到今天仍然困擾著南中國海。

這張地圖本身的經歷就說明了一切。它顯示出早在一六〇〇年歐洲和亞洲就有緊密的聯繫。地圖的主人約翰・薛爾登（John Selden）是十七世紀英格蘭最為重要的法學界人物之一，一六五九年他過世之後把它贈送給博德利圖書館。薛爾登留下的遺囑中說，地圖得自於「一位英國司令官」，不過他並沒有指出其名氏。經過多年研究後，羅伯特・巴齊樂認為他知道是誰。一六二〇年夏天，英國東印度公司的船隻「伊莉莎白號」在台灣停泊時發現有一艘船——中國人的或是日本人的——乘客當中有個葡萄牙領航員和兩位西班牙傳教士。伊莉莎白號船長艾德蒙・林邁世（Edmund Lenmyes）以此做為理由搶占這艘船及其船貨，而巴齊樂相信地圖也在其中。[1]薛爾登在其遺囑中說，這位英國司令官「受到極大壓力要收下重大贖金並交還它」，但是他堅拒把它還給其主人。這位司令官一定是立刻就認識到它的價值。

我們不知道約翰・薛爾登如何取得這張地圖，但是他曾經是國會議員，熟識英國東印度公司的主要投資人。[2]羅伯特・巴齊樂相信地圖在經過相當波折之後於一六二四年來到英格蘭。或許是以戰利品出售，或是當做禮物呈獻給某個大人物。約翰・薛爾登可能是個理想的受贈者。他是英國政治、貿易界的核心人物，又是法學思想先驅。今天他的名氣主要來自於他提供了某些最早的法律論據，供各國對其沿岸海域提出領土主張。大家所不清楚的是薛爾登的貢獻雖是國際法的一個重大基礎，卻起於對一種小型魚類的爭論。歐洲鯡魚的命運竟與爭奪通往亞洲的管道綁在一起。這是涉及到海上自由、自由貿易和主宰世界經濟的爭戰，而導火線在於一個世紀以前的發現。

發現通往中國之海

達伽馬（Vasco da Gama）在一四九八年五月抵達印度，起先還順利，但是關係很快就惡化。身為第一個自歐洲遠道而來的航海家，起初他頗有名流地位，但是他從葡萄牙帶來的禮物，沒讓卡里卡特（Calicut，明朝古籍稱之為古里）國王札莫林（Zamorin）看得上眼。和札莫林習見的絲綢、象牙和黃金一比，達伽馬送的紅色斗篷、帽子、油和蜂蜜，還真寒酸，幾近侮辱。更糟的是，已經經手處理卡里卡特對歐洲貿易事宜的阿拉伯和波斯商人，深知達伽馬將會構成威脅，所以共謀要排擠他。札莫林請他走人，而達伽馬不了解季風，好不容易挺過風浪回到葡萄牙，已折損了三分之二船員。縱使如此，他載回國的香料在支付他的征途費用後還綽綽有餘，贊助遠征的金主曼紐爾國王（King Manuel）龍心大悅。藉由船隻繞過非洲，葡萄牙商人現在可以繞過異教徒阿拉伯人，也可以打破扼守東地中海的威尼斯商人原本享有的壟斷貿易地位。

運用一趟船運把香料和其他奢侈品從亞洲運回歐洲，可要比靠著阿拉伯人和威尼斯商人聯手、結合多次短程陸路車運的傳統路線，來得既便宜、又安全。葡萄牙人設計的兼載貨物、砲彈的軍艦（carracks）很快就主宰了貿易。短短幾年內，他們在果阿（Goa）取得基地，找出從卡里卡特繼續向前的航線，進而跨越孟加拉灣、來到麻六甲海峽——進入香料群島的門戶。不幸的是，麻六甲蘇丹無意讓他們經過，他的統治靠的就是向穿過今天印尼和馬來西亞之間海峽的船隻課稅、收錢。麻六甲是新興的區域商貿集散地，承續扶南和三佛齊的地位，且是滿者伯夷的勁敵。這座城市住了許多外籍商人，做起他們祖國和已知世界其他國家之間的貿易仲介人。它至少有十萬名居民和過客熙來攘往，包括馬來人、泰米爾人（Tamils）、古吉拉特人（Gujaratis）、爪哇人、中國人和呂宋人。

葡萄牙派來特使於一五〇九年晉見蘇丹，送上比達伽馬在十年前送的更豐盛的禮物，替葡萄牙人爭取到一塊據點做生意。可是，其他商人反對——尤其是古吉拉特人——他們說服蘇丹以叛變罪名逮捕基督徒。一五一一年六月，葡萄牙砲艦在阿方索・狄・阿爾布克爾克（Afonso de Albuquerque）率領下抵達。談判進行期間，他的間諜已經明察暗訪搜集城市防務情報，也和華人商人拉攏關係。蘇丹拒絕釋放被他抓走的人，阿爾布克爾克在聖詹姆士節動手進攻。兩星期後，蘇丹逃了；麻六甲於一五一一年八月十日落入葡萄牙手中，自此一連一百三十年受它控制。

阿爾布克爾克的艦隊裡有個三十一歲的青年軍官斐迪南・麥哲倫（Ferdinand Magellan）。在戰事之後，他可能在城裡亂逛，還從呂宋人那裡聽到一些軼聞。十年之後，麥哲倫改投效西班牙國王，率領艦隊試圖從東邊抵達呂宋及其金礦；一五二一年，他成為第一個橫渡太平洋抵達亞洲的歐洲人。和從前的船隊一樣，起初他們受到熱切歡迎：宿霧島統治者和他的許多臣民改信基督。根據隨著麥哲倫而來的學者安東尼歐．皮加斐他（Antonio Pigafetta）的記載，島民拿出最好的瓷器，可以證明他們早已與中國有貿易往來。麥哲倫帶著宗教和火砲抵達，但是他低估了其他島民反抗基督或西班牙的意志。僅僅一個月之後，一五二一年四月二十七日，麥哲倫在馬克丹島（Mactan）遇襲身亡。

葡萄牙人也虎視眈眈。他們派出一支艦隊攔截麥哲倫，在出產香料的蒂多雷島（Tidore）附近堵到「千里達號」（*Trinidad*）上的麥哲倫殘部，立刻俘虜了他們。歷盡千辛萬苦才從西邊到達香料群島（今名摩鹿加群島）的葡萄牙人，豈能輕易把優勢禮讓給從另一個方向到達的對手。這只是西班牙和葡萄牙兩個基督徒帝國之間諸多不和之一。為了解決僵局，西班牙國王查理五世（Charles V）把他妹妹嫁給葡萄牙國王*，三年之後親上加親，查理五世迎娶了新妹夫的姊姊伊莎貝拉（Isabella）。由於兩國王室聯姻，出現了一五二九年的《薩拉戈札條約》（Treaty of Zaragoza）。開歷史先例，歐洲帝國自作主張，就在東南亞劃界線瓜分勢力範圍。雖然地圖不太精確，大致上就是葡萄牙得到今天成為印尼的香料群島，西班牙保有今天的菲律賓。五百年之後，對立分化還存在。菲律賓南部的穆斯林叛變，以及菲律賓不斷主張對馬來西亞的沙巴擁有主權，導致兩國無法就南海邊界達成協議，都是從《薩拉戈札條約》遺留下來的結果。

葡萄牙人為了找荳蔻、丁香來麻六甲，沒想到瞎闖硬走，竟來到了通往歐洲人當時稱為震旦（Cathay）的神秘之地的門口。麻六甲既已落入掌中，再也沒有一支軍隊能夠阻擋他們東進，明朝中國肯定也擋不了。一個世紀之前，鄭和在三十年之內七次下西洋宣揚國威的砲艦外交之後，大明海軍已經廢了。朝廷只關心北方邊境受到的威脅以及國內的財政危機。明朝是歷史上第一個發行紙鈔的經濟體——也是第一個嘗到超級大通膨苦頭的國家。不值錢的紙鈔養活不了海軍。

往後幾十年，官方艦隊既已廢弛，非官方的民間業者崛起以迎合中國人對進口商品的需求，及供應宿霧等地對絲綢、陶瓷之市場需求。這時候中國的貿易照理講應該是掛著朝貢名義的國有事業。可是華南的福建省卻走私猖獗。福建船隻載著商品跑遍東南亞，也帶走數以千計的福建人在遙遠的港埠成立貿易站。他們在南中國海各地成立第一代具體而微的唐人街。[3]其中的一些人在麻六甲拔刀相助葡萄牙人——在作戰及戰後都做其後盾。

受到福建人的鼓勵，葡萄牙人繼續前進尋找絲綢和瓷器的源頭。最早給麻六甲海峽以東水域取名為「中國海」（Mare da China，即 the Sea of China）的，就是葡萄牙人。後來他們繼續往日本推進，才發現必須稱之為「南中國海」以便有別於中國東海岸的一片廣大水域。對一般中國人而言，海就是海，但對於文人來說，它叫做南海。

本地的走船人沒有歐洲人所講究的海圖這麼一回事，只把累積下來的知識寫成通航各地的指示。這些指示也包含了相當的神話——特別是有關萬里石塘的說法。根據一一七八年中國的一份

---

* 譯注：即約翰三世（John III）。

記載——周去非的《嶺外代答》——靠近大海沉降到無底深淵的附近，水裡有一道長堤。葡萄牙探險家接受領航員的勸告，也相信有萬里石塘，這道危險的島礁群散布在今天越南外海。葡萄牙人有文藝復興科學所能提供的先進工具，但連他們也被騙了。往後三百年本地區的每一幅地圖都一再標繪有一個帆狀的萬里石塘——直到十八世紀末、十九世紀初的勘察才顯示，除了在其北端的西沙群島，根本沒有所謂的萬里石塘存在。三百年來誤信有此一島礁群島存在，嚇阻了大多數船員不敢冒險進入南中國海中心。

十六世紀之初葡萄牙人所到達的「中國」，並不是一個統一的國家[4]，它大部分的南部海岸並非位在北京的明朝皇帝控制得了的。葡萄牙人發現，和福建個別商人來往比起和廣州這個官方指定的正式通商口岸的官員溝通容易多了。這時候的中國迫切需要一種特殊商品，而葡萄牙人適得其所。早先的惡性通貨膨脹已經使得商人對紙鈔敬謝不敏，要求生意對象以銀子付帳。最近的銀子來源是距離不遠的日本，可是中、日兩國關係惡劣，一五四九年明朝還下令嚴禁兩國之間直航。葡萄牙人出現得正是時候，他們成為中間人，穿梭往東於長崎和澳門之間，做起以日本銀子換中國絲綢的生意。[5]

西元一五六七年，明朝皇帝終於承認無法控制走私，在福建省停止不准民間貿易的禁令。結果是商業的爆炸性勃興——每次季風起時，會有兩百艘船開往南洋。[6]中國大型民間貿易船隊首度在數量上超過在前一千年裡控制了「中國貿易」的東南亞貿易商。德國學者安琪拉・蕭登漢默

（Angela Schottenhammer）告訴我們這個改變如何反映在語言文字上：「海商」（海上商人）這個字詞首次出現在中國文書記載上，甚至中文對「海」這個字的定義也變了。從前，它暗示是文明與未知世界交會之處。從十六世紀中葉起，它失去了神秘的含義，演變成單純形容地理。[7]

明朝另一項改革不僅改變了中國，也改變了世界。一五七〇年，政府不得不向現實低頭，下令今後稅款必須以銀子繳納。但是中國、日本的銀子數量都不足以應付這個需求。銀價飆漲到天文數字。天佑大明，這時候遠在兩萬公里之外、西班牙人控制的安地斯山脈的波托西（Potosi）竟然發現了全世界最大的銀礦。

《薩拉戈札條約》允許西班牙人保留他們在菲律賓的據點，一五七一年，麥哲倫的後繼者在馬尼拉建立貿易基地。他們聽說一水之隔的中國銀價飛升，遂展開所謂的「阿卡波科交易」（Acapulco Trade）。每年大約一百五十噸的銀子坐船橫渡太平洋，從墨西哥運到馬尼拉，在當地換了從中國來的黃金、絲綢和瓷器。同樣地，大量的白銀也從波托西往東走，經過歐洲前進。白銀在中國的價格——以黃金計價——是歐洲銀價的兩倍。只要把安地斯山的銀子運到中國，換成黃金，把這些黃金在歐洲出售，西班牙帝國就可以賺取暴利——然後就有錢在歐洲打仗了。[8]與此同時，歐洲菁英快速流行起追求中國絲綢和瓷器等奢侈品的風氣。

面臨千載難逢的「白銀熱」，馬尼拉的華人數量暴增，三十年之內激增到十萬人。他們大多數來自福建省晉江地區四個城鎮。[9]馬尼拉成為南中國海東線貿易線上最重要的一個站。除了白銀，福建人也帶回家未來華南的農業種苗。西班牙人從南美洲帶來玉米、甜薯和花生，農民發現它們很適宜在華南土壤生長——這下子導致農業革命，人口也為之劇增。

雖然是福是禍還未可知，但那時的中國沿海已和全球經濟緊密交織在一起。中國人、馬來人、阿拉伯人和歐洲人的網絡把砲彈和貨幣的影響傳布到全世界各地。到了十六世紀末，西班牙、葡萄牙聯合帝國主宰了歐洲對亞洲貿易。但是，帝國從內部開始腐爛。一五八一年，經過二十年的動盪和鎮壓，荷蘭七省統治者宣布脫離西班牙哈布斯堡王朝而獨立。葡萄牙人祭出切斷供應亞洲香料為制裁。荷蘭人的反制將撼動全世界。他們所缺者就是一份好地圖。

信奉喀爾文教派的荷蘭人的祈禱，得到讓·哈伊根·范·林斯霍登（Jan Huyghen van Linschoten）的回應。讓·哈伊根是個荷蘭人，青少年時到了西班牙，然後追隨葡萄牙人走船，到過果阿、麻六甲和澳門（這是葡萄牙人能向中國當局租到、最靠近廣州的泊船據點）。他夙夜匪懈地抄繪他們的地圖和航行指示，直到他的船艙實質上裝滿了前往亞洲的鑰匙。一五九四年，歷經九死一生後他回到荷蘭，把它們交給同胞柯內里斯·狄·郝特曼（Cornelis de Houtman）；次年狄·郝特曼組織了荷蘭人第一次的東南亞遠征軍。這是一場災難。三分之二船員喪生，狄·郝特曼得罪萬丹（Banten）蘇丹，下令殺人姦淫，然後勉強生還。縱使如此，他證明了荷蘭人自己也可以直接與香料群島做生意。

一五九六年，讓·哈伊根把他的知識與全歐洲分享。他的航行日記《旅遊記》（*Itinerario*）

和地圖很快就譯成英文和德文，粉碎了葡萄牙人對如何航行來往香料群島之知識的壟斷。[10]對於北部歐洲生意人來講，這是一箭雙鵰的大好機會——既可打擊哈布斯堡王朝，又可讓個人發財致富。一六〇〇年十二月三十一日，英格蘭女王伊麗莎白授與兩百一十六位貴族和商人一道皇家特許狀以成立東印度公司（East India Company）。兩年之後，阿姆斯特丹的六家小公司合併，也組成荷蘭東印度公司（Vereenigde Oostindische Compagnie）。荷蘭東印度公司既是貿易公司、又是國家的武力表徵——有特許執照與葡萄牙人作戰。葡萄牙人豈肯輕易退讓。兩國之間的競爭終於導致第一次「世界大戰」，改造了東南亞，帶給我們一套國際海事法制度，為今日的南海衝突種下了遠因。

格勞秀斯的《海洋自由論》

到了一六〇二年底，荷蘭東印度公司已在馬來半島南端建立一個貿易和軍事橋頭堡。柔佛（Johor）的蘇丹是被打敗的麻六甲統治者的後裔，也非常不喜歡葡萄牙人。一六〇一年九月，十七名荷蘭船員企圖前往廣州、打進對中國貿易，卻被葡萄牙人逮捕、處決。現在，他們獲悉荷蘭人和柔佛結盟，遂下令封鎖及砲轟柔佛沿海地區。

一六〇三年二月二十五日，荷蘭、柔佛聯手反擊。海軍司令雅可布・范・黑姆斯克爾克

（Jakob van Heemskerk）和他的新盟友獲報，有一艘載滿了貨的葡萄牙船隻出現在附近——從澳門開往麻六甲。以當時的標準來看，「聖塔卡塔莉娜號」（*Santa Catarina*）可謂巨船。它載了一千二百擔生絲、錦緞和絲綢、七十噸黃金、六十噸瓷器和大量的棉花、亞麻布、糖、香料和木製家具。船上約有一千人，包括七百名士兵、一百名婦孺，加上不少商人以及船員。令人驚訝的是，這樣高價值的船隻，防衛卻少得可憐。葡萄牙人習慣鬻官賣爵、把軍官的職位賣給出價最高的人、而不是最有技能的人；荷蘭人則反之，訓練精良。[11]

日出後不久，范．黑姆斯克爾克的船隊（兩艘荷蘭船和幾艘柔佛船）發現聖塔卡塔莉娜號下錨停在柔佛河口（靠近今天新加坡樟宜機場）。他們首先開火撕裂聖塔卡塔莉娜號的大帆使她不能動彈，然後再偶開幾砲打她船體（但是又不能太猛烈，以免嚴重損傷船貨）。船隻漏水、傷亡加大，船長瑟巴斯提歐．瑟拉奧（Sebastiao Serrao）投降。乘客和船員放棄船隻和貨物，換取不殺。

當聖塔卡塔莉娜號終於到達荷蘭時，貴金屬、奢華的織品和精緻的瓷器之數量眾多，造成轟動。商人們對東方世界的繁華富庶大為嚮往。船貨拍賣後得到三百五十萬基爾德（guilder，荷蘭錢幣單位）——等於荷蘭東印度公司半個資本額。但是，這裡出現問題。有些股東覺得公司應該集中精力追求獲利極大化，別耗費鉅資去打仗。然而，荷蘭的政治菁英認為他們的新國家既需要賺錢，也不能不打仗，兩者不可偏廢。他們需要有個強而有力的說客說服各方。他們向二十一歲的雨果．格勞秀斯（Hugo Grotius）求教。

格勞秀斯實際上是個名律師。他出生在權貴之家，是公認的神童，十一歲就大學畢業，十五歲覲見法國國王。他做了律師，又奉派擔任荷蘭的史官（這個職位比較像是今天的政府文宣化妝師、而非學術研究工作）。一六〇四年底他被荷蘭東印度公司聘來替搶奪聖塔卡塔莉娜號尋求法理根據。他寫出的辯護狀保護了荷蘭東印度公司既是貿易商、又是戰士的雙重角色，也衍生為奠定國際法基礎的兩份文件之一。它替荷蘭的殖民事業奠定了知識上的基礎，也造成歐洲人與東南亞人有關政治權力及領土概念之間的「文明的衝突」。

近年來由於歷史學者馬丁・朱利亞・范・伊特桑（Martine Julia van Ittersum）和彼得・博世伯格（Peter Borschberg）兩人的研究，推翻了對於格勞秀斯的許多原有認識。他們仔細爬梳格勞秀斯的公私寫作，使我們看清楚格勞秀斯絕不是公正無私的政治思想家——他替荷蘭東印度公司做說客，且堅決支持荷蘭的商業和政治權利。他只選擇對他有利的論點，曲解他人的立場，且理論根據也不牢靠。即使如此，他的著作留下恆久的衝擊。

葡萄牙人主張，因為他們「發現」了前往亞洲的航線，因此他們獨享和亞洲貿易的權利。在伊比利半島天主教徒的世界觀裡，非基督徒的「發現」統統不算數。然而，格勞秀斯提出激進的新路線，即亞洲統治者也是人類的一部分，因此可以自己決定要和誰做貿易。至於葡萄牙統治者主張他們有權決定誰可以在他們的領域內航行，格勞秀斯辯說，海洋和天空一樣，不能被任何國家占領，因此人人可以自由使用它。這些主張聽起來相當現代化且進步開明，但也是出於自我利益考量。它們意在辯護荷蘭東印度公司有權與亞洲統治者簽訂契約。格勞秀斯後來可以主張這些契約合法地排除了其他人，也合理化有權使用武力對付企圖阻礙航行或背信毀約的任何人。

格勞秀斯在幕後的遊說成功，但是他的論證並未公開，直到一六〇九年才以匿名方式發表在一本粗淺的小冊《海洋自由論》（*Mare Liberum*，即 *The Free Sea*）中。他這一次還是基於政治目的而寫作——試圖影響荷蘭和西班牙之間的談判。荷蘭東印度公司嚇壞了，深怕兩國為了談和，荷蘭政府會犧牲其權利，同意西班牙和葡萄牙可以不讓其船隻進入亞洲。格勞秀斯又派上用場，這次再度救援成功。一六〇九年四月十日簽訂的《安特衛普條約》（Treaty of Antwerp）賦予荷蘭商人有權在西班牙和葡萄牙尚未設立居留地的地方做生意。

但是，格勞秀斯心裡頭還有別的目標：鯡魚。依他的見解，比起干預航行更惡劣的就是干預捕魚。他在《海洋自由論》中曾斥之為「瘋狂的愚蠢」。英格蘭國王詹姆斯一世（James I，他亦兼具蘇格蘭國王詹姆斯六世的名銜）非常生氣荷蘭船隊在蘇格蘭和英格蘭沿海航行，攔捕每年移徙的鯡魚——當時有數百個村子靠著捕魚維生。詹姆斯想要阻止荷蘭人進入他認為的「他的」海域，可是又不想和他在歐洲少有的盟國荷蘭開戰。一六〇九年五月十六日，也就是《海洋自由論》出版後不久，他禁止外國人未取得官方許可就在英國沿海捕魚。但是詹姆斯覺得他需要有法律基礎來增強他的諭令。法學教授威廉．韋爾伍德（William Welwood）在一六一三年寫了一篇論文，援引《聖經》、羅馬法和今天我們會稱之為環保理由的論據，來贊同國王有權限制外國人捕漁。詹姆斯覺得還不夠，於是一六一九年又求教於另一位律師約翰・薛爾登。

薛爾登在是年夏天完成論文，送呈國王核示。但是，詹姆斯在最後一刻考量到他的姻親丹麥國王克里斯汀（King Christian）可能反對英國的海權主張、在整個北大西洋惹出更大風波，遂把論文悄悄束之高閣，暫時擱置法律論戰。後來數十年，格勞秀斯和薛爾登分別在荷、英兩國積極參與政治，也分別失了寵，甚至都坐了一陣子牢。一六三〇年代中期，英格蘭新王查理一世對海上爭議採取比其前任更強硬的路線，而薛爾登想要爭取新君寵信，遂於一六三五年提出一套法律論據來駁斥格勞秀斯的主張。連他的小冊子書名取為《封閉的海洋》（*Mare Clausum*，即 *The Closed Sea*）都是衝著格勞秀斯直接挑戰。

雖然薛爾登同意格勞秀斯的看法，認為船隻有「無害通過」他國海域的權利，他也堅持國家有權在某些狀況下限制進出它的水域。他主張主權國依據長期使用的理由應該可以主張對特定區域——甚至公海的某區域——享有權利。[12]他主張，開放的海域可以被「占領」，因此未必對人人開放：特別是如果它那裡有大量鯡魚的話。[13]肯定就是在這段時候——薛爾登又在王廷得寵時——他取得了前文所說的中國地圖。

格勞秀斯和薛爾登的爭論——海洋究竟該開放或封閉？——延續到今天。薛爾登明白地贊成在水上劃下一道想像的界線，而格勞秀斯終究也承認海灣、海峽可以被擁有。縱使他們對於確切界線應該怎麼劃有歧見，他們也都認為可能，也應該，劃出界線以便規範各國的行為。到了十七世紀末，歐洲各國已獲致妥協，同意有時候稱為「砲彈可及」的規則，允許一國可以控制離其海岸線三至四海里的水域。幾個世紀下來，薛爾登顯得輸掉這場辯論——主要原因是英格蘭（一七〇七年後稱為不列顛）成為海上大國。從此以後，格勞秀斯的論述比薛爾登的主張更能服務倫敦的利益。大英帝國是以各國——其實特別就是一個國家——有權利在全世界自由貿易這個前提為基礎上建立起來的。現在大不列顛不再主張擴大領海以保護鯡魚，現在它主張限縮領海，它才好統治更大片的海域。這需要極小化其他統治者限制航行的權利。現在它可以靠皇家海軍運用自己版本的「砲彈可及」規則，來解決對這一項法律原則的任何重大歧見。

每一個時代，全球霸主——荷蘭、英國，乃至今天的美國——都主張航行自由，並動用軍事力量制止別人挑戰此一自由。但是薛爾登的觀點還是一直有擁護者，主要當然是受到海上武力壓制的國家。沿海國家是否有權、以及如何主張他們的離岸主權這個問題迄今仍困擾著我們，天底下很少有其他地方比起南中國海更為這個問題頭疼不已。

曼達拉體系與西發利亞體系

搶奪聖塔卡塔莉娜號替第一次「世界大戰」開了第一槍。十七世紀上半葉大部分時間裡，荷蘭和葡萄牙在歐洲、拉丁美洲、非洲和亞洲到處交戰。有一短暫期間，英國東印度公司和荷蘭東印度公司組成同盟——這也就是為什麼伊莉莎白號船長林邁世覺得他有權在台灣附近抓一隻中國船，理由是它載了葡萄牙人和西班牙人乘客；他進而偷了它的船貨，或許也因此取得繪製得很精美的那張地圖。十七世紀大部分時間，荷蘭成為南中國海的霸主——不僅本身是長程貿易商的龍頭，也是亞洲不同港口之間彼此通航的中間人。藉助優勢火力，他們把葡萄牙人擠出日本的白銀交易以及大部分的香料港口，甚至一六二三年在今天印尼安波島（Ambon）的「安波大屠殺」（Amboyna Massacre）中趕走他們的英國盟友。

到了一六二五年，以及其後五十年內，荷蘭共和國主宰全球貿易。鼎盛時期，荷蘭的商船隊有六千艘船、五萬名水手，規模比西班牙、葡萄牙、法國、英格蘭、蘇格蘭和日耳曼的船隊加總起來還更大。阿姆斯特丹是全世界的商業首都，巴達維亞（Batavia，即今天的雅加達）是它的東方據點——負責對台灣及日本的貿易。一六四一年，荷蘭東印度公司終於在東南亞獲得最為關鍵重大的突破——征服麻六甲，成為麻六甲海峽的霸主。

但是它從來沒有完全主宰一切過。荷蘭東印度公司一直需要依賴本地盟友如柔佛蘇丹的支持。公司愈來愈捲入區域政治，慢慢地也取得領土。它援引格勞秀斯不可違約的論述，用冰冷的船堅砲利執行嚴峻的合約：欺壓甚至屠殺抵抗他們的人。然而，中國當局實力大到夠抵擋住荷蘭東印度公司，因此他們必須透過福建商人和中國做生意。巴達維亞成為新的區域輻輳中心，是歐洲與中國帆船會合的地方。

這一整段期間，中國對白銀的需求似乎都無從饜足；拉丁美洲的銀幣成為本區域流通的貨幣。但是，經過七十年的阿卡波科貿易，西班牙人已經載運太多銀塊到中國，白銀開始貶值——它再也不能像從前那樣買進那麼多的黃金和穀物。中國的經濟失衡導致明朝終於在一六四四年覆亡，被從滿洲入關的清朝取代。但是影響的餘波不止。失去了從阿卡波科交易的盈餘，西班牙不再有財力打三十年戰爭（Thirty Years War）。結果是一六四八年簽署《西發利亞條約》（Peace of Westphalia），由它建立起現代歐洲基本的政治結構，開啟了今天我們所熟悉的國際體制。

在中國的政權轉移中，雙方交戰血流成河，且曠日持久。面對福建領導人「國姓爺」的抵抗，清廷於一六五六年再度禁止貿易，並在南方沿海地區推出史上最激烈的「焦土政策」，強迫大批人民向內陸遷徙，中文文書裡首次出現「海疆」一詞。可是這個政策完成適得其反，老百姓為求生存不擇手段，進而貿易大興、人口外流。

激烈的作法終於穩固了清廷對沿海的控制；一六八四年，政府覺得夠安全了，下令終止對民間海外貿易的禁令。整個東南沿海，商人再度揚帆尋找新市場。到了十七世紀末，靠著「主場優勢」和成本降低（不需要再斥資作戰），他們又把南中國海納入勢力範圍，讓歐洲人淪為「跑龍套」。葡萄牙人控制住帝汶和澳門，但是僅此而已。西班牙人在拉丁美洲和馬尼拉之間生意興盛，但是沒有跨越出線。荷蘭人曾經獨領風騷數十年，如今被趕出台灣、退出東京（北越）和柬埔寨，也失去和日本的特殊關係。本區域的大英「帝國」僅限於廣州的貿易基地。簡言之，歐洲人與其他的外國商人受到同等待遇：只要遵守地方習俗，就會受到官方容許。這是南中國海地區「華人世紀」的開端。

現在，移民的禁令已解除，大批中國人又出海尋找新機會。有些人國內外來回奔波，有些人則留在異鄉：大部分自營商貿，少數人替地方統治者充當管理人員。後來，勞工又開始輸出。由於國內對辣椒、黃金和錫的需求上升，成千上萬中國人移民到東南亞成立農場或進入礦區工作。他們在一些地方成立自治團體，也在一些地方成為歐洲人成立的屯墾區居留地不可或缺的一部分。不管是葡萄牙人的澳門、西班牙人的馬尼拉，或是荷蘭人的巴達維亞，這些殖民地城市若沒有華人勞工就無法順利運作。

歐洲人害怕過度依賴華人，於是採取種族歧視政策邊緣化他們。這一點——再加上十分不公平的商業作法——時常引起動亂，甚至造成屠殺。即使如此華僑仍堅此百忍，創業致富之餘，還貢獻技能與勞力協助僑居地開發。結果就是在環南中國海周邊出現所謂的「非正式的帝國」：「非正式」指的是清廷並沒有有系統地加以利用。對清廷而言，這裡只是收入的來源，不是領土。他們的注意力不及於海岸線之外。

航行於大海之上的中國商人一般都認為它危險又不方便，不敢深入險境，且仍然相信萬里石塘——沿著印度支那海岸有一排神秘的萬里群島——擋住直接通路。[14]中國的記錄，如一六一七年出版的《東西洋考》就說得活靈活現。[15]只有歐洲人才笨得想要找出一條穿過其中心的直接路線。他們的成與敗全見諸今天的海圖：位於南中國海中央的Macclesfield Bank（即中沙群島）是英國船「馬克雷斯斐德號」（*Macclesfield*）的船長約翰．哈雷（John Harle）於一七〇一年發現的。[16]黃岩島英文名得自於英國船*Scarborough*於一七四八年九月十二日在它附近沉船。[17]這些海難事件對歐洲人來講是悲劇，但是對於有打撈沉船本事的人而言，卻是天上掉下來的禮物。打撈生意非常好，以至於位在今天越南中部的阮朝統治者要發執照給一群海員撈船救貨——今天的越南以此為證據，主張它對西沙群島擁有主權。[18]

西元一七九五年，英國東印度公司雇了水道測量專家詹姆斯．霍斯伯赫（James Horsburgh），因為他，整個南海地區的交通往來起了革命性的變化。在一八〇七至一八一〇年期間，英國東印度公司的船隻沿南海大部分海岸測繪地圖，終於證明萬里石塘子虛烏有、根本不存在。一八〇九年和一八一一年，霍斯伯赫發表了兩冊的航海指南《印度指南》（*India Directory*）；又於一八二一年發表南海海圖，首次合理、正確地標示出今天的西沙群島與南沙群島。[19]歐洲人此一知識並沒有很快移轉給中國地理學者。直到一八四三年，作家汪文泰還拿歐洲航海家走的路線和中國航海家走的路線做對比。他的著作《紅毛蕃英吉利考略》把今天中國人稱為的中沙群島的地方稱為紅毛淺灘——意即紅髮野蠻人的淺灘——中國人用這個名字來翻譯Banc des Anglais（即English Bank），這是法國地圖上把它改名Macclesfield Bank之前的舊名。[20]

霍斯伯赫的海圖出版了二十年之久後，汪文泰仍然相信西沙群島有一千里（五百公里）長，另外他想必是指南沙群島，他寫說「在七洲大洋裡有巨岩，但是我們對它一無所知」。[21]

但是霍斯伯赫的確發現某些本地水手不知道如何在島礁之中航行。他在一八五二年版的《印度指南》中提到西沙群島時表示：

有許多漁船屬於〔海南〕島，它們用沉重、堅硬的木頭打造，不是一般中國船隻所用的樅樹。它們可以航行快捷。它們有許多每年出海捕魚兩個月，走到離家七、八百英里之處來採集海參、購買乾烏龜和魚翅，他們是在中國海東南部分無數的淺灘和沙洲找到它們。他們的航行始於三月，先來到北堤岸（Northern Banks），留下一、兩名船員和幾桶淡水，船隊繼續開往婆羅洲近處某些大島礁、繼續漁捕到六月上旬，才回頭接同伴及其收穫。我們在中國海這些島礁附近遇見許多這些漁船。[22]

為什麼霍斯伯赫要區分硬木製造的船和「中國」船隻呢？或許是因為其船員不是他所了解的「中國人」。他們半遊牧性質的生活方式顯示他們或許是「海上吉普賽人」——蜑家——南島民族網絡的後裔（詳見本書第一章），他們住在越南及華南沿海地區。（今天的海南島仍可見到住在水上村落的蜑家。）其他人可能來自更遠的地方，如菲律賓的巴瑤人、馬來西亞的海上人，以及其他海上遊牧族都是出了名的全在南海各島捕魚的民族。不論他們來自何方，這些海上遊牧民族過的生活大多不受陸地當局管轄。他們經常遭到歧視，被當做是土匪、海盜，不被當做是完全的公民。挺諷刺的是，現在各國在南中國海提出現代國家主權主張時，紛紛以這些人做為先驅。

英國東印度公司準備花大錢做調查是因為它在中國的貿易太賺錢。從蠅頭小利開始，它漸漸得以補貼起整個大英帝國。十八世紀上半葉，英國東印度公司輸往廣州的交易量百分之九十是白銀。但是，就和一個世紀之前一樣，銀價巨幅下降。一七七五年之後，白銀只占公司出口到中國的百分之七十五。[23]一七八〇年，英國東印度公司突然需要有新的商業模式。英國政府降低中國茶葉的稅率，茶葉的需求爆增。英國東印度公司需要賣別的東西來交換，而它發現答案就長在孟加拉的土地上——鴉片。以印度的麻醉品換中國的提神品的交易快速飆升，到了一八〇〇年，進口到倫敦的茶葉價值高達二千三百萬英鎊。茶葉的進口關稅有助於英國政府，英國政府將款項用在皇家海軍身上，而皇家海軍保衛貿易商和帝國。而這一切都建立在鴉片上。

英國東印度公司現在迫切需要在麻六甲海峽有個根據地，一個和過去葡萄牙人、西班牙人和荷蘭人所需的港口一樣的，並能夠和中國的大帆船貿易聯繫上。一七八六年，它租下位於麻六甲海峽北端的檳榔嶼，但是成效只能說是差強人意。要到一八一九年取得新加坡，英國才如虎添翼。新加坡地理位置完美，能吞吐來自四面八方不同方向的貿易，又沒有傳統的統治者、專橫的宗教和僵化的官僚，它很快就從瘧疾肆虐的沼澤地發展成為英—中區域中心——更精確的說法或許應說是中—英區域中心。英國在拿破崙戰爭中擊敗法國，遂一躍成為全球新霸主，而且也和前人一樣，尋求透過麻六甲海峽控制對華貿易。荷蘭人雖然抗議，但實為螳臂擋車。

直到十九世紀，歐洲列強在東亞和東南亞的干預已經很彰著，但一般而言只是地區性質，且為時短暫。然而，有了工業革命的力量支撐，情況丕變。貿易帝國將演變為領土帝國，而這些新帝國將劃下新疆界、製造新衝突。有兩則有關領土爭議的故事可以說明這一點。十七世紀中葉，越南黎朝皇帝和寮國國王為湄公河上游某一塊地段交戰。衝突後來解決了，兩個統治者協議好，住高腳屋的人（即「寮人」）應向國王效忠，而家住平地的人（即「越南人」）向皇帝效忠。界定清楚的疆界線遠不及人民的個人效忠重要。[24]英國人和荷蘭人就以非常不同的協議解決他們十九世紀在麻六甲海峽的爭議。一八二四年英荷條約在海上畫一條線——英國人的活動限制在北邊、荷蘭人的就限定在南邊。這代表英國必須放棄他們在蘇門答臘島本古連（Bencoolen）的居留地、荷蘭必須退出麻六甲。人際網絡不具任何意義；國籍和地點才是一切。它解決了歐洲人的一個問題，卻給長久以來在這條想像的界線兩邊穿梭的本土馬來人製造了無數的後遺症。那些想依傳統方式過活的人成了「走私客」、那些試圖抵抗的人則是「海盜」。[25]

到了十九世紀初，歐洲人和東南亞人對於構成「國家」的要素已有非常不同的想法。傳統的東南亞政治單位是由中心所界定：亦即由統治者的個人威望所界定。在這個「曼達拉」體系裡，統治者的權威隨著距離王國中心愈遠就愈遞減。在歐洲，至少是從《西發利亞條約》之後，政治單位變成由邊緣所界定：法律、權利和責任平等地適用於全境，但是到了邊界外就完全停止。在亞洲體系裡，權威可以逐步過渡，甚至會出現真空狀態，沒有哪個統治者受到承認。小型單位或許會承認一個以上的主權，也或許可能根本不承認任何人。傳統上，東南亞的疆界線變動不居——海上疆界尤其含混不清。這種含混允許統治者之間的關係可以遞嬗、邊界可以遷移：有時候是和平的，但出於暴力手段更是常見。在歐洲體系，不會有空隙——每個地方應該都歸屬某一個主權——而且只有一個唯一的主權。如此一來，紛爭在所難免。

由於格勞秀斯和薛爾登（以及他們的徒子徒孫）之間的辯論結果，現在西方統治者對於這些確定的邊界如何延伸至海洋有了共識。隨著他們帝國的擴張，這個共識傳至東方，加諸在對海上疆界有完全不同理解的這個區域身上。從流動疆界過渡到固定疆界，替當前南中國海的衝突種下禍根。

蠶食鯨吞

歐洲的貿易公司以商人和傭兵兩種身分闖進東亞，預備為他們發財致富的權利作戰。他們得到本國政府的特許執照，但是為自身利益而行動。到了十九世紀，最成功的兩家貿易公司——英國東印度公司和荷蘭東印度公司——已經自成一個政府。聯結盟友、粉碎敵手、收取關稅和杜絕走私的必要性，使得他們往往以最殘暴且陰晴不定的方式搶奪土地和治理當地人民。母國政府固然試圖控制這些胡作妄為，並整飭公司的財務問題，可是企業和國家的利益已經完全交纏在一起。荷蘭東印度公司在一八〇〇年破產，它控制的領地由荷蘭政府接管。英國東印度公司儘管一再出現困難，但是靠著鴉片與茶葉貿易存活下來。清廷要求以白銀付帳，可是銀價卻因拉丁美洲陷入獨立戰爭而飛漲。若非鴉片，英國現金將大量外流出境以支付從中國購買的茶葉和其他進口物品。當清廷試圖停止英國東印度公司的貿易，他們暗示收支不平衡將威脅到英國的經濟。英國東印度公司和英國政府共同的反應就是設法強行打開中國市場——不只是鴉片，所有產品的市場都應該開放——以及恢復貿易平衡。一八四〇年和一八六〇年兩次「鴉片戰爭」正是因此而爆發。英國東印度公司和皇家海軍的砲艇在鴉片創造的財富挹注下，大勝清軍。透過這些船艦封鎖海岸，英國指揮的部隊強迫中國皇帝割讓香港、並開放另五個國際通商口岸。《南京條約》首開其端，清朝政府在往後一甲子時間被迫與十個國家簽署了二十六個「不平等條約」。

鴉片戰爭是英國東印度公司最後的光輝。到了一八七四年，破產以及各方厭惡其行為的情緒大漲，導致它被政府強制收歸國有。但是這並未終止英國在東南亞商業和殖民動機的混亂。一八四二年，冒險家詹姆斯．布洛克（James Brooke）成為砂勞越拉惹（Rajah）。一八八二年，北婆羅洲特許公司（North Borneo Chartered Company）接管了今天沙巴這塊地區。它們被標明為「英屬」領土，但其實是逐漸地才正式納入大英帝國。

另一方面，法國和德國的帝國野心打從一開始就是國家領導的行動。法國以天主教傳教士遭到虐待為藉口，一八五八年派出海軍砲轟越南中部城市峴港。次年，法軍搶占西貢，十年之內「交趾支那」（Cochinchina）淪為法國殖民地。不久，柬埔寨和安南（Annam）成為法國保護國。但是，法國真正追求的是一條獨立的通路——河流或鐵路皆可——俾能通往中國內地潛力極大的市場。若要成功，必須控制北部的東京區（Tonkin）——這個前景讓北京清廷大為警惕。中國政府贊助「黑旗軍」（依據各人不同的觀點，它可以被認為是一群土匪，也可以是一個半自主的政治單元）來阻止法國人節節進逼。但是在一八八四至八五年的中法戰爭之後，中國被迫承認法國控制東京，也同意在東京與清廷領土之間劃定國界。

大約同一時期，德意志帝國也在亞洲蠶食鯨吞。為了準備，它想方設法建立一系列海軍基地以連結本國和在中國可能的殖民地。在一八八一年至一八八四年間，德國海軍在西沙群島附近進行一系列勘查。德國並沒有徵求，自然也沒有得到中國或法國准許它進行勘查，而中、法兩國政府似乎也沒有注意到，更不用說發出抗議了。（有些中國作家聲稱中國確有發表抗議，但明顯缺乏之證據。）德國當局實際上在一八八五年發表勘查結果，它也成為日後英、法對這些島嶼的參考地圖，但是奇怪的是，中國地圖沒參考它。[26]一八九七年，歐洲傳教士受虐待又成了帝國干預的藉口。隔不了幾個月後，德國人強占華北的青島。

美國在亞洲的帝國野心始於海軍提督培里（Commodore Perry）一八五三年在日本東京灣小試身手、展示砲艦外交：彈藥花了不少卻沒有人傷亡。日本菁英不像清廷那樣排外，他們擁抱現代化，在半個世紀之內就加入列強瓜分中國的行列。美國在日本成功後，野心大熾。一八九〇年，美國海軍戰爭學院院長艾佛瑞德・馬漢（Alfred Mahan）發表專書《海權對歷史的影響，從一六六〇年至一七八三年》（*The Influence of Sea Power upon History, 1660-1783*），分析英國創立全球霸權成功的前因後果。馬漢主張，美國若要繁榮，需要在海外取得市場，並透過一個海軍基地網絡保護貿易通路。他的主張引起新世代政客的呼應。機會在八年之後到來。美西戰爭結束時，美國已經真正成為縱橫太平洋的強權，兼併了菲律賓、夏威夷和關島。

殖民大國搶奪領土的這一切動作勾勒出了今天南中國海疆界的基礎。它們創造出國家，也創造了國家之間的邊界，海上疆界要依此來測繪。菲律賓和印尼的界線是由葡萄牙和西班牙在一五二九年劃定；馬來西亞和印尼之間的國界大致上在一八四二年由英國和荷蘭協商而成；越、中邊界由法國人在一八八七年迫使中國接受；菲律賓大體上的國界是一八九八年由美國和西班牙所訂定；菲律賓和馬來西亞之間的邊界則是美國和英國在一九三〇年敲定。

這是界定和劃分各個殖民大國彼此邊界的更大過程的一部分：這個過程產生極大的仇恨和抗拒。荷蘭人花了將近一個世紀在婆羅洲和其他島嶼去執行它。一直到二十世紀初，它還在和九百個不同的原住民政治單位打交道。[27]然而，它們竟成了後殖民國家誕生時的國界，且儘管它們引發無數糾紛，卻成了神聖的國家象徵。現在對這些國界的思維方式又更加根基深厚了。西發利亞體制已經深入人心，以致它的固定邊界和領土主權的概念經常被認為存在已有上千年之久。其實它出現在東南亞只有一個多世紀，從那些在曼達拉體系之下已經存在的概念來推演現代政治疆界，其實不具意義、且又危險。

邊界和主權之所以會如此敏感，主要原因當然是因為中國在它的愛國主義者所謂的「百年國恥」期間所遭遇的經驗。清朝面對工業化的歐洲侵略卻完全無能抵抗，這個記憶直到今天都還激勵著中國領導人。但是與歐洲列強實質占領世界上其他地方大不相同的是，十九世紀西方帝國主義在中國並非覬覦領土：直到一九〇〇年，被列強占領的土地（香港、以及其他國際租界）面積仍然只占中國領土極小的一部分。所損失的人命也不算特別。當然，在一八四〇年和一八六〇年的「鴉片戰爭」中是有兩萬人喪生，但是在十九世紀中葉的太平天國之亂死者更多，高達兩、三千萬人。恥辱感是在意識型態上面。它混合了被「異族」侵犯的意識，以及明知是內部貪腐和衰敗才導致它發生的體認。對比之下，日本十分成功地調適接受世界新制度，並且準備好挑戰東亞既有的秩序。

百年國恥不可忘

一八九四年和一八九五年，山雨欲來風滿樓，日本從滿清政府搶走對朝鮮和台灣的控制。緊接著敗給日本之後，一九〇一年八國聯軍入侵中國，以敉平「義和拳之亂」。清朝已深陷危機，對於指控它無法保衛國家的聲音非常敏感。「恢復國權會」、「紀念國恥會」和「自治會」等團體鼓動杯葛英、美、日及其他外國商品。[28]這也是為什麼在一九〇九年中國政府把南海諸島主權首次轉化為國家榮辱的問題。當年就和今天一樣，緊爭重點是遠離陸地、大海之中幾乎無法住人的島礁塊之命運。當時的姿態造成劃下今天的「U形線」、做為中國提出海上主權的根據。

早在一九〇七年十月就有傳聞指出一群日本探險家在東沙島（Pratas Island）登陸，這個覆蓋鳥糞的珊瑚礁位於（日本占領的）台灣西南方四百公里、離中國大陸約兩百六十公里。[29]傳聞未經證實，直到一九〇九年三月一艘中國船來到東沙島，發現西澤吉治和上百同伴在挖鳥糞。受到挑戰後，西澤宣稱他發現這個原先並無人居住的島，現在這個島屬於他所有。他的動機很簡單。鳥糞很多，非常適合做日本農田的肥料，西澤希望能賺一大筆錢。

消息傳抵廣州，不少廣東人組織發動另一波抵制日貨運動，並要求政府有所動作。該會憤怒的中產階級會員亦收集證據，試圖證明東沙島屬於中國。這批民族主義者翻遍古籍，找出古代航海家記錄以證明東沙島與大陸的關係。在民間抗議聲浪下，中國政府決定拿錢解決問題，日本政府也願意協助。中國人的杯葛已經嚴重傷害到許多日本公司，而日本不以為占領東沙島有多大價值。[30]東京當局表示，如果中方能證明其主張，可以承認其主權。[31]

一九〇九年十月十二日，兩廣總督張人駿和日本駐廣州領事達成協議。日本承認中國主權，西澤退出東沙島、換得十三萬銀元賠償。[32]廣東當局希望採納西澤的商業計劃、賺回這筆錢。他們甚至雇用西澤的鳥糞專家當顧問。可嘆的是，到頭來是一場空。沒有碼頭供大船上下貨，整個計劃不符經濟效益。到了一九一〇年聖誕節，計劃取消，東沙島又成為棄島。[33]

但是對中國海疆的焦慮持續不退，張人駿覺得舞劍比動筆會更有效用，把注意力轉向西南方數百公里外的西沙群島。這時候，中國官方地圖（不論是全國、區域或地方）都顯示海南島是中國領土的最南端。一七六〇、一七八四、一八六六和一八九七年印行的地圖都是如此。[34]關於東沙島的談判仍在進行之際，張人駿於一九〇九年五月派一艘船前往西沙群島——次月再加派另兩艘船去。中國的記載說，船隊花了三個星期巡航、進行勘查，間或開了幾砲以宣示中國擁有這些島礁主權。可是，有一家經常來往當地的法國船公司老闆拉皮克（P. A. Lapicque）在二十年後出版的一本書中有不同版本的記載。[35]他說遠征隊（接受大型貿易公司卡洛威蒂公司〔Carlowite & Co.〕兩位德國人的指導）在海南島外下錨停泊兩個星期等候好天氣，然後在六月六日趕往西沙，次日就掉頭回廣州。中國現在就靠這趟航行為依據，主張對西沙群島擁有主權。這次遠征之後印行的廣東新地圖顯示西沙群島是廣東省的一部分，這是所有中國地圖第一次這麼做。[36]

這是臨危的清朝最後的奮力一搏，它在一九一一年終於被推翻。中華民國新政府第一張地圖出現在一九一二年的《年鑑》（Almanac），它根本不顯示國境。國家新領導人十分「現代」——它渴望成為國際體系的一員——可是英國地理學家威廉．卡拉漢（William Callahan）指出，它無法解決矛盾，一方面中國已是新的民族國家，另一方面它又是以曼達拉體系為基礎的一系列階層關係的中心，兩者相互牴觸。中華民國第一部憲法把這一點顯示得淋漓盡致，它說：「中華民國的**主權領土**（sovereign territory）繼續與舊帝國的**領域**（domain）相同。」舊「領域」等於新「主權領土」這樣一個簡單等式，就是目前對南中海「國界」起爭議的根本。[37]

民間繪圖師胡晉接預備替中國自古以來的領土草擬新指南時遇上的情況就是這樣子。《中華民國地理新圖》終於在一九一四年十二月問世，它是第一份中國地圖在南中國海畫了一條線顯示哪一個島的確屬於大陸。胡晉接把這份地圖標明為「乾嘉時期前的中國版圖」。[38]換句話說，這條線代表一七三六年以前中國國家「控制」的範圍，而且很重要的是，唯一在線內的島嶼是東沙島和西沙群島。[39]它沒有往南超過北緯十五度。整個一九二〇年代動盪不安的「軍閥時期」和一九三〇年代初，這條線印在中國地圖上。又隔了二十年，經過另一次海上國際危機，這條線才成為今天中國主張的這樣子。

中國人飽受列強欺壓的意識在一九一五年五月九日變得更加強烈，共和政府被迫接受日本新要求割讓土地及其他權利。[40]全國教師協會宣布五月九日為「國恥紀念日」。一九一六年，上海的中央繪圖社發表「國恥地圖」，其上標示失給列強的領土。有意思的是，香港、台灣和（越南）東京都明顯標示出來，可是完全不提南中國海其他地方。接下來十年的大部分時間中國陷入派系和軍閥混戰，不過國民黨一九二七年掌權後，他們利用「國恥」這個概念號召全國團結。它甚至將「國恥紀念日」列為正式假日。

一九三〇年四月十三日，法國軍艦「馬利賽斯號」（*Malicieuse*）在南威島（Spratly Island）——東沙島和西沙群島更往南數百公里——下錨，並發射二十一響禮砲。唯一目擊這一幕帝國盛事的是四個餓壞了肚子的漁民，根本不曉得這一幕就是爭奪他們漁場的爭端——迄今猶未落幕——的開端。馬利賽斯號之所以奉派前往是因為交趾支那法國總督接到報告，日本政府即將奪占離他海岸五百公里的這個島嶼。[41]法國政府公布它的占領，但是很奇怪的是並沒有正式兼併它，直到三年後英國政府要求它出示兼併文件。中國政府也沒注意到一九三〇年的占領，但是當一九三三年七月二十六日公布兼併時，主張南威島和其他五個島礁——安波那島（Amboyna Cay，也稱安波沙洲）、太平島（Itu Aba）、北危島（North Danger Reef，即法國人的雙子礁群〔Les Dux Iles〕）、南鑰島（Loaita）和中業島（Thitu）是中國的。它引起爆炸性的反應，但訊息也相當混亂。

公布的當天，中國駐馬尼拉領事鄺光林向美國殖民當局索取這些島礁的地圖。從著名的上海《申報》當時的報導可以清楚看到，中國政府根本搞不清楚哪個島礁被兼併、或是它們的所在位置。七月二十八日，《申報》報導，中國外交部要求政府派船調查究竟怎麼了。兩天後，該報駐巴黎記者告訴讀者，這些島礁是無人居住的珊瑚礁，而且與西沙群島不同。縱使如此，有關這些島礁座落位置的爭辯仍在報上吵了好幾個星期。中國政府似乎相信法國人改了這些島礁名字以混淆視聽。它必須向外國政府徵詢意見。八月一日，馬尼拉美國官員交給鄺光林一份地圖。據報導，他很驚訝，西沙和南沙竟然是不同的地方。[42]直到八月十五日這份地圖才送回到南京的中央政府。即使街頭抗議仍在進行中，中國政府也繼續震驚不已。

反倒是日本率先成為跳出來抗議法國行動的第一個國家。它在八月二十一日辯說，日本拉薩島磷礦合資公司（Rasa Industries）直到最近還在這些島礁挖鳥糞。然而，後來發現日本政府也沒搞清楚：原來拉薩島公司是在西沙群島的珊瑚島（或稱八道羅島，Pattle Island）作業。《申報》繼續報導一連好幾個星期當局的荒腔走板。儘管種種恫嚇和詬罵，中國政府從來沒有正式抗議過法國的行動。[43]原因似乎是，在這個階段，中國政府認為西沙是其最南端的領土，而非南沙群島。一九三三年九月一日呈報給軍事委員會的一份機密報告似乎證實這一點：

> 我們所有的地理學者專家都說〔位於西沙群島的〕中建島（Triton Island，或稱土來塘島）是我們最南端領土。但是我們或許可以找出一些證據證明〔南沙〕九個島嶼過去即是我國領土的一部分……我們必須和法國人冷靜下來，但是讓漁民持續作業以保護我國捕魚權。我國海軍仍弱，而那九個島嶼目前尚無用處……我們必須只專注西沙群島，因為我們對它們的主權證據很多，除了日本之外全世界都接受它。[44]

既然無法在實質上有所作為，中國政府轉向繪圖人員。一九三三年六月七日，法國人占領南沙群島的傳聞開始散播時，中國成立「水陸地圖審查委員會」。委員會審議期間，另一位繪圖專家陳鐸發表他的《中國新地圖》，中國海疆延伸到北緯七度——堅實地把法國剛提出主張的那些南沙群島納入中國版圖。[45]此舉可能影響到委員會，因為歷經一年半的研究後，它終於回應巴黎的挑釁。沒有二十一響禮砲，委員會提出一份清冊。一九三五年一月出版的會刊第一期列出南海一百三十二個島礁沙洲的中文名字，認為它們屬於中國所有。二十八個位於西沙群島、九十六個位於南沙群島。這張清冊沒有羅列這些地貌傳統的中文名字，只是翻譯印在航海圖上西方名字。比如，南沙群島的North Danger直譯為「北險」、Antelope意譯為「羚羊」，而Spratly Island音譯為「斯巴拉圖」（Si -ba-la-tuo）。Paracels群島已經有個島的英文名字就是西沙（位在宣德群島〔Amphitrite group〕最西端），因此整個Paracels就叫「西沙群島」。Macclesfield Bank位於大海中央，遂名之為「南沙島」，而Spratlys名為湍沙。[45]在這個節骨眼上，Macclesfield Bank被認為在「南方」，當然有其重要意義。

很明顯，在很多案例上，委員會只是把英文地圖上這些地貌的名字譯為中文，許多既有的錯誤照抄不誤，自己又添加一些錯誤。James Shoal就是一個明顯的例子。委員會將它依詹姆斯音譯為曾母灘。但是中文的「灘」指的是海灘或沙洲——浮出在水面上的地貌。但是英文航海用詞，shoal是水下的地貌——即海床隆起的地方（這個英文字源自古英文的「淺」〔shallow〕字）。James Shoal實際上在水面底下二十二公尺。但是由於委員會不熟悉該地區，把它宣布為陸地地貌。因此，看來中國對南海的主權主張在某個程度上可說是以翻譯錯誤為基礎。現在被形容為「中國最南端領土」的島礁根本不存在——和八百年前的萬里石塘無異。

水陸地圖審查委員會繼續執行它的領土使命。三個月之後的一九三五年四月，它出版了《中國南海各島嶼圖》，把中國海上邊界推進到北緯四度曾母灘的位置，離婆羅洲海岸只有一百零七公里，而距離中國大陸超過一千五百公里。[47]這時候，中國最著名的地理學家之一白眉初又提出他自己的創新。白眉初是中國地理學會發起人之一。他也是強烈的民族主義者，一九三〇年繪製他自己版本的《中國國恥圖》以教育國人丟失了多少領土。[48]那一年白眉初出任學會編輯委員會主任委員，他宣稱：「學習地理要以愛國為最高優先，建國是學習地理的目標。」[49]一九三六年，六十歲的白眉初創造了他永垂不朽的功績：他在《中華民國建設全圖》的一幅地圖中提出一條環繞南中國海的U形線，最南直抵曾母灘。然後，它被別人抄襲。一九三六至一九四五年間，這條線以不同形式出現在其他二十六張地圖上面。有些延伸到曾母灘，不過大多數只包括南沙群島。[50]十年之後，白眉初繪製的這條線得到中國政府採用，據以界定中國自古以來的島礁領土。

一九三七年日本侵略中國，這些名單的整理、地圖繪製動作統統叫停。保護國家主權的工作交付給軍方，而中國民族主義怒火原先指向的目標——尤其是英國、俄國和美國——成為對抗大敵的盟友。第二次世界大戰改變了南中國海的領土之爭。日本已在一八九五年占領台灣，因此當菲律賓境內美軍部隊於一九四二年五月向日本投降後，幾乎整個南海沿海，從台灣到新加坡，一千年來首度由單一一個國家掌控。南中國海淪為「日本湖」，這個情況一直維持到一九四五年一月。日本占領西沙的永興島（Woody Island）和南沙的太平島。太平島的基地在一九四五年五月一日遭美國飛機投擲燃燒彈、並猛烈掃射後摧毀，旋即棄守一空，直到一九四五年十一月十八日才有美軍偵察隊登陸。[51]一九四五年二月三日，兩名澳大利亞突擊隊由美國潛艇「帕果號」（USS *Pargo*）送到永興島，觀察到兩個日本人和一個歐洲人生活在法國三色旗下。突擊隊退走後，帕果號炸毀所有建築物。[52]三月八日，美國飛機轟炸永興島和珊瑚島兩島上的無線電台[53]，另一艘美軍潛艇「凱布里拉號」（USS *Cabrilla*）七月二日再到永興島時，法國三色旗仍然飄揚，但這次在它頂上多了一幅白旗。[54]

當日軍開始節節敗退後，盟國開始討論大戰一旦結束，應該如何在地圖上劃線。早在一九四三年五月，即瓜達卡納爾之役（Battle of Guadalcanal）開打後幾星期，美國國務院起草一份T-324號文件，協助決定應該如何處理南海諸島。允許日本保留它們從來不在考慮範圍內，但是因為它們「對任何一國或區域都不具重大利益」，美國的立場仍含糊不清。[55]後來的文件維持這個調子，認為沒有哪一個國家對這些島礁有清楚的權利主張。CAC-301號文件〈Spratly與其他島礁（新南群島〔Shinnan Gunto〕）〉起草於雅爾達會議召開之前的一九四四年十二月十九日，它建議將南沙群島置於「計劃中的國際組織」——即未來的聯合國——底下，不過它也指出這會需要法國的同意才行。另一份CAC-308號文件建議西沙群島可以有三種方案：國際託管，中、法協商，或第三案——「除非法國提出證明，所謂中國已經在一八一六年將西沙群島移轉給安南」——即支持中國的權利主張。[56]可是，大戰結束後，美國國務院承認任何島嶼不可能置於聯合國控制下，因為這會需要法國有極大程度的彈性，而它顯然並無可能。因此，美國還是持含糊立場。

一九四六年七月四日，菲律賓脫離美國而獨立，不到三星期之後，副總統季里諾（Elpidio Quirino）宣布南沙群島為菲律賓勢力範圍。法國當局想要重新掌控中南半島，派了一艘掃雷艇「齊瑞爾號」（FR *Chevreuil*）到南沙群島。它發現它們不適合人居住，遂於一九四六年十月五日在太平島留下石碑宣示法國主權。一九四六年十二月九日，中華民國海軍剛從美國得到幾艘軍艦、有訓練的船員及海圖，派了兩艘軍艦到西沙群島、另兩艘到南沙群島。[57]太平艦（前身為美國海軍「戴克號」〔USS *Decker*〕）和中業艦（前身可能是USS *LST-1056*）在十二月十二日抵達太平島，另立一塊石碑宣示中國主權。接下來，一九四七年一月，中、法軍隊分別在西沙群島不同島嶼登陸——再次分別提出權利主張（詳情見本書第三章）。

一九四七年五月，中華民國國會通過一項提議，要求政府從法國手中收復整個西沙群島、必要時不惜動用武力；另外要「劃定疆界」。動武是談不上了，但是劃定疆界比較容易。內政部地政司替南海諸島統統取了新名。Itu Aba和Thitu分別以一九四六年遠征的兩艘軍艦之名命名為太平島和中業島，另外的地貌也取了同樣符合愛國精神的名字，如Spratly Island改為南威島。或許明白原先犯了錯，地政司把曾母灘改為曾母暗沙。四組地貌的名字也做了調整：Pracels還叫西沙群島，但是Pratas改稱東沙群島。南沙原本指的是Macclesfield Bank，現在往南移去稱呼南沙群島（the Spratlys），Macclesfield Bank改名中沙。

到了一九四七年底，地政司完成南海諸島新舊名對照表——島礁總數增加為一百五十九個。[58]名單在十二月一日正式公告，同一天全部正式撥歸海南特別行政區管轄。[59]大約同一時間，地政司印了新的《南海諸島位置圖》，後來由內政部在一九四八年二月做為新訂《中華民國行政區域圖》附件正式發表。所有新名字統統列入——加上十年前白眉初在地圖上最早畫出的線，也納入其中。總共十一條線由南海東側的台灣往下走到婆羅洲海岸附近，再往北折向東京灣，形成一個大U字型。官方並沒有解釋這些線代表什麼意義，但是據報導說，其中一位繪圖專家王希光（Wang Xiguang，音譯）說，這些線只代表中國領土——換句話說，每一個中國主張擁有權利的島礁——與鄰國領土之間的中線。[60]

一九四七年六月十二日，中華民國海軍、國防部及內政部官員會商決定，政府將對線內一切島礁提出權利主張，但是願在日後根據國際法與其他國家談判確切的海疆。沒有一處疆界被劃定——這是日後南海所謂的「戰略模糊」的開端。[61]可是，這個時候中華民國本身已經陷於危急存亡之秋。不到幾個月，中樞播遷台灣，中國共產黨宣布建政、成立中華人民共和國。共產黨採納了前政府的地圖和畫線。不過，一九五三年，被認為是對爭取獨立的兄弟黨之特別優惠，中國繪圖專家取消中國和越南之間東京灣上的兩條線，從此以後只剩下「九段線」。[62]這塊水域的邊界一直拖到一九九九年才由兩國最後界定。二〇一三年六月，中國國家測繪地理信息局發表新版全國地圖，在台灣東方加了一段線，明白宣示它也是國家領土的一部分。[63]

二〇〇九年五月，中國當局向聯合國大陸棚劃界委員會（United Nations Commission on the Limits of the Continental Shelf）提出文件時，附上有「U形線」的一張地圖；這是它第一次在國際正式脈絡中採用這條線。南海地區各國反應怒不可遏。它顯示出對於國界的想法，已經和將近四百年前某位不知名氏的中國繪圖專家所畫的「薛爾登地圖」，相去不可以道里計。在地圖上畫下固定界線以分隔政治效忠的想法，當時就是荒謬的，而且海洋是可以被「擁有」的，也被當做是荒謬的想法。這些都是十七世紀在歐洲興起的概念，被貿易公司及帝國帶到東南亞來。歐洲人畫出新地圖、畫了新界線，並且在過程中散布對兩者的新思維。它是從一套思想往另一套思想的過渡、從曼達拉體系向西發利亞體系的過渡，它留下了歷史混亂的遺緒，自從「U形線」公布以來的年代，南中國海的領土糾紛就永無寧日。

第三章　征戰與奇襲：一九四六年到一九九五年

一九四六西沙群島：法國之痛

第二次世界大戰甫告結束，西沙和南沙群島有一年多時間都沒有人占領或控制它。五十年之後，它們的大小島礁幾乎無不被人占領或控制。各國從來沒有為控制島礁發生任何一場戰事，但是過渡也不平穩；一九四六至四七、一九五六、一九七〇年代初期、一九八八和一九九五年都發生緊張衝突，一方的行動往往觸發另一方的反應。每一次，起初的占領行動都受到特定目標的驅動——譬如民族主義的正當性、戰略優勢或是經濟利益——但沒有一次實現預期的結果。

蔣介石意在面對共產黨勢力節節進逼下，利用這些島嶼強化他的領導地位。他覺得面對蹂躪中國的西方列強強硬抗爭，可以展現他適合統治中國。一九四六年底，國民政府派出剛從美國接收過來的除役軍艦去伸張中國的主權。他的對手是還俗從軍的法國海軍將領喬治・提爾瑞・達金柳（Georges Thierry d'Argenlieu）。達金柳在第一次世界大戰時服役軍旅，表現卓越，但是後來他決定到某一天主教派當神父。他在教會的服務也很傑出，晉升為教會在法國的最高領導人。可是，一九三九年法國面臨德國入侵的威脅，達金柳神父掛起法衣、重新投入海軍，再為國家效力。

達金柳在自由法蘭西部隊（Free French forces）高層中崛起，擔任戴高樂將軍的特別代表，並奉命到法國於非洲、亞洲尚餘的殖民地出任務。他漸次擢升，於一九四五年八月中旬被戴高樂委以負責恢復法國在中南半島殖民控制的重任。這個殖民地此時可說是兵荒馬亂：日本已投降，共產黨領導的革命接踵而至，胡志明在九月二日自立為「越南民主共和國」總統。同一時期，中國部隊由北方南下，英國部隊則在南部登陸。英國人利用日軍部隊平定地方叛亂，然後把殖民地移交給達金柳。達金柳絕對不是解放神學家。身著戎裝，他的最高信念就是完全地效忠法蘭西帝國。[1]聰明、但是極端保守，有個批評他的人譏稱他具有「十二世紀最聰明的頭腦」。[2]

整個一九四五和一九四六年，達金柳費盡苦心和越南民族主義者鬥爭，也要對付主張與越南民族主義者妥協的國內政客。達金柳、法國政府、胡志明領導的民族主義派，以及中國國民政府彼此爾虞我詐展開談判。法國人和越南人都希望中國人撤走，但是除此之外就別無其他共識。達金柳甚至不肯用「越南」這個字詞，堅持使用殖民時期舊名「安南」。[3]達金柳推動他自己的計畫，使得政治情勢益加惡化。一九四六年六月，他宣布另立「交趾支那共和國」，粉碎了巴黎與胡志明的「越南」和平妥協的希望。在激烈內鬥中，離海岸有數百公里的西沙群島之命運無人聞問。

和比較著名的南沙群島不一樣，西沙群島大部分是名符其實的島嶼：乾燥到可供人居住。它們位於海南島南方約三百五十公里，約略和從峴港往東計算的距離相等，數百年來受到來自中國、越南及其他地區漁民、海盜的利用。西沙群島可分為兩組。西北邊的宣德群島（Amphitrite group，名字得自一六九八年「發現」它們的法國船隻）[4]有以下六個島：永興島

（Woody Island）、石島（或稱小林島，Rocky Island）、樹島（或稱趙述島，Tree Island）、南島（South Island）、中島（Middle Island）、北島（North Island）。最大的永興島長將近兩公里、寬略超過一公里。第七個島嶼，即東島（Lincoln Island），有時候也被歸納入這裡。第二組永樂群島（Crescent group）位於宣德群島西南方六十四公里處，也有七個小島：珊瑚島和甘泉島（Robert Island）最重要；其餘五個是中建島、琛航島（又稱燈擎島，Duncan Island）、金銀島（Money Island）、晉卿島（又稱杜林門島，Drummond Island）和盤石嶼（又稱巴蘇奇島，Passu Keah）。二戰期間，法國人、安南人和日本人都占領過它們——有時候是同時有不同國家部隊分別占領不同島嶼。但是在一九四五年底，它們都是空的。

一年之後，巴黎接到中國計劃併吞這些島嶼的傳聞，一九四六年十月二十二日，海外法蘭西部長下令達金柳派兵占領西沙群島。達金柳不理他，反而決定教訓越南民族主義者，因為他們竟敢反抗法國的統治。一九四六年十一月二十二日，在法軍與越南部隊於海防港交戰之後，達金柳命令巡洋艦「蘇扶仁號」（*Suffren*）及其他四艘船砲轟海防。一陣砲轟之下，好幾個區被夷為平地，越南人死了約六千人。不消多久，越南人就展開報復。十二月十九日，法軍與越南叛軍在河內爆發巷戰。第一階段越戰就此開始。如果達金柳服從巴黎的命令派蘇扶仁號去西沙群島，歷史可能就要改寫。

達金柳現在忙著他一手掀起來的戰爭，以天候欠佳為理由不肯接受巴黎方面要他「不得有誤、從速占領」西沙群島的後續命令。歷史學家史坦因·童尼生（Stein Tonnesson）追蹤出來後續的發展。天候可沒挫折了蔣介石的雄心。國民政府派出新接收的軍艦到南海去。一九四六年一月四日，掃雷艇永興號（原本是美軍USS *Embattle*）和中建號（原本是美軍USS *LST-716*）送約六十名中國部隊登陸永興島。這時候，達金柳終於派「東京號」（*Tonkinois*）軍艦載運一支部隊趕到，但是已比中國部隊慢了兩個星期。法國艦長先是收買、不成之後改用武力，甚至對空中開砲，要把中國人退走。[5]中方堅守陣地、誓死不退，兩國政府展開火爆的外交交涉。法國讓步，下令船艦開走，駐軍永樂群島的珊瑚島。國民黨軍隊得勝，法軍徒呼負負。

固然有關西沙群島主權的歷史和法律爭論可以上溯到比一九四七年更久的從前，達金柳若是聽從指示搶在中國之前占領永興島，這些島嶼或許有可能今天仍在越南人手中。接下來六個星期之內，達金柳窮兵黷武的策略導致越南陷入長達三十年的戰爭，也因西沙群島的命運讓越南人和中國人長年交惡。法國政府非常不痛快，不久即把達金柳免職。他一手掀起的戰爭打得如火如荼，他卻回歸教會服侍上帝與加爾默羅修道會（Carmelites）。他一直活到一九六七年才在不列塔尼（Brittany）的修道院去世。

一九四七年一月之後，中、法兩國分別占領西沙群島的兩半：國軍固守永興島，法／越軍據守珊瑚島。但蔣介石的勝利恍如一場春夢。他的地位日益衰落，國民政府被迫退到台灣。一九五〇年，解放軍占領海南島，國軍決定撤出永興島以及南沙的太平島。法國殖民當局在中南半島的氣象局發現這兩個小島的氣象報告分別在一九五〇年五月四、五兩天中止。[6]法國曉得兩島已被棄守，但並未出兵占領它們，部分原因是怕會惹起和台北及北京不必要的外交爭議，但主要是因為他們在大陸正在打一場棘手的戰爭。

一九五〇年五月之後的五年，珊瑚島是南海中唯一一個有任何國家駐軍占領的島礁。美、英、法控制了這片水域，尤其是在一九五〇年六月開戰後的韓戰期間。北京根本沒辦法抗爭他們的霸權。不過，這並不代表它放棄權利主張。到了一九五五年，解放軍進駐永興島。毛澤東的部隊悄悄地贏了蔣介石。可是他們並沒有搖旗吶喊、大聲喧鬧，他們的興趣很務實：他們志在挖鳥糞送回國當肥料。蔣介石對南海諸島的宏偉前景到了共產黨眼裡只剩一堆鳥糞。

一九五六南沙群島：曾經的自由邦

托瑪士·柯洛馬（Tomas Cloma）看到的南海諸島的前景也和鳥糞有關——再加上魚罐頭——但是他的夢以個人為重：他只想發財致富。身高只有一百六十五公分，人矮志不低。他離開家鄉保和島（Bohol）到馬尼拉當西裝師傅助手，半工半讀唸完高中，得到一份電報報務員的工作，再改行當船務經紀人，然後在一九三三年成為《馬尼拉快訊報》（*Manila Bulletin*）航運版助理編輯。他白天寫船運新聞，晚上唸法律系夜間部，後來在一九四一年通過律師考試及格。

可是，日本入侵菲律賓毀了他似乎前途無量的法界生涯。為了家人衣食溫飽，柯洛馬出海走船三年，運用身為保和人的捕魚技能穿梭各島運貨、載客。家人熬過了戰爭，生活開始好轉，不料六歲的兒子巴希里歐（Basilio）卻在卡蘭巴市（Calamba）的一場車禍喪生。托瑪士的太太露絲（Luz）傷心欲絕，不再進教堂。托瑪士埋首工作希望忘掉痛苦。

一九四七年三月，托瑪士和露絲兩夫婦，偕同他弟弟費勒蒙（Filemon）和三位朋友成立維薩揚漁業公司（Visayan Fish Company）。拿了巴希里歐身亡所得到的賠償金，他們把幾艘除役的美國軍用拖船改裝為漁船。他們雇用有經驗的船員，監督著船員努力工作。生意很好，但是托瑪士總是快人一步，注意到其他機會。一九四八年九月，政府公營的菲律賓航海學校（Philippine Nautical School）因罷工而關閉時，柯洛馬成立菲律賓海事學院（Philippine Maritime Institute）和它競爭。學院可謂白手創業，在馬尼拉巴石河（Pasig River）河口一艘駁船上課，它開三個月的課程，修業期間只有對手的一半。隔了一陣子，學院遷到一艘漁船上上課，它可以提供實習訓練（當然維薩揚漁業公司也有了廉價勞工）。十八個月之內，學院得到政府正式承認，也在陸上租了教室授課。另一個點子來自於一場天災。一九四七年，費勒蒙在巴拉望外海打魚時遇上有史以來極為強烈的珍妮颱風，他被迫躲進一群神秘島礁之中避險。接下來幾年，兩兄弟計劃在那兒開設漁品罐裝工廠，也準備開採鳥糞。

日後追記他們的冒險史時，托瑪士・柯洛馬會說，他遍查各種地圖，找不到任何有關這些島嶼的記載。即使今天，柯洛馬在菲律賓仍經常被形容是「發現」這些島嶼的人。但是柯洛馬一定曉得這不是事實。身為一份全國大報航運版助理編輯八年、在此之前又是國際航運經紀人，要說他不曉得菲律賓海岸外有這些島礁，應該是不可能。

柯洛馬或許可以宣稱他不曉得有南沙群島的存在，菲律賓政府可是早就知道了。記得它們曾被日軍用來當入侵的跳板，地方報紙已一再要求政府採取行動取得它們。一九四六年七月，菲律賓一脫離美國而獨立，當時的副總統兼外交部長季里諾就在記者會上宣布，這些島嶼攸關菲律賓國家安全，菲律賓將提出對這些島嶼的權利主張。[7] 一九五〇年五月十七日，季里諾已經是總統，他宣布這些島嶼屬於菲律賓，但是又說，只要台灣的國民黨部隊仍然控制它們，菲律賓就不會強力提出主張。他可能不知道國民黨部隊其實在十二天前就撤走。他提出警告說，如果共產黨進入，情勢就會變化。然而，奇怪的是，菲律賓在一九五一年的舊金山和會上並沒有強力提出它的主張。[8] 我們很難相信柯洛馬不曉得種種這些發展。

柯洛馬有個重要盟友卡洛斯·賈西亞（Carlos P. Garcia），他們是保和省同鄉、且是中學同學。賈西亞一九四六年當選參議員，後於一九五三年成為副總統兼外交部長。柯洛馬與其兄弟為賈西亞的競選舉辦募款晚會——而費勒蒙的兒子說，賈西亞以政府採購案及其他好處做回報。[9] 柯洛馬縱橫捭闔涉入國際政治的渾水時，這一層人脈關係就更加重要了。

有證據顯示柯洛馬曾從事走私，而一九五五年費勒蒙因囤積小型武器和炸藥被抓去坐牢六個月。他在當年的聖誕節特赦時獲釋出獄，而陰謀對這些島嶼提出權利主張的計劃繼續進行著。[10]一九五六年三月一日，副總統賈西亞以貴賓身分出席費勒蒙率隊出發占領島嶼的歡送會。[11]賈西亞未能說服麥格塞塞（Magsaysay）總統政府的其他成員支持柯洛馬，但是遠征軍照計劃出發。三月十五日，費勒蒙一夥人高高興興在島上登陸。[12]兩個月之後的五月十五日，托瑪士發函給賈西亞以及各國駐馬尼拉大使館，自稱擁有巴拉望海岸之外一塊六角形水域（面積六萬四千九百七十六平方英里），以及水域內所有大小島礁沙洲淺灘（南威島被刻意不列入）。他根據「發現和／或占領的權利」提出主張。接下來，六天之後，他發出第二個照會，宣布將此一地區命名為「自由邦自由地區」（The Free Territory of Freedomland）。

賈西亞在五月十七日發表公開聲明支持，但是根據當時的新聞報導，麥格塞塞總統命令「在情況鬧得不可收拾之前，制止柯洛馬這齣鬧劇繼續下去」。有這種看法的人並不只有麥格塞塞一個人。法國駐馬尼拉大使館代辦傑克．波伊濟（Jacques Boizet）起先稱這起事件是「跳樑小丑的無理取鬧」，但是警告說，如果共產中國決定干預麻煩可就大了。幕後究竟發生什麼，我們迄今仍不清楚。菲律賓政府的許多紀錄後來在火災中焚毀。法國地理學家法朗索．沙維耶．波奈特（Francois Xavier Bonnet）專門研究這段時期，得出的結論是：賈西亞和麥格塞塞雖然公開上意見分歧，其實是在唱雙簧：賈西亞支持柯洛馬，而麥格塞塞與台灣政府進行高層協商，試圖控制住情勢。[13]總統府發出正式公報表明，柯洛馬是以個人身分動作、菲律賓政府並沒有宣稱擁有這些島礁。但是柯洛馬的行動固然在某些人看來顯得荒唐，它們的確非常刺激另一些人，引起的一系列事件連鎖反應直到今天還影響著本地區。

一九五六年五月三十一日，北京政府宣布絕不容忍任何對這些島礁的侵犯。這時候法國已退出越南，而越南也「暫時」分裂為共產主義的北越和資本主義的南越。六月一日，南越（越南共和國）譴責柯洛馬的行動；次日，法國也加入，重申它本身對這些島嶼自一九三三年即提出權利主張，迄今從未放棄。但是，托瑪士・柯洛馬不為所動。七月六日，他發布「自由邦憲章」（Freedomland Charter），形容他這個新國家是個獨立的實體，尋求菲律賓正式承認，納為「保護國」。他腦子裡的模式是當時的汶萊，具有英國殖民地的地位。托瑪士自命為國家元首，獨掌全部行政權力。他的兒子、朋友被任命為內閣部會首長。他也高掛起「自由邦」國旗，從日後發生的情況來看，它挺不吉祥地以一頭白色信天翁為記。

次日（七月七日），為了確保訊息實在送達，托瑪士・柯洛馬率領他兒子傑米（Jaime）和幾個海事學院學生來到中華民國駐菲律賓大使館，把傑米號稱從太平島降下的中華民國國旗奉還（太平島也被他改名為麥克阿瑟島）。這個動作挑激起台北的抗議，菲律賓政府亦加以批評。是可忍，孰不可忍！八月二十二日，南越海軍派一艘船前往其中之一個南沙島嶼立碑、插國旗。[14]中華民國也決定徹底解決柯洛馬，派姚汝鈺率艦隊前往南沙。[15]雙方在號稱「危險」的地方碰上。

一九五六年十月一日一大早，菲律賓海事學院船隊四號船下錨泊停在雙子群礁（位於「自由邦」最北端，柯洛馬將它改名為Ciriaco Island），被中華民國海軍兩艘軍艦堵上。費勒蒙・柯洛馬船長被「邀請」到其中一艘軍艦上談話。雙方在艦上辯了四小時國際法——同一時間，中華民國人員登上四號船，沒收所有武器、地圖及相關文件。[16]次日，費勒蒙又被邀請過去，要他簽署一份聲明承認擅闖中國領土，保證絕不再犯。費勒蒙的兒子說，他老爸是被迫簽字的。中華民國海軍軍艦離開，而費勒蒙的船員檢查附近幾個島——發現他們原先蓋的一些結構體都被拆了。[17]

托瑪士・柯洛馬哪裡是這麼好對付的人。因此他在十月份親自殺到紐約，企圖向聯合國提出告訴。但是這時候菲律賓政府也已經忍受不了他的胡鬧。在華爾道夫旅館（Waldorf Astoria Hotel）咖啡廳舉行記者會後，柯洛馬被菲律賓駐聯合國代表瑟拉諾（Felixberto Serrano）拉到一邊去，正色告訴他，唯有被承認的政府才能在聯合國提出議案，而菲律賓絕不會在這件事上浪費時間。賈西亞和國內外交事務協會的盟友還在進行最後一刻的遊說，希望說服麥格塞塞總統回心轉意，但是沒有成功。一九五七年二月八日，賈西亞寫了一封措詞謹慎的信給柯洛馬，信中相當武斷的區分公認的「南沙群島」七島和其他的地貌，他把後者稱為「自由邦」。他說，他代表外交部（不是政府）講話。他又說，歡迎柯洛馬對於自由邦之內未有人占住的任何島礁提出主張，只要沒有任何其他國家的主權已獲得承認就行。這話說了不等於是白說？一點意義也沒有。[18]

托瑪士・柯洛馬和國際政治的瓜葛到此應該可以落幕，可是整齣自由邦大戲還有一個很意想不到的結局。一九五六年以後，柯洛馬把精力投入經營事業，但是他從未放棄他的建國大夢。他很喜歡被人稱為「海軍上將」，每當菲律賓海事學院重大活動，就穿上一身雪白制服亮相。不過，慢慢地，他的遠征故事從民眾記憶中淡化。然而，一九七〇年代初，馬可仕（Ferdinand Marcos）總統卻又注意到這個議題。一九七〇年，巴拉望外海展開石油探勘，而一九七一年七月，菲律賓部隊在南沙群島中業島、馬歡島（Nanshan Island）、費信島（Flat Island，又稱平島）三個島嶼登陸（菲律賓名分別為Pagasa、Lawak、Patag）。他們也試圖在太平島登陸，但是被台灣守軍趕走。[19]同月，馬可仕下令軍方成立「西方司令部」以保護菲律賓在本地區的利益。

就在這段期間，菲律賓政府首度試圖就這些島礁主權訂出統一的立場，但是其主張依據的地理和法律基礎相當不可靠。首先，它依循賈西亞的思維，聲稱涵蓋在自由邦之內的區域與國際上所稱的南沙群島是不同的。其次，它主張基於托瑪士和費勒蒙·柯洛馬兩兄弟二十五年前的活動，菲律賓擁有自由邦。托瑪士·柯洛馬一看，機會來了，於一九七四年一月投書《每日快報》（*Daily Express*），籲請政府支持他當年上告國際法庭的舉動。馬可仕注意到這個消息，次月邀請柯洛馬到總統府喝咖啡，說服他承諾讓渡這些島嶼。問題關鍵就是一份合同和講好售價罷了。柯洛馬聘請三名政客做他的法務代表，談判進行了相當長一段時間。

一九七四年十月三日，已經高齡七十的柯洛馬被請到柯拉密營區（Camp Crame）的全國警察總部。約談進行好幾個鐘頭，托瑪士·柯洛馬被送進三號看守所。大約同一時候，政府沒收他旗下一艘船「菲律賓海軍上將號」（MS *Philippine Admiral*），使他的航運公司損傷慘重。隔了幾天，柯洛馬被告知，將因「不法穿軍服、佩軍階」遭到起訴。馬可仕的戒嚴政府拿「海軍上將」的鬧劇大做文章。柯洛馬心知肚明政府項莊舞劍，志在自由邦。他力頂五十七天才認輸。最後，他簽了一紙契約，索價一披索，把自由邦轉讓給菲律賓政府。

馬可仕把自由邦改名為卡拉揚群島（Kalayaan Islands）——卡拉揚這個塔加洛字義即自由——一九七八年六月，他又發布一五九六號飭令，把卡拉揚設為巴拉望省轄下的一個縣。這個縣今天還存在，只不過一年下來大部分時間是在巴拉望島普林塞薩港（Puerto Princesa，意譯公主港）郊區一個辦公室裡辦公。本書撰稿時，菲律賓軍方占領九個島礁，並虎視眈眈其他島礁。菲律賓所占領的面積最大的島是Thitu島，中文名中業島，現已被改名派格阿薩島（Pagasa），即菲律賓語意希望的意思。島上現在立了一座托瑪士·柯洛馬的雕像，它位於跑道旁邊，哀怨地望著大海，還有那片有幾年號稱屬於他的領土。一九八七年七月，馬可仕政府被推翻後，柯洛馬和他的副手向民主選舉產生的柯拉蓉（Corazon Aquino）總統政府申請國家賠償，索價五千萬披索。托瑪士·柯洛馬於一九九六年九月十八日去世，並沒有得到政府任何回應。他的鳥糞和魚罐頭帝國大夢一直沒有實現。

一九七四甘泉、金銀，與珊瑚島：中越西沙海戰

在某些人看來是鬧劇，托瑪士・柯洛馬的活動卻重新點燃各方對南沙群島的焦慮。台灣在撤退六年之後，於一九五六年重回太平島，動機和一九四六年首次派海軍遠征相同，都是民族主義。下一波奪島風波是馬可仕在一九七一年下令菲律賓部隊奪占三座島嶼，其動機是石油。隔了兩年，南越也是為了石油加入競逐。阮文紹總統正在試圖打贏反共戰爭，而且還得同時力挽經濟狂瀾，軍事開銷太大、美援迅速減少，已逼得他焦頭爛額。一九七三年七月二十日，也就是美國國會議決禁止美軍在中南半島再有任何作戰活動的一個月後，南越發出第一批石油開發特許。在它南方及東方外海有八個區塊批給了美孚（Mobil）、艾克森（Exxon）、一家加拿大財團和殼牌（Shell）的子公司佩克登（Pecten）。一九七三年九月，為了保護探勘，南越正式兼併南沙群島的十個島礁，並派出數百名部隊進駐南威島和鴻庥島（Namyit Island）——後者隔著潟湖與太平島相望。台北和馬尼拉立即高聲抗議，北京則靜觀其變。[20]

北京的共產黨領導人必須權衡某些重大的全球及區域變化的後果。雖然大家名義上都是共產黨，北京、莫斯科和河內政府彼此關係絕對不算兄弟同心。中國和蘇聯的意識型態分歧於一九六〇年代已經日益惡化，雙方還在一九六九年打了一場邊境戰爭。此時的中國領導人毛澤東認為蘇聯的威脅比美國還大。同時，美國國務卿季辛吉認為在全球抗蘇鬥爭中，中國可以是有用的盟

友，遂開始拉攏中國。*他在一九七一年七月秘密訪問北京，替尼克森總統一九七二年二月敲鑼打鼓訪問鋪了路。

北越發現自己陷身在美、中、蘇三角關係當中。北越長久以來試圖平衡它和莫斯科及北京的關係，以便好好對付華府撐腰的南越。中蘇兩方都提供武器、援助和顧問意見，但是河內不願被任何一方綑綁住。越南當代的國家認同意識大體上建立在上千年反抗中國的歷史根基上。河內的共產黨領導人決心絕不再做為任何國家的附屬國。而且，中、越之間也有政治歧異。河內決心解放整個越南，而北京則希望河內打長期持久戰、牽制住美國。[21]因此之故，河內開始往莫斯科傾斜。

有兩個顧慮讓中國擔憂。如果河內贏得戰爭，蘇聯艦隊或許就能進出南中國海的基地，有可能扼住中國供應線的咽喉。其次，如果南海發現石油，別人會搶在中國之先控制它。從北京的角度看，誰控制西沙群島就能控制華南的進出孔道，並於其周遭水域尋找石油。這時候的西沙群島仍分屬不同國家：宣德群島歸共產中國占有，永樂群島被南越控制。然而，南越政府關心大陸事務、遠勝於這幾個海上島礁。珊瑚島上的駐守人員只不過是個氣象站、一小撮衛兵，加上一群山羊。可是，宣德群島的情況完全不一樣。從一九七〇年開始，中國勘查了所有島嶼，並於永興島

* 譯注：原文這麼說不準確，季辛吉此時擔任國家安全會議顧問，要到一九七三年九月二十二日才出任國務卿。

興建新港口。它是日後一項讓靜悄悄的美國人登上新聞版面的作業之起始點。

吉拉德・柯許（Gerald Kosh）相信美國在越南的使命。他高中畢業立刻志願從軍，甘迺迪總統的演說「不要問國家能為你做什麼」鼓舞著他。他的父親是二戰退伍的傷殘軍人，並不贊同，但是柯許心意已決。一九六七年五月，他從傘兵特戰學校畢業，結業成績優秀，立刻被派到越南。他被調到特戰部隊，積功升為綠扁帽部隊上尉。他是長程偵察巡邏作業的老手，可說是美國叢林戰士的代表。他在役期期滿後留營，派到陸軍第十特戰群，不時會回到東南亞去訓練反共部隊。

據他家人說，他退伍後不喜歡平民生活。百無聊賴的他身懷三百美元回到越南，因為美國大使館答應給他一份工作。一九七三年十二月十日，駐西貢海軍武官委派他為十二名駐區聯絡官之一，負責監督移交給越南政府的美國軍事器械使用情形。他的報告一定令人讀來甚覺不安，尤其是當年一月正式實施的停火已經瓦解。一九七四年一月四日，阮文紹總統宣布越戰重新開打。

一個星期之後，中國發言人重申北京對西沙群島的主權主張，但是西貢幾乎沒有人注意它。如果說華府對於隨後的發展有什麼知覺，它可沒有表露出來。毛澤東的遠見是在中國的南方外海取得戰略據點，俾便在西沙群島附近尋找石油。北京和北越的關係正在快速惡化，而南越已失去美國的軍事支持。一九七四年一月是北京可以不虞結果、採取行動的良機。對於季辛吉和尼克森而言，相較於美國和中國改善關係，南越擁有島嶼的命運實在微不足道。美中心照不宣的同盟關係對於冷戰的重要性，可要比西貢的命運大出太多。

我們現在知道這項軍事行動已經籌備了有一陣子。一九八七年北京出版的中國海軍官方歷史告訴我們，命令來自最高層：毛澤東和周恩來在一九七三年下的命令。他們把任務交付給鄧小平。日後鄧小平將是中國實質的領導人，但是當時他剛經歷六年的政治流放、被召回北京不久。準備工作列入高度保密，但是我們根據後來由吉拉德．柯許執筆、今已解密的一份美國軍事文件獲悉，解放軍在一九七三年九月左右開始接受訓練。美國情報機關在中國廣西的港口北海有個暗樁，他報告此時安全戒備提升——不過它和後來發生的事之關聯，也是日後才被斷定。從十二月中旬起，觀察到每天有數百名突擊隊坐六艘捕魚拖網船出港，晚間才回來。它持續了十天左右。到了一月初，他們已經做好行動準備。[22]

越南人正在準備過農曆新年時，消息傳到西貢：西沙附近出現不尋常的船隻活動。一艘越南海軍軍艦奉派前往查明究竟。一月十四日星期一，最高司令部的擔心得到證實。兩艘中國拖網漁船在甘泉島外三百公尺處下錨。突然間，南越海軍必須改弦更張。它們習慣支援陸軍在陸地的作戰，或是在湄公河三角洲河道巡邏，現在卻可能要展開海上作戰。同時，海軍指揮官也不能排除中方此舉是分散注意力的動作，旨在掩護共產黨部隊在陸地有所突破。[23]

很顯然，南越已提高戒備。一月十五日星期二，阮文紹總統本人親臨峴港的海軍總部視察。當天某時，峴港美國領事館的傑瑞．史考特（Jerry Scott）接洽地區海軍司令官、老朋友胡文琦話（Ho Van Ky Thoai）少將，提出特別要求。他的部下，即駐區聯絡官吉拉德．柯許，能不能隨即將前往西沙群島的軍艦出海？越方立刻答應，柯許遂坐上HQ-16號。[24]美國在一九七〇年代初期送給越南七艘海岸巡邏隊快艇，HQ-16號是其中之一。雖然下水於第二次世界大戰期間，船上的五吋砲已經讓它們成為越南海軍火力最強大的軍艦。

次日，HQ-16號要把十四名越南海軍突擊隊員送上甘泉島。可是當他們抵達晉卿島和琛航島時，發現已經來遲了。中國部隊已經上岸，支援船隻守在附近。情況緊急報回峴港。當天夜裡，越南外交部長公開譴責中國占領島嶼，並宣布保留權利採取必要應對措施。[25]

幕後則是一片慌亂。南越海軍第三號高階軍官主管作戰的副參謀長杜劍（Kiem Do）力促迅速、果決採取行動。他回憶說，他向長官陳文真（Tran Van Chon）將軍進言：「如果我們現在採取行動，可以奪回這些島嶼。」[26]據杜劍的說法，陳文真卻嚇住了，要求要能證明越南自古即擁有這些島嶼。時間在流逝，杜劍卻被迫在海軍圖書館和檔案櫃翻箱倒櫃找文件。在此同時，杜劍透過官方的美軍聯絡官，正式要求美軍第七艦隊組起一道攔阻線阻止中國海軍靠近這些島嶼。但是美方沒有動作。越南人只能靠自己。

一月十七日星期四，十五名海軍突擊隊員在金銀島上岸。永樂群島的七個小島，現在越南部隊占了三個，解放軍占了兩個。南越海軍又緊急調三艘船馳往西沙群島：HQ-5原本也是一艘美國海岸巡邏隊快艇、HQ-4原本是美國海軍驅逐艦佛斯特號（USS *Forster*），配備三英寸砲，

HQ-10原本是美軍掃雷艇寧靜號（USS *Serene*），改裝成巡邏船。到了一月十八日，星期五上午，四艘船全部趕到現場，就定位。艦隊指揮官何文鄂（Ha Van Ngac）上校決定展示力量，試圖派突擊隊登上琛航島。四艘中國船艦守在一旁，兩艘輕型軍艦（俄國製，一九五〇年代造來驅趕潛水艇用）走在前頭。它們用信號燈以英文提出歷史主張：「這些島嶼自從明朝起就屬於中國所有。沒有人可以否認。」越南人的回答沒那麼書卷氣：「請立即離開我國領海。」雙方一來一往僵持搞了幾分鐘，然後這兩艘中國輕型軍艦停止上歷史課，改為衝向越南船隻的航道前進之路，較量誰的膽子更大些。何文鄂上校決定不玩了，放棄登陸。第一回合，中方勝利。

那個星期五夜裡八點鐘，吉拉德．柯許被請到HQ-5號和何文鄂以及一群隨船隊出發的南越陸軍工兵會面。何文鄂告訴他，戰火一觸即發，非戰鬥員應該下船、移到岸上去。柯許和工兵們被送到珊瑚島，和島上的氣象站人員及守軍等候戰事結束，他們分到一些補給品和十盒Capstan香菸。當天夜裡他們在氣象站睡下時，峴港發來密電給何文鄂。命令內容矛盾：「和平取回琛航島。」這支四艘船的船隊加上少許突擊隊員要如何說服比它強大的中國艦隊和已經布好陣地的地面部隊乖乖離去，指令上可沒說清楚。何文鄂決定翌晨登岸。一月十九日，星期六上午八點鐘，二十名突擊隊分別坐上兩隻浮艇駛向岸邊，預備和中方交涉，要求他們離去。上午八點二十九分，來到沙灘了。當他們涉水上岸時，中方開火，當場打死一名突擊隊員，第二名突擊隊員想救回同袍屍體，也被打死。南越突擊隊只好撤退。

何文鄂發電報請示上級。杜劍在西貢的海軍總部裡要找陳文真將軍。陳文真不見了。助理告訴他，陳文真將軍搭飛機到峴港去。杜劍打電話到峴港找陳文真的副手。他也不見了——前往機場接上司。島嶼的命運懸於一線之間的緊要關頭，南越海軍最高階的兩位軍官都不見了。最後，杜劍下令反擊。他又再次要求美軍第七艦隊援助。美軍還是不動如山。

因此，上午十點二十九分，突擊隊員遇害兩個小時後，四艘越南船艦向六艘中國船隻開火。雙方彼此距離只有一英里。對越方而言，不幸的是，HQ-4的前砲故障，它很快就被中國輕型艦擊中。HQ-5嚴重擊傷另一艘輕型艦，但是本身很快也中彈。十五分鐘之後，HQ-5誤中友軍HQ-16。砲彈打到吃水線以下的引擎艙，HQ-16很快就失去電力，呈現二十度傾斜。接下來，HQ-5又中彈，失去砲塔和無線電。最後，四艘中最小的HQ-10也被中方火箭推動榴彈打中，艦橋受損、艦長陣亡。半小時之內，雖然重傷兩艘中國船艦，越南艦隊完全失去戰力。HQ-10沉沒，另三艘勉強回到峴港。任何獨立的評估都會說在這場遭遇戰中，越方一敗塗地；但是他們受到英雄凱歸的歡迎。越南媒體被告知，他們擊沉兩艘中國船艦，還驅退比他們強大的中國艦隊。其實這是指鹿為馬的捷報，趕上慶祝農曆新年。

這個時候吉拉德．柯許和越南人控制的三座島上的眾人，只能等候命運之神的決定。位於金銀島和甘泉島上的兩組突擊隊員都是歷經百戰的老兵。但是，珊瑚島上的氣象人員和衛兵可沒有見過大陣仗的實槍實彈交鋒。只有柯許嘗過作戰的滋味。他們不用等太久。柯許非常佩服地觀察中國部隊搶攻作業的專業表現，特別是和越南守軍的進退失據對比時。他觀察解放軍對兩英里外的甘泉島登陸的準備。上午九點，三艘中國砲艇在外海就定位，一小時之後開始有系統地砲轟甘泉島。半小時之後，兩艘拖網漁船開來。它們船舷號碼經核對就是一個月前被觀測到在北海受訓的那幾艘船。

每艘漁船至少有一百名士兵出現在甲板上，他們放下深灰色的橡皮艇。柯許用望遠鏡遙遙觀測，六到八名士兵用繩梯爬降到每隻橡皮艇上。三十隻橡皮艇旋即形成攻擊陣式，划槳向前。它們一過珊瑚礁，有一隻橡皮艇發射紅色信號彈，船艦即停止砲擊，轉向珊瑚島前進。登陸部隊繼續以密集隊形向灘頭前進。越南海軍突擊隊開火，但沒有造成傷亡。解放軍的優勢兵力與越軍相比是十比一，用不了多久，越軍投降。柯許所不知道的是，金銀島上的突擊隊早已料到大勢不妙，在被俘之前即已逃之夭夭。歷經九天，橡皮筏在海上漂流兩百英里後，漁民在越南海岸外三十五英里處救起他們。

解放軍把注意力轉向珊瑚島，柯許對他們的進攻作業更加尊敬。珊瑚島同樣先遭一陣砲擊。砲彈如雨，柯許和越南人必須在氣象站附近躲了近一個小時，幸好沒人受傷。接下來，來了兩艘拖網漁船，另兩百多名士兵划著橡皮艇登陸。柯許躲躲藏藏，仍不放棄觀察他們如何有系統的搜查全島——每個單位都專注分派的特定目標。一小時之內，作業完成。共產中國第一場海路入侵戰大獲全勝。

對柯許而言，情勢非常不妙。他要怎麼解釋他這個老美出現在西沙群島呢？中國人肯定會認為他是間諜，嚴加查辦。中央情報局兩個官員約翰．唐尼（John T. Downey）和理查．費裘（Richard G. Fecteau）一九五二年因為在空投補給中國境內反共叛軍時飛機遭擊落，足足坐牢關了二十年，最近才獲釋。他告訴解放軍，他是平民、觀察員，來島上是要評估工兵的計劃。他們把他送到海南島，再轉到大陸。

這時候，越南人和美國人都亂成一團要找出他的下落。季辛吉明白事態緊急，在一月二十三日邀請中國駐華府代理「副大使」談話。根據解密的會議紀錄，柯許列在議程第一項。季辛吉明白表示美國對西沙爭議的是非對錯不持任何立場。他也告訴中方準大使，儘快釋放柯許，「且就美國來說，此舉肯定就會化解緊張局勢。」[27]

柯許被關了一個星期，季辛吉的交涉產生效果。一月二十九日，柯許和四名越南俘虜跨越邊境進入香港（當時仍是英國殖民地）。美國官員花了好大勁才擋住記者發問。記者被告知，他得了肝炎，必須檢疫隔離。他被直升機送到機場，立刻後送到菲律賓的克拉克空軍基地（Clark Air Force Base），再轉送到美國的費城海軍醫院。他不接受媒體任何訪問，反而把精力投入到替陸軍的「特別研究小組」（Special Research Detachment）撰寫有關共軍進攻作戰的評估報告。這份報告隔了二十年才解密。

柯許仍然鬥志高昂。住進海軍醫院的一個月後，他已經又回到越南崗位上。越南任務結束後，他以民間包商身分到西奈半島替聯合國維持和平部隊工作；後來又接了幾個其他海外任務，咸信他保持撰寫報告的活動。可惜天不假年，吉拉德．柯許無法享受長久、快樂的退休生活，和大家分享全世界最精彩的戰爭故事。把一生奉獻給報效國家的他，甚至可說在越戰打到最後一刻的他，成為越戰傷亡官兵之一員。身為綠扁帽特戰部隊一員，經常在叢林裡執行長程巡邏任務，他吸進了太多橙劑——美軍為了破壞叢林植物、讓敵人無法藏身其間而灑下的除草劑。橙劑含有戴奧辛，毒性極強。二〇〇二年，吉拉德．柯許以五十六歲之齡，死於美國飛機三十年前噴灑的化學藥劑。

一九八八赤瓜礁：劉華清的「綠水」戰略與中越海戰

毛澤東對這些島嶼的期望落了空。西沙群島周圍迄未找到石油，而它們的戰略價值也有待證明。占領永樂群島並沒能夠阻止蘇聯海軍在河內打贏越戰後去使用越南的金蘭灣，而這正是北京念茲在茲所擔心的一點。永興島、珊瑚島上的迷你基地幾乎無險可守。英國皇家海軍早在一九四〇年代就是如此評估，此後美國海軍也這樣認為。但是，這些疑點並沒有停止各方進一步占領。西沙群島遭侵略之後，南越政府急忙增派部隊駐守南沙諸島。至少派了一百二十名部隊占領五個小島。但是中國在這方面並沒有進一步動作。事實上，它還降低衝突，隔不到幾個星期就釋放了從西沙抓來的所有俘虜，也停止了民族主義的罵陣。但是北越共產黨領導人雖然在公開場合對西沙海戰保持沉默，私底下卻相信北京有意占領更多島礁。一九七五年四月，也就是西貢淪陷之前三星期，河內奪下南越所控制的六個南沙小島，以確保它們不被中國竊取。駐守南子礁（Southwest Cay，越南人稱之為Dao Song Tu Tay）的南越部隊中尉不願被俘，游了三公里逃到菲律賓人占領的北子礁（Northeast Cay，菲律賓人稱之為Parola Island）。

一九七五年十一月，北京和河內為南海諸島起爭議的新聞首度公諸於世，中國的《光明日報》批評越南人的領土主張。當時的中國根本沒有能力遠至南沙群島進行持久的軍事行動。接下來幾年，北京鞏固它在西沙的陣地，於一九七八年在永興島擴建港口、並開闢跑道。十年之後，它就具備不容小覷的實力了。

中國人民解放軍海軍成軍的頭三十年一直都是次要軍種，專注沿海防禦。北京領導人認為任何戰爭都得靠陸戰決勝負，海軍的角色就像海上游擊戰：數百艘小船從四面八方襲擾來犯之敵、切斷他們的補給線。（一九七四年的西沙作戰非常不尋常，因此需要好幾個月的特殊訓練。）但是，到了一九八二年，上有鄧小平做為共產黨最高領導人，下有劉華清主持海軍，推動了重大改革。劉華清自幼就是忠實的共產黨員，在最敏感的軍中政治及反滲透部門，以及國共內戰對付國民黨的鬥爭中做出了相當的貢獻。[28]戰爭使他接觸到鄧小平，他們的夥伴關係變成相得益彰。引述約翰．賈維爾（John Graver）教授的話來說，接下來十年的故事是「官僚和國家利益的互動」

關係[29]，或者，套用《第22條軍規》（*Catch-22*）中的角色邁洛（Milo Minderbinder）的話：「對劉華清有益，即是對海軍有益；對海軍有益，即是對中國有益。」鄧小平希望中國恢復經濟實力——這需要資源與可靠的貿易通路。他也擔心國家會有遭遇蘇聯及其盟國（如越南）包圍的危險。劉華清雄心勃勃，和其餘的海軍領導人都想出名。擴大中國在南海的地位是他們全都樂於追求的目標。

毛澤東追求獨立自主，在遠離外來威脅的中國內陸發展工業。鄧小平和他不一樣，鄧小平的經濟改革重視貿易，因此偏向沿海。中國第一個經濟特區於一九八〇年設在香港附近的深圳，一九八四年在其他沿海城市又設置另十四個經濟特區。最早開放給外人投資的產業就是外海石油開發；一九八二年和一九八四年頭兩輪招商開標，就集中在香港和海南島外海區塊。鄧小平的政策得依賴保持國際貿易路線的暢通，因此早在一九七九年三月四日，可能是出於劉華清的建言，他下達第一道要求海軍籌備長程任務的指示。

劉華清一接任海軍司令員，就制訂一項他稱為「積極綠水防禦」的戰略。它指的是控制內陸「褐水」和遠洋「藍水」之間的海域，俾能進行縱深防禦，屏障快速增長的沿海城市不受攻擊。[30]劉華清界定「綠水」是從中國海岸到「第一島鏈」之間的海域。他所謂的第一島鏈從日本延伸到台灣，再延伸到菲律賓、婆羅洲和新加坡。新船陸續下水服役，華南海岸和西沙這一路的基地擴建，另外亦努力蒐集情報。根據中國海軍自己發表的歷史，一九八三年四月，國家海洋局奉命開始勘查南沙群島以北的情況。五月間，兩艘海研船一直跑到曾母暗沙——離海南島一千五百多公里、距馬來西亞海岸僅有一百公里，淹在水面下的珊瑚礁，可是中國宣稱這是「中國領土的最南端」。船上有幾十個領航員和海軍官校教官。[31]一九八四年，海研船勘查了南沙絕大部分海域，幾乎直抵菲律賓海岸。一九八五年二月，一支船隊航行遠達南極洲。到了一九八七年，中國海軍已經準備好進行遠征作戰。

中國領導人關心的是，它愈來愈要依賴南海，可是又在南沙群島失去優勢。一九八三年六月，馬來西亞繼台灣、越南和菲律賓之後也占領島礁。對於一個要在南海尋求前進基地的海軍來講，中國的選擇愈來愈少。而且事不宜遲，應該要採取行動了；何況時機也合適。中國經濟成長蒸蒸日上，為海軍提供更多資源。戈巴契夫的改革終結了來自蘇聯的威脅，中美關係也進入空前融洽的階段。中國若是挑激起和越南的衝突，不虞會有損失。自從越南在一九七八年十二月入侵柬埔寨，而中國在兩個月後攻打北越以示懲罰以來，中越兩國關係一直沒有太大好轉。[32]由於一直占領柬埔寨，越南在國際間陷於孤立，除了口頭支持之外，它的主要盟友莫斯科恐怕也幫不了它。根據中國事務觀察家泰勒．佛瑞維（Taylor Fravel）的說法，北京在一九八七年初決定要占領領土。[33]現在所缺者就是藉口。

一九八七年三月，聯合國教科文組織為了觀測全球海洋，要求各國設立監測站。沒有人——即使是越南人——注意到中國所提議的一個監測站設在南沙群島。四月四日，中國科學院派出一團人勘查各島礁。五月間，中國海軍派出一支艦隊加入他們，沿路還進行補給和作戰演練，然後在永暑礁（Fiery Cross Reef）放置水泥塊，宣布它是中國領土。接下來幾個月又進行了許多調研，直到一九八七年十一月六日，北京領導人核准在永暑礁上蓋一座觀測站。就一個民間研究中心而言，很不尋常的是，營建計劃包括一座兩層樓的軍營、一座碼頭、一個直升機修護棚和起降台。

任何人要蓋研究站，第一個選擇都不會是永暑礁。漲潮水位最高的時候，除了西南角冒出一塊約一公尺高的岩塊外，整個島礁幾乎全沉在水面下。這塊尖銳的珊瑚礁長二十五公里、寬七公里。它還沒有被占領的主要原因，其實就是幾乎沒有東西可占領。但是這一點阻擋不了劉華清的海軍。一九八八年一月二十一日，四艘中國船載來工程人員和建材，開工興建近似於乾燥地面的東西。次日，來了一艘越南船查看究竟怎麼一回事，但是沒發生衝突，它就走了。[34]

直到當天之前，越南人可能覺得他們在南沙群島可以高枕無憂：他們把值得占的全都占了。從永暑礁南方七十二公里的尹慶群礁（London Reefs），到在它東方約九十三公里的九章群礁（Union Bank），只要是冒出水面的，全叫越南人給占領了。永暑礁只不過是回家的路上一個航行障礙罷了。但是他們低估了中國海軍的工程能力。九天之內，新來的工程人員證明了他們填海造地的本事，他們從珊瑚礁上炸開水渠，然後挖出足夠的珊瑚廢石，營造成八千平方公尺的乾燥地面。[35]

越南人這下子才大夢驚醒，趕緊在一月三十一日派兩艘船載了一支部隊在永暑礁登陸。但是在惡劣天候和中方人數優勢下，任務失敗。二月十八日，中方更進一步派出水兵登陸尹慶群礁上越南人唯一沒有占領的地貌：華陽礁（Cuarteron Reef），在水平面上約一公尺半的豌豆狀岩塊突出物。越南人怒不可抑，河內公開抗議：華陽礁離他們最近的據點只有十九公里。越南媒體提出警告，中國若不退出這兩個島礁，將面臨「一切後果」。怒海滔滔，卻比不上政治上的驚濤駭浪。

大約一個月後，越南人深怕重演華陽礁事件，派兵占領九章群礁上他們尚未占領的地貌。九章群礁是一大片水底礁盤，面積約四百七十平方公里，冒出水面的珊瑚礁大大小小約三十一個。九章群礁中唯一最接近人們所界定的「島」的地貌，是景宏島（又稱辛科威島，Sin Cowe Island），一九八八年越南派兵駐守。景宏島東南方十七公里是赤瓜礁（Johnson Reef，越南人稱之為Da Gac Ma），它大部分淹沒在水面下，只有幾塊岩塊冒出水面，最高的也只有突出水面一公尺。赤瓜礁往北不到兩公里是鬼喊礁（Collins Reef，越南人稱孤伶礁，也稱北赤瓜礁〔Johnson Reef North〕）、往東北十五公里是瓊礁（Lansdowne Reef），兩者同樣不宜人居，漲潮時也大多淹在水面下。[36]

三月十三日夜裡，越南海軍派出三艘軍艦分頭前往赤瓜礁、鬼喊礁和瓊礁。對於船上的人來講，很不幸的是，這些「生鏽的老舊水桶」[37]被中方偵察到，並派出更大、更重型武裝的船隻去攔截它們。一九八八年三月十四日天剛破曉，越南人成功搶占鬼喊礁和瓊礁（直到今天還控制著它們）。但是赤瓜礁方面就慘了。事情的前後確切經過迄今仍有爭議，但是大約是越南人先登陸，小船載來營造機具，並在石礁上豎立國旗。中國部隊趕到，想拔掉越南國旗。雙方先是互相叫罵，繼而動拳頭打群架。中方的說法是，越南士兵先開槍、打傷一名中國士兵，後因越南船隻以機關槍開火，中方只好撤退。越南人的說法恰恰相反：他們說中方殺了越南登陸部隊副指揮官，然後在他們的船開火前就撤退了。奇怪的是，中國海軍二〇〇九年慶祝建軍六十周年發表一份宣傳影片，卻多所符合越方的說法。這個錄影片現在在YouTube上還看得到，它從一艘中國船上拍攝，顯示潮水升起覆蓋島礁，而越南士兵站在水中、水位及膝。然後在中國船隻開火下，越南部隊周圍濺起大片海水。幾秒鐘之內，人完全消失了，六十四人陳屍於水面上。機關槍火來自中方，吃子彈斃命的是越南人。中方贏了赤瓜礁戰役。

支援越南部隊的三艘船也被摧毀，往後幾個星期，中方可以放手作為。他們已經占領永暑礁、華陽礁和赤瓜礁等三個島礁。到了一九八八年四月八日，中方再占領三個島礁：一是西門礁（Kennan or McKennan Reef）——九章群礁的一部分、位於越南人占領的景宏島東方十九公里；二是渚碧礁（Subi Reef）——距離菲律賓占領的中業島只有十五公里；三是南薰礁（Gaven Reef）——它是鄭和群礁（或稱堤閘灘，Tizard Bank）的一部分。南沙群島中面積最大的太平島，即唯一由台灣占領的島礁，以及越南人占領的鴻庥島，也都是鄭和群礁的一部分。

這份名單顯示中國國家為這項作業投入的計劃和資源的程度。不畏武裝抵抗和惡劣天候，短短兩個月內，它占領多半時間淹沒在水面下的六個珊瑚礁，繼之興建居住平台、補給設施和防衛陣地。甚且這六個島礁每一個都扼住戰略位置，距離中國對手所控制的大島只有幾公里，而且在一九八八年以前，每一個島礁都完全沒有被人占領過。中國的勘查團做的調研工作十分翔實。中國現在在南沙群島不僅只是取得立足點。

劉華清得意洋洋。現在他的「綠水」戰略完全實現。鄧小平賞給他海軍上將軍銜、黨和國家中央軍委委員，以及全國人大委員。四年之後，鄧小平退休，劉華清更上層樓，成為中共中央政治局常委。他在這些職位上，繼續推動給予海軍更多資源。他要求（也得到）更大的艦隊、更好的技術，以及支持他的「藍水」海軍的大夢。但是，中國做為一個整體，得到了什麼？它現在在南中國海有了新基地，它還要什麼？最多只能說，這些占領已阻止其他國家推進其地位。沒有人能在這個區域挖掘石油或壟斷捕魚作業。然而，儘管中國投入種種努力奪取島礁、打造基地，它也不能獨霸南海。

一九九五美濟礁：中菲海戰

菲律賓總統羅慕斯（Fidel "Eddie" Ramos）打從當選那一天起，就必須和一股強大的反美意識鬥爭。由於痛恨華府早先支持馬可仕的獨裁專政，加上根深蒂固的民族主義浪潮，菲律賓參議院在一九九一年九月表決通過，把美國趕出它的兩個巨大軍事基地。克拉克空軍基地其實已在一九九一年六月十五日關閉，皮納土波火山（Mount Pinatubo）爆發，基地已經被數千噸的火山灰所掩蓋。表決只代表它再也不用修理了。一九九二年十一月二十四日，星條旗最後一次由蘇比克灣海軍基地（Subic Bay Naval Base）降下。次日起，菲律賓實質上毫無防衛力量可言。更慘的是，美國每年補助菲律賓武裝部隊的款項也沒了。經費不足多年之下，海、空軍根本無從填補美軍撤走後留下的真空。這個島嶼星羅棋布的國家，海軍只有五十艘左右二次大戰美軍留下來的老爺巡邏艦和運輸艦，空軍只有五架一九六六年出廠的F-5噴射機堪用。

經濟停滯多年，政治動盪三不五時鬧一鬧，羅慕斯盼望能利用菲律賓迄未開發的石油潛力拯救人民脫離貧困。一九七〇年代初期第一波探勘以來，菲律賓人就滿懷期待，盼望外海富藏石油。因此，羅慕斯政府在一九九四年五月秘密核准菲律賓「愛爾康石油公司」（Alcorn Petroleum）——它是美國「瓦阿科能源公司」（Vaalco Energy）的子公司——的申請，准它就巴拉望外海某一地區的石油和天然氣潛力進行書面評估。雖然它沒有涉及到在海上的勘查或鑽探工作，恐怕已違反「馬尼拉宣言」（Manila Declaration）。馬尼拉宣言是一九九二年當時東南亞國家協會（Association of Southeast Asian Nations）六個會員國彼此之間的協議，承諾大家在南中國海的行為要節制。一九九二年，中國已把更靠向西邊地區的鑽探權批給了美國公司「克瑞史東」（Crestone）；越南也把幾個區塊開採權給了美國「康納可」公司（Conoco，全名康乃狄克石油公司），而且這些區塊還和克瑞史東的區域有些重疊（更多詳情見本書第五章）。縱使如此，消息一傳出去，中國立即提出抗議，認為菲方此舉侵犯中國主權。區域危機的導火線已經點燃。

艾利普斯坦（Joefel Alipustain）船長是第一個嘗到苦頭的人。一九九五年一月十日，他和漁船「安娜麗塔號」（*Analita*）的船員照常作業，卻突然有了意想不到的發現。眼前赫然是四個大平台靠巨大的高腳架支撐，比水面高出數公尺，平台上各有三、四個八角形碉堡。在船員傳統的漁場裡，颱風季節漲潮時會被淹沒的一個馬蹄形岩礁群，現在被占領了。占領者很不高興竟然被發現。安娜麗塔號船員立刻被對方的船隻團團包圍。他們大吃一驚，這些人竟然是中國人，比起前幾個月，他們往菲律賓又更靠近了一百一十四公里。船員們被扣了一星期，然後被迫切結不把他們發現的情況告訴別人、才得以脫身。當然，安娜麗塔號一回到家，切結書就被丟了，全世界很快就曉得他們在美濟礁（Mischief Reef，菲律賓人稱之為Panganiban）遭到扣押。[38] 美濟礁位置在哪裡？幾乎恰恰就在愛爾康石油公司勘查地區的正中央。[39]

菲律賓政府矢口否認發生狀況。「真相並非如此，」他們這麼堅持。政府這時候忙著處理別的事情。馬尼拉正在主辦歷史上最大規模的基督徒集會：四百萬人參加教宗若望保祿二世主持的彌撒。（亞洲地區同一個星期也發生神戶大地震，轉移了新聞的焦點。）直到教宗離開菲律賓，羅慕斯政府才把注意力轉到海上事務。海軍派了一架飛機去查看，找不到有什麼高腳結構上的碉堡的跡象。中國人的否認又不一樣：根本沒有扣押菲律賓漁船這一回事嘛！而且美濟礁上也沒有什麼基地呀！但是，二月九日，羅慕斯政府掌握到照片證據，出示給全世界媒體看。中方改口了。是的，是有些結構體，他們承認。不過，那是漁業部門蓋的，跟海軍無關。可是，這個說法解釋不了房子為什麼會有人造衛星天線、為什麼島礁附近有八艘海軍武裝運輸艦。接下來，他們告訴菲律賓當局，基地是「低階」海軍人員蓋的，沒經過上級核准。[40]但是要讓人家相信數百噸的木材、鋼鐵、預鑄房屋、通信器材，以及蓋四個基地所需的人力和物資，可以不經正式批准運到幾百公里外的汪洋大海去，那才真是活見鬼。[41]

馬尼拉方面當然氣急敗壞，但是更慘的是他們完全無能為力。馬可仕總統垮台、冷戰結束之後，民眾和政客就以為菲律賓不會有任何外來威脅，並據以投票。一九八九年，羅慕斯擔任國防部長時曾提出一項為期十五年、投資一百二十六億美元的軍事現代化計劃。他在就任總統後，試圖把它再列為優先施政項目，但是仍然遭到擱置。一直要到羅慕斯證明中國海軍在神不知鬼不覺之下，在菲律賓外海兩百零九公里處蓋了一座基地，又隔了兩星期，國會才撥出時間討論建軍計劃。[42]「現代化法」（Modernization Act）幾天之內就獲得通過，但是實際要執行它的決議卻又拖了快兩年才通過。[43]（一九九七年，由於亞洲金融危機，大部分經費也統統泡湯了。）一九九五年二月，由於這些延宕，羅慕斯根本無從考慮動武。他被北京唬弄。而美國仍然惱怒基地協定被終止，並且更擔心波士尼亞的情勢發展，也不來幫忙。他只好找鄰國幫忙。

這是個轉捩點。直到一九九五年一月，中國向南海擴張只影響到越南——而此時的越南在國際上仍然孤立。中國所占的地貌全都在西沙群島、或是沿著南沙群島的西側，和其他主張權利的國家還有相當距離。可是，一占領東側的美濟礁，中國首次侵犯到一個東協會員國所主張的海域。中國這一動，不僅菲律賓，連馬來西亞、汶萊和印尼全都覺得直接受到威脅。越南，即將在七月份加入東協，也遊說大家要立場堅定。即使往往傾向與中國站在同一邊的新加坡，也表示關切。新加坡前任總理李光耀接受英國廣播公司BBC訪問，也拿中國的動作做比方：「一隻大狗跑到樹旁邊、抬起腳來撒一泡尿，附近的小狗就會知道有隻大狗剛走過去、不久又會回來。」[44]

但是，東協也不可能採取軍事行動：沒有哪一個會員國敢冒險與中國為敵。制裁，也不可能。因此，它只好在三月十八日發表一份措詞強烈的聲明，表示「嚴重關切」，呼籲各方「節制不要採取會使區域不穩定、並威脅到南中國海和平與安全的行動」，特別是呼籲「早日解決近來美濟礁之發展所產生的問題」。以東協的標準而論，這已經是相當強硬的談話。但是，無濟於事。碉堡還是屹立在高腳架上。中國仍然充耳不聞。四月間，第一屆東協—中國論壇，照理講這是討論這件事的合適場合，可是北京根本拒絕把這個議題擺進議程。因此只好在論壇之前的非正式會議中討論，而且據各種記載顯示，東協的態度非常清楚。菲律賓政府感謝大家支持——不過島礁上的建物不動如山。

北京拒絕在羅慕斯盼望的正式區域論壇討論這個議題。羅慕斯無奈，只好接受中國偏愛的管道——雙邊對話。八月間，雙方協商好「行為準則」以避免日後再發生意外：更多的聲明、更多的文件，但實際上就是毫無改變。打從一開始，中國就向菲律賓提議共同開發繫爭區域的石油——實質上就是要求菲律賓承認它在南沙群島有領土權利。這個策略被人稱為「先占再談判」或「拿了再談」，是其他國家不預備接受的。

中國為什麼要在一九九四年底占領美濟礁？最初的導火線或許是菲律賓宣布開採石油和天然氣的計劃。但是這裡頭也有中國國內因素。住在新加坡的東南亞區域專家伊安·史托瑞（Ian Storey）認為這是鄧小平派系式微後，中國共產黨黨內高層權力較勁的結果。[45]鄧小平欽定的接班人江澤民不是軍人，如果他要臻至權力高峰，需要解放軍領導人以及更加民族主義的派系之支持。一九九四年，鄧小平另一個愛將劉華清既是中共中央政治局常委、又是中央軍委副主席，掌握中國政治兩大關鍵機構的要職。看來很有可能他看到占領美濟礁是他「綠水」戰略的重要一環，而像江澤民如此狡黠的政客會全力支持它。這個舉動明顯成功。中國部隊占領美濟礁迄今，反彈非常有限。

菲律賓的鄰國從這場危機學到教訓。一九九五年四月，印尼政府透露中國已對納土納群島（Natuna Islands）附近海域提出權利主張，落在印尼所主張的專屬經濟區內。受到美濟礁事件的震撼，雅加達決定上上之策是嚇阻。一九九六年八月，印尼、馬來西亞和汶萊在南海南緣的婆羅洲聯合進行軍事演習。次月，印尼在納土納群島附近舉行它有史以來最大規模的演習。二十七艘船艦、五十四架飛機和將近兩萬人參加，高潮是兩棲攻擊一座島嶼，因艾克森石油公司數十億美元的天然氣計劃預定在該島展開。中國海軍派了五艘船觀察演習。但是為了確保正確的信息會傳到北京，印尼邀請解放軍總參謀長傅全有到雅加達和蘇哈托總統及其國防首長們會談。[46]中國仍然維持對此一天然氣田北半部的權利主張，但截至最近都沒有採取行動聲張主權。（二〇一二年後發生幾起事件，使得印尼又惶惶不安，下文將會討論。）

一連好幾個月裡，印尼都是說話客氣、卻揮舞大棒，菲律賓反之，南海局勢漸漸緩和下來，正好迎接亞太經濟合作會議（APEC）的年會。湊巧一九九六年十一月有二十一個國家領導人出席的這場盛會在馬尼拉舉行。江澤民得以成為第一個到菲律賓訪問的中國國家主席。亞太經濟合作會議結束，他又逗留了三天，接見多位菲律賓政商領袖。第二天上午，羅慕斯總統招待江澤民及中國代表團坐船遊馬尼拉灣。大家吃著早飯時，菲律賓海軍樂隊從一本特別編製的歌本《攜手航向二十一世記》選了曲子演奏。兩位領導人合唱貓王艾維斯．普利斯萊的成名曲〈溫柔的愛我〉（Love Me Tender）。在場六十多名賓客鼓掌聲中，美濟礁的夙怨似乎已經一笑泯恩仇。然而，到了海上，衝突如故。幾乎就在高歌一曲之後兩年整，中國海軍把美濟礁上的高腳平台，改建成一排鋼筋水泥的房舍，並配上碼頭和直升機升降台。中國是談了，但也拿了。

在南海搶奪島礁的念頭始於民族主義的輸人不輸陣心理，終於爭搶潛在的油田及漁業權利。

各方的占領迄今尚未兌現盼望已久的報酬。它們反而製造了長年的不安定、阻礙海洋資源的開發，並且迫使政客相互叫罵、擺出不惜一戰的姿態——而其實他們或許盼望區域合作。中國相當晚近才加入南沙的派對，但是每當它占領某一地貌，北京的談判地位就更強大。它究竟得到什麼實際好處？只有阻止別人有所收穫的負面效應嘛！北京很清楚看到這是長期策略，最後將使得其他國家和它分享主權。但是它們真的會如此嗎？「實力即權利」（might is right）之外是不是還有別的選擇呢？國際法的規定會不會是另一種選擇呢？

第四章 島與礁：從國際法看南海主權爭議

捕鯨奇緣

一八四三年三月二十九日，「居魯士號」（*Cyrus*）三桅帆船船員在南中國海捕鯨取油。對他們來講很不幸，鯨魚和他們愈行愈遠。五天前，居魯士號放下它的魚叉艇逐漸逼近，可是那鯨群卻躲掉了，從礁石之間迅速竄逃。捕鯨是很艱險的工作。居魯士號正在一個不知其名、僅在海圖上標明「危險區域」的地方行駛。儘管有了新海圖，婆羅洲北岸外海對於捕鯨船——以及鯨群——而言仍是危險區域。但是，這一天天氣良好，微風習習，讓居魯士號方便追捕獵物。

從死鯨脂肪萃取油脂是個有毒的過程。誠如小說《白鯨記》漁船「裴廓德號」（*Pequod*）上的以實馬利（Ishmael）所抱怨的：「牠有一種難以言喻的、刺鼻的印度味道，有如火葬堆附近隱約可以聞到的氣味一樣，聞起來像末日審判的左邊那股氣味；這就是肯定有地獄的一個論據。」但是一旦妥當地裝桶之後，鯨油可就價值不菲，兩百八十一噸的居魯士號可以承載好幾萬加侖的鯨油。這就是居魯士號船長理查．史普瑞特利（Richard Spratly）所追求的大賞。他在十六個月前從倫敦出發，還要再十七個月才會回到老家。他需要花將近三年的時間追獵，才能填滿足夠的鯨油，讓船東滿意。若是再加上鯨骨、鯨牙和龍涎香，這筆買賣可就利上加利了。理查．史普瑞特利總共四度指揮居魯士號長征。每一次長征之前，他太太都會給他生個孩子——只是他從來沒有機會陪他們慶祝周歲生日，屆時他已經又出遠門了。

理查·史普瑞特利自幼即與大海結緣。他的父親是個造船師傅，而他自幼即在倫敦船塢長大，十六歲就上了一艘捕鯨船當學徒。後來他轉到監獄當局服務，負責將英國及愛爾蘭犯人運送到澳大利亞，三十歲已升任運囚船「約克號」（*York*）船長。兩年後的一八三四年，他回到生平第一份行業：在南海追捕鯨群。

身為船隊中經驗最豐富的船長之一，理查·史普瑞特利比大多數人更擅長應對艱困環境。在甲板上掌舵多年，他非常熟悉這片危險海域，偶爾也會把他發現的危險的海底巨石或暗沙通報給當局。他經常嚐到苦頭：一八四二年春天他告訴一位同行船長，他在今天印尼、馬來西亞和菲律賓周圍海域的無數次航行，「幾乎在所有的礁石與暗沙上，都有過擱淺的經驗。」即使在十年後他還致函《航海雜誌》（*Nautical Magazine*）抱怨說他「一直找不到稍微可靠的有關此一錯綜複雜的島群的海圖」。

因此現在這整個糾纏不清的島群掛著他的名氏，其實也挺諷刺的。一八四三年三月二十九日，星期三的上午九點，居魯士號桅頂傳來一聲高叫。瞭望員發現東南方十二英里處有個低矮的沙洲。理查·史普瑞特利船長相信它不曾記載在任何海圖上。其他人不同意，認為這塊島礁已經由英國東印度公司勘察員霍斯伯赫記錄，但是或許是出於尊重他的長年經驗，英國皇家海軍水道測量局（Hydrographic Office）選擇尊崇理查·史普瑞特利，從一八八一年起在海圖上就標出「Spratly Island」（即中文所稱的南威島）。對於航海前輩這樣的尊崇，誰曰不宜？但是鑒於日後的發展，或許霍斯伯赫給它取的名字「風暴島」（Storm Island）還比較合適。

理查．史普瑞特利一定只是見到這塊「沙島」的數十個歐洲船長之一，但是獲得發現它的盛名的是他。他之能夠獨攬全功或許是意外，但是由英國人成就這項功業就不是意外。英國是全球霸主，英國繪圖員繪製第一流的地圖，英國的委員會擬訂對地域命名的規則。過去一千年說不定有數千人見到南威島，或許甚至有人踏上這個島，但是他們沒有留下任何文字記載的痕跡。這一塊只有七百五十公尺長、三百五十公尺寬的土地會「屬於」任何人，這個想法在一八七七年以前還真的從來沒有人想到。

英國最先針對它提出主權主張，這並不足為奇；但它開啟的事端最後導致今天的爭議。從此以後的一個半世紀，不斷地有人提出主張，各國政府上窮碧落下黃泉，從歷史去爬梳、往深幽的法學理論去挖掘，為的是找尋證據和論證，以便他們的行動吻合國際法。但是在南中國海，不幸的是法律並不清晰。有兩套法律存在且相互競爭：舊的一套規範對領土的「歷史權利」，新的一套即《聯合國海洋法公約》（United Nations Convention on the Law of the Sea），規範可以從領土主張去衡量的海上主張。南中國海是兩者交匯之處——也是對撞之處。

法律攻防戰

國際上有關於領土主張的規則是由那些最積極聲張權利的國家所制訂。歐洲統治者希望他們的行動在上帝眼裡有正當性，而且更重要的是獲得保障、以免遭到敵人掠奪。十五世紀的葡萄牙和西班牙需要有位號稱代表上帝講話的人之加持。在一四五五年的一份教宗詔書中，教宗尼古拉五世（Pope Nicholas V）批准葡萄牙國王阿方索（King Alfonso）去征服非基督徒的土地和人民，並禁止其他基督徒「干擾」葡萄牙人擁有的財產。後續的一四九三年《托爾德西里亞斯條約》（Treaty of Tordesillas）和一五二九年《薩拉戈札條約》更進而把全世界劃分為葡萄牙和西班牙兩大勢力範圍。當十七世紀荷蘭人打破此一全球二分法，他們重寫新規則來合法化他們的行為。這些規則透過後來兩百年的戰爭與征服進一步演化，直到一八八四年的柏林會議，歐洲列強才發展出一套一貫性的原則來合理化在世界各地爭搶土地，以及仲裁彼此之間的爭議。

在國際聯盟（League of Nations）還未成立之前的紛亂歲月裡，它們承認取得領土有以下五種方式：征服（以武力取得領土權利）；割讓（另一個統治者透過正式條約放棄他們的權利）；先占（對不屬於其他任何統治者的領土，即所謂的「無主地」（empty land或terra nullius），不問它是否有「原住民」存在，建立一個行政架構）；時效（prescription，其他統治者逐漸地承認某一統治者的權利）；增長（譬如填海造地，對既有領土增長出新土地）。到了二十世紀，能搶的土地也搶得差不多了，又經歷兩次破壞慘烈的世界大戰，省悟到現在衝突的代價肯定遠遠超過利益，這些戰勝國決定把征服從名單中剔除。聯合國憲章亦明文規定往後不得以武力取得領土。

但是帝國的歷史形塑出一套國際法制度，當領土爭議發生時，它認為發現優先於鄰近。教宗詔書的聲音在今天的政治舞台上仍然有迴響：「找到的人，保有一切；失敗的人，到旁邊去哭。」由於沒有一份至高無上的全球憲法，各國程度不一地同意接受一套因應特殊情況而偶有新進展的習慣和作法的約束。過去幾個世紀，國際法融合主要國家的要求，以歐洲民事法庭的法律作法，定出一套合法化他們領土獲取的制度。因此它要求可資證明的證據——如文件、條約和海圖——而不是樸素的民族訴求——如「這些島嶼自古以來就是我們的」。南海爭端的結果就變得十分荒唐，英國或法國竟然會和南海周邊任何一個國家一樣，都對這些島嶼具有強大的法律主張。

一八七七年九月，英國殖民地納閩（Labuan，婆羅洲外海一個小島）當局發特許狀給美國人葛拉姆（Graham）和兩個英國人辛普生（Simpson）、詹姆士（James），准予代表大英國王對南威島和安波沙洲（又稱安波那島，Amboyna Cay）行使權利，在當地挖走他們的船所能載走的一切鳥糞。它還在《政府公報》（*Government Gazette*）上正式公告周知。[1]其他國家的地理位置可能更靠近、其他漁民可能已到過這兩座小島，其他國家海軍可能行駛經過它們，但是英國首先在公報上宣示這是它的——這才是法庭重視的證據。從這樣微不足道的小小開端，帝國聲張權利的範圍日益擴大。這是任何國家在今天我們所知的史普瑞特利群島（即南沙群島）的第一個宣示主權行為。英國在一八八九年又發另一紙特許狀給中央婆羅洲公司（Central Borneo Company）。然而，帝國對鳥糞的興趣從來不及對茶葉、鴉片或橡膠的興趣來得高，它對這些島嶼的興趣主要還是在航運方面。縱使如此，英國從來沒有正式放棄對南威島和安波沙洲的權利主張。

法國當局在一九三〇年四月宣布派軍艦「馬利賽斯號」（*Malicieuse*）占有南威島，並對南中國海一大塊長方形區域之內的所有其他地貌提出權利主張，不到幾星期，英國即小心翼翼地重申其權利主張。兩國政府在往後兩年內迭有外交文書交涉及法律爭論。可是他們腦子裡最先想到的就是，日本帝國向本地區擴張，對他們的殖民地明顯構成威脅。面臨共同的敵人，英、法兩國都不願放棄本身的權利主張，但是英國人也不希望傷害到法國的主張。一直要到一九三三年七月，法國政府正式兼併下列六個島嶼：南威島、安波沙洲、太平島、雙子群礁（即北危島）、南鑰島和中業島。這一次法國政府也在它的《官方公報》（*Journal Officiel*）上公告周知。這項公告在中國引起驚慌（見本書第二章），但是中國政府一發現它涉及的是南沙群島，而非西沙群島，紛擾就消散了。和今天中國官員的說法相反，當時中國報紙沒有出現官方抗議，或對應的兼併公告。法國在書面上維持權利主張，但是並沒有實際執行它，直到一九三八年才到太平島設立氣象站，[2]而第二次世界大戰期間太平島被日軍占領。我們後來知道，在一九四五年五月一日美軍轟炸攻擊與一九四五年十一月十八日美國海軍登陸之間的某個時候，日軍棄守太平島。下一批到達的海員是法國人，他們在一九四六年十月五日乘掃雷艇「齊瑞爾號」來到太平島。他們立起石碑，重申法國對它的主權，恢復一九三三年的兼併狀態。菲律賓政府在一九四六年七月對南沙群島宣示擁有主權，但是往後數十年都沒有實際動作。

一直到第二次世界大戰結束，中國海軍根本連到達南沙群島的能力都沒有。有了美國人提供船隻、海圖和訓練，中華民國政府才能夠進行遠征，做出國際法庭會承認的主張動作。一九四六年十二月十二日，中華民國海軍太平艦和中業艦（前身分別是美國海軍戴克號和USS *LST 1056*）抵達太平島。根據中方記載，船上官兵拆掉日本碑石，另立中國碑石。他們顯然沒有注意到法國人所立的碑石——要不然就是不覺得值得一提。這是任何一個中國政府在南沙群島所做出的第一個主權行動，且其形式是國際法庭會承認的。中華民國部隊斷斷續續占領太平島，直到一九五〇年五月五日退走。這時候法國已經在忙別的事：胡志明及其民族主義派友人正要從法國人手中搶奪印度支那。

要搞懂接下來的狀況，恐怕國際法律師都得大費周章。我們姑且摘要敘述二十年的血腥鬥爭：越南在一九五四年分裂為共產主義的北越和資本主義的南越，法國人在一九五六年退出越南，然後它在一九七五至七六年重新統一在共產主義之下。或許有人會覺得合乎邏輯——既然法國是越南的殖民主——法國在南中國海的權利主張，在越南獨立之後自然歸越南所有，可是這個論述不太可能讓國際法庭滿意。法國就和英國一樣，從來沒有正式放棄對南沙群島的權利主張。

它是為自己提出主張，並不是代表越南提出主張。（這個情況和它早先對西沙群島提出權利主張不相同，當時它是代表安南的保護國提出主張，而安南後來成為越南的一部分。）一直要到一九五六年，鑒於菲律賓的托瑪士・柯洛馬動作頻頻，剛獨立不久的越南共和國（南越，Republic of Vietname）才對南沙群島提出權利主張。中華民國也因為如此又重新占領太平島。

如果你再研究越南共和國的法律地位，情勢就變得更加複雜。有人會說越南共和國是帝國主義者（法國和美國）冊立的非法傀儡國家。當時的越南民主共和國（北越，Democratic Republic of Vietname）共產政府領導人肯定是這樣認為。越南民主共和國認為自己是全國的合法政府，暫時受限在一九五四年南北分裂的部分領土之內。另一派主張會說，越南民主共和國（北越）和越南共和國（南越）是在一個國土之內兩個分裂地區的兩個合法國家。北越領導人在某個程度上也順著這個主張走——他們支持另立「臨時革命政府」在南方正式負責革命作戰。當共產黨一九七五年打敗南越政府之後，他們在南方正式成立一個具有「法人地位」的共產國家，經過一年之後才在一九七六年把南北兩個共產國家合併為統一的「越南社會主義共和國」（Socialist Republic of Vietname）。

這有什麼關係呢？由於國際法庭謹守法律條文的性質，它要求主張國要出示它曾經對領土正式宣告主張，且主張國有維持此一權利主張，而後在面對其他主張國家的行動時也有所堅持。直到一九七五年以前，越南民主共和國沒有太多動作聲張它在南中國海的權利，而越南共和國倒是做了不少。如果越南民主共和國是代表全國的合法政府，那麼它原先的不作為會傷害它的立場。如果越南共和國的行動被納進來——視它為越南全國之內的一個合法政權——那麼今天越南的主張就有更堅強的立場。

北越領導人採取的某一特別行動，被用來質疑越南對南海諸島的權利主張。一九五八年，北越總理范文同發了一封簡短信函給北京領導人，宣稱「越南民主共和國政府承認並贊同中華人民共和國政府一九五八年九月四日有關中國領海的決定之宣告」。很可能有人認為，以它來否定越南對島嶼的主張，稍嫌牽強，但是根據國際法的習慣，這可能等同於所謂的「禁止反言」（estoppel）。

「禁止反言」是歐洲民法的一個重要概念。它的目的是在制止權利主張人說一套，又另做一套。例如，某甲同意爭端已經解決，他日後就不能反悔食言。它的用意是促進透明化和誠實的行為，在國際法上也是如此。如果一個國家承認另一國的領土主張有效，那麼在理論上，未來它就不應再爭奪另一國的權利。然而，在一九五八年，越南民主共和國和中華人民共和國都沒有加入國際法院，而且身為共產國家，也都不怎麼理睬國際社會的「資產階級、帝國主義」的規矩。他們根本還處於國際反帝鬥爭之中。

一九五八年八月二十三日，中華人民共和國解放軍向距離中國大陸海岸僅有幾公里的金門、馬祖之國民黨軍隊發動瘋狂砲擊。十一天之後，共產中國發表〈關於領海的聲明〉，主張對離岸十二海里之所有水域具有主權——金門、馬祖包括在內。目的主要是制止美國軍艦運補或防衛金門、馬祖。但是這份宣告也對台灣及其周邊島嶼，以及西沙、中沙、南沙群島提出領土主張。北越為了展現團結一致對抗美帝，九月六日在共產黨機關報《勞動報》上登出中國的宣告，范文同又在十四日致函北京領導人。這封信沒有明白同意共產中國對各島嶼的權利主張，但是它也沒有明白表示反對。北越沒有表示異議，或許會被國際法庭視為足夠根據，認定越南對各島嶼的權利主張不得再有反言。可是，越南領導人一定會覺得十分冤枉，在他們和北京都還不熟悉國際法的瑣細規則之時，對另一個共產國家所表現的兄弟團結的姿勢，竟然在半個多世紀之後用來削弱他們本身的領土主張。

簡單地講，套上國際法幽晦的規則和習慣時，越南人可能認為的對其家門口的南沙群島「自然的」權利主張，卻變成不是那麼站得住腳。除非法國政府正式放棄對南沙群島的權利主張，越南不能援引法蘭西帝國在一九三〇年代和一九四〇年代的行動做根據。目前的越南社會主義共和國是否是越南共和國及其行動的合法繼承人、范文同的信函是否傷害到越南民主共和國的權利主張，都還有法律上的爭辯。

中國對南沙群島的權利主張依賴的是古代文獻上有提到這些島嶼。可是，更仔細研讀這些文獻後又找不到它確切是指哪個島嶼的資訊，也沒有任何東西可資證明有過征服、割讓、占有、時效取得或增長的跡證。國際法庭只好和中國錯綜複雜的現代史格鬥。中華民國在一九一二年二月正式成立，於一九一三年十月得到「列強」正式承認。但是在列強承認之前，南方七個省份已經宣告脫離北京政府控制，他們的「二次革命」造成孫中山及其盟友一九一七年在廣州另立政府，與北京分庭抗禮。時隔十一年，南方政府才北伐成功、號令全國，成為中國受國際承認的政府。在這段動盪時期，南方政府據說採取了一系列行動，奠定中國對西沙群島聲張主權的根據。

特別是南方政府一九二一年將南海諸島名義上劃歸海南島管轄，並於一九二三年頒發許可挖鳥糞。一九二三年及一九二七年，他們派出巡邏船檢查收集鳥糞者的活動。（歷史學者攸里西斯·葛瑞納多斯〔Ulises Granados〕從當時的英國情報報告中找到證據，南方政府確實頒予日本一家人頭公司此一許可，據說這家公司承諾提供武器與經費以交換對海南島和西沙群島的開發權利。）[3]法國當局（代表保護國安南）沒有對這一切提出抗議，現在它的不作為被當做法國默認中國主權的證據。但是，現代法庭會怎麼看待在一九二八年以前沒有得到「列強」承認的政府所採取的行動呢？

使局勢變得更加複雜的是，中華人民共和國在一九四九年十月一日建立，而中華民國退據台灣。北京很明白地不承認位在台灣的中華民國之合法地位，但是共產中國在南沙群島的權利完全以對太平島的主張做為依據，可是太平島的主權是中華民國海軍在一九四六年最先確立的。北京的共產政府現在聲稱太平艦代表全中國到南海確立了主權主張。不過六十年前，他們可不是這麼說的。第一次台灣海峽危機時，北京把它視為是美帝國主義的象徵。共產黨部隊一九五四年十一月十四日在大陳列島外海擊沉太平艦。這個事件凸顯出北京領導人在聲張它對南沙群島具有主權時，在建構法理根據時會碰上問題。如果它是繼承中華民國的國家，它可以主張在一九四九年十月一日中華人民共和國宣布建政之後、中華民國所採取的行動可以強化它的主張嗎？譬如，中華民國海軍在一九五六年把柯洛馬兄弟的船隊趕出太平島和雙子群礁。這是中華民國宣示主權的具體行動——但是中華人民共和國可以把它據為己有嗎？如果台灣政府決定要和大陸的中華人民共和國合併，這就是它可以叫價的一個重點。

這些問題都不曾在國際法庭上受到檢驗，而且鑒於法律問題糾纏不清，不僅複雜，又不確定，似乎也根本不會走上國際法庭。我們只能說，從歷史的角度來看，對這些島嶼的權利主張——不論是英國、法國、中華民國、中華人民共和國，或甚至菲律賓所提出——沒有一個有完全的說服力。如果英國國旗一直在南威島上飛揚，如果法國在太平島也一直駐守，或者兩者之一正式把它的權利讓渡給另一個主張國，情勢或許會比較明朗。可是他們都沒有這麼做，因此南中國海沿岸國家就在這片「危險地區」自行創造事實。

越、菲對峙

理查．史普瑞特利的「沙洲」今天被其居民命名為大長沙（Truong Sa Lon）。「大」是相對而言。它是越南所控制的南沙諸島中最大的一塊乾地——其實一點兒也不大。雖然現在南威島沒有剩下太多天然的東西，它最高的天然點是海拔兩公尺半。海灘被圈圍在一座意欲擋住波濤和不速之客的鋼筋水泥高牆之後。高牆上突出幾十個哨所和電塔：太陽能探照燈、發電風車、雷達塔和一支高大的行動電話基地台。房舍的屋頂超現實地與樹交織在一起：千篇一律的越南公家機關建築物（紅磚、赭色土牆、新古典的陽台）經由社會主義建設力量從大陸移植過來。

從上空俯瞰，整個島嶼形成一個整齊的等邊三角形，像指路標一樣指向四百七十公里以外的本土大陸。跨越它的地基、占了整塊地區約四分之一面積，是一條水泥跑道——原來是由南越部隊興建，二〇〇四年再重新修建。網狀小徑垂直或平行地交錯在移植而來的樹木之間，在大海中創造出庭園般的小城景象。在這個三角形的底部，有一道七十五公尺的防波堤往海面突出，深度足以讓漁船和運補船停靠。其他周邊水域則布滿防禦工事：長釘可以刺穿船體，阻卻來犯船隻登岸。

這個島必須看起來像是有人定居、又是經濟活動活潑的社區，這對越南的企圖攸關重大，因此政府投入極大心血要打造出「正常」的表象。和越南幾乎每個村莊相似，島上有一座佛塔，還有一間小廟奉祠保庇神明（這裡拜的是社會主義越南的國父胡志明），另外還有高大的灰色石碑紀念在民族解放戰爭的殉難英雄（「國家會記得你的犧牲」）。島上住的孩童不多，但有一間大型學校建物。訪客可以享受「首都賓館」的招待，費用由河內人民捐獻。

透過如此「自願」募捐和其他國家補貼，島上的地方政府，即「人民委員會」，成為全國人均經費最充裕的單位。它的副主席阮德善（Nguyen Duc Thien）在二〇一一年告訴官方的越南通訊社（Vietnam News Agency）說，過去幾年花在太陽能和風力發電的投資意味島上有正常的電力供應，儲水槽的興建使它不虞缺水，島上也有網際網路通訊設施。[4]島上到處看得到雞鴨。另外也蓋了高屏幕，足以擋風、擋沙、擋鹽，在它底下闢建菜圃。小徑兩側是香蕉樹和其他果樹。南越農業科學研究所曾推行一項十七萬美元的計劃，企圖提升生產力，但是大長沙島很難自給自足。[5]人口增長太快，以至於食物、淡水，甚至種植作物所需的土壤仍然必須從國內運來。

需要運補的不只是物質需求，島上居民的精神福祉也必須加以保護。二〇一二年四月，官方的越南佛教僧伽（信條是佛法、國家、社會主義）派了五名和尚到大長沙島上駐錫六個月，任務是提升居民精神生活。越南共產黨也關心民心士氣。除了例行的軍事檢查和國定紀念日之外，有兩件事的周年慶特別重要，一是一九七五年從南越控制下「解放」大長沙島，一是一九八八年的赤瓜礁戰役。在這些紀念儀式上，青年戰士被鼓舞要永遠保持警戒，提防「敵人」的「狡詐的陰謀」。[6]南威島不是個「普通」島嶼：它是不沉的城堡。躲在樹林裡——介於學校、賓館和佛塔之間——是碉堡、兵營、至少五輛戰鬥坦克車、二十個砲陣地和一群駐軍。[7]但是在島上生活——或是在越南所控制的二十一個島礁的任何一個過活——都非常艱困。保持部隊士氣非常重要，黨十分努力培養海上單位和國內居民的情感聯繫。

黨很擅長組織「草根」的團結活動，近年來因為民族主義情感沸騰，參與為外海駐軍募捐活動的人數大增。募來的款項數字不大，中央政府也有能力撥贈，但是動員的力量卻不是可以金錢價值去衡量。這是領導人要贏取民眾支持的強有力工具。報紙公開承諾「宣傳」有關島礁的消息，各省策劃贈禮活動，以珊瑚礁和鵝卵石交換民眾捐贈的卡拉OK唱碟、乒乓球桌、發電機和香菸。電視節目上的記者穿著印上愛國口號的T恤，讚揚英勇的青年男女保衛邊疆領土。十年前，這恐怕只是沉悶的儀式，但現在卻受到觀眾熱切關注。

越南在選擇其南沙群島陣地時並沒有享到「先下手為強」的好處。中華民國在一九五六年重新占領面積最大的太平島。菲律賓在一九七一年七月之前占領中業島（菲律賓名為派格阿薩島）、馬歡島（菲律賓名為Lawak）、費信島（菲律賓名為Patag）和雙子群礁。（他們也考慮登陸太平島，但是被台灣船艦擋住。）南越在一九七三年九月派出陸戰隊時，選擇已經不多。南威島——或稱大長沙島——是明顯的候選目標，因為它是最靠近越南大陸的島嶼，也位於菲律賓主張權利的地區之外。他們從菲律賓人犯的錯誤學到教訓，沒有嘗試占領太平島；而且此時中華民國也已派兵加強太平島防務。南越偷偷地轉向鴻庥島——與太平島同屬堤閘灘（又名鄭和群礁）的一部分——隔著潟湖，相距約二十公里。[8]大約在同一時期，他們也占領了九章群礁的第七大島景宏島，以及更南邊的安波沙洲（越南名安邦島〔Dao An Bang〕）。

越南人借由烈酒和惡劣天候的庇佑得到另一收穫。南沙群島最北邊的兩個小島即是英國人所謂的北危島。這也是一九五六年十月費勒蒙．柯洛馬被台灣海軍迫使放棄奪島鬧劇的地方。法國人稱呼北危島為雙子礁群，它有兩個主要地貌：一是兩公里長的北子礁（菲律賓名Parola），一是六百五十公尺長的南子礁（菲律賓名Pugad）。一九七五年初，菲律賓部隊占領這兩個島礁，兩支守軍經常相互往來把酒言歡。有一天晚上，南子礁的官兵受邀到北子礁飲宴。根據菲律賓西部司令部前任司令官沙班將軍（Juancho Sabban）的說法，由於天候惡劣，他們回不了南子礁防地。不幸的是，天候並沒有惡劣到阻止南越部隊乘虛而入。[9] 從此以後南子礁即為越南人占領，現在越南人將它命名為Dao Song Tu Tay。

故事到此還沒結束，我們在第三章已經知道。事隔不到幾個月，就在越戰即將結束前幾星期，河內發動「東海作戰」，搶奪南越所控制的全部島礁。南子礁是他們第一個目標。北越特戰部隊在四月十三日登陸。交戰不久，部分守軍發覺事不可為，棄械投降。但是有個排長想到要在共產黨底下坐牢就害怕，把心一橫、寄希望於資本主義同志。他決心投奔最近他的單位才羞辱過的菲律賓人，游了三公里穿越潟湖，逃到北子礁。幸運的是，菲律賓人不跟他計較前仇，收容了他。同時，北越全力搶攻，在西貢淪陷之前就占領了所有南越所掌握的島礁。

今天，這兩個島上的守軍互相有往來。更妙的是，還舉行球賽聯誼。二〇一二年三月，越南和菲律賓海軍司令為了建立互信措施，協議好兩軍定期舉辦一系列足球賽和籃球賽。第一次比賽安排在二〇一四年六月。看在到訪的菲律賓士兵眼裡，他們在北子礁的生活環境的簡陋和南子礁日進千里的舒適設施一比，簡直是天壤之別。越南人就和在南威島的建設一樣，也在南子礁裝設風力和太陽能發電機、雷達塔，也闢建一座人工港口。島上有一座四十公尺高的燈塔冒出樹梢，當然還有體育設施。

回到北子礁，菲律賓守軍過的是荒島窮農民的生活，自己要種菜、採椰子、捕魚。在下一班運補船抵達之前的幾個月時間裡，排遣沉悶無聊和寂寞孤單最好的辦法是保持忙碌。海灘上一座故障的推土機正是野心未遂的生鏽證據。對沙班將軍而言，北子礁的景況特別令他傷感。一九八一年有六個月時間，他曾經是島上駐軍指揮官。他還記得當時他的弟兄生活水平遠比鄰近的越南人高出許多，越南人還在國家社會主義之下忍飢受寒咧！曾幾何時，越南已經自由化其經濟，產生資源以開發各個島嶼。而在菲律賓，施政優先不同。軍方預算被削減，陸戰隊必須刻苦自立。

軍方預算大肆刪減的後果，在菲律賓控制的所有島礁上呈現無遺。在國際間通稱為Second Thomas Shoal的暗沙（菲律賓名Ayungin Shoal，中華民國名之為仁愛暗沙）上，菲律賓在一九九八年故意把要報廢的坦克登陸艦「西耶拉馬德瑞號」（BRP *Sierra Madre*）擱淺在島礁上，陸戰隊就住在腐鏽的船上。即使走在船艦主甲板都很危險。多年的海鹽和大風已把金屬侵蝕得差不多。有好幾大塊區域，甲板已完全毀損，訪客必須走在樑柱上。守護仁愛暗沙的五名陸戰隊和兩名水手，比起北子礁的同僚更缺乏娛樂可言。下士卡斯特羅（Benedicto de Castro）在二〇一二年告訴來採訪的一個記者說：「這裡沒樹、也沒土地，日子相當難過。」他們的三餐幾乎全靠捕魚。二〇一三年，他們的日子更苦，因為中國的海監船包圍住他們，趕走運補船。

大約每三個月左右，菲律賓海軍另一艘第二次世界大戰期間留下來的坦克登陸艦「拉古納號」（BRP *Laguna*），就會遍訪菲律賓部隊所占領的九個據點執行運補任務。它應該是七天的行程，但是經常因為天候欠佳或機械故障會拖延好多天。菲律賓據守的島嶼都沒有港灣或甚至防波堤供大型船隻泊靠，因此補給品必須先裝到小船，再接駁靠岸。潮水高漲的時候，黎剎礁（Rizal Reef，西方海圖上是Commodore Reef，中華民國稱之為司令礁）的四人守備隊退入高腳屋打牌，等候潮水退去。他們對於行船一小時之外的科塔島（Kota，國際海圖上標為Loaita Island，中華民國取名南鑰島）的同僚能有乾土地和蒼翠樹木會有多麼羨慕，你就可以想像。

菲律賓海軍執行運補任務外還有另一項任務，即檢查菲律賓主張權利、但沒有占領的各島礁有什麼動靜。近來，他們發現外國活動有增加的跡象。剛開始的時候，可能只是一個不醒目的小東西，如橘色的浮標。浮標可能只是漁船用來定標之用，但是沙班將軍說它往往是偷偷地奪島的第一步。他說，如果不把浮標移走，隔了幾個月，它就會演變成鋼柱。二〇一一年中葉，菲律賓海軍在仙濱暗沙（Sabina Shoal）附近發現的浮標，竟然演變成一個大型商用貨櫃泊靠在島礁上。他說：「當然啦，那是中國人搞的鬼。」記得一九九五年中國乘菲律賓守軍不備搶走美濟礁的教訓，菲律賓軍隊奉命只要發現任何不尋常事物，一律拆除。這就好像貓捉老鼠的遊戲，中方不斷測試菲律賓和越南海軍的警戒心。

運補任務通常始於或終於菲律賓所占的較大的島嶼中業島，菲律賓人稱之為派格阿薩島——塔加洛文「希望」的意思。這個名字挺恰當，因為維繫住島上小小社區的正是希望的信念。中業島是菲律賓部隊最早占領的島嶼之一，面積最大、有三十七公頃。它大到足夠設村墾殖，但是還不夠設置一千二百六十公尺長的跑道，它的兩端必須往外海伸出去。跑道建於一九七〇年代中期，但是現在必須十分小心才能使用。用菲律賓西部司令部內部刊物《坎魯蘭》（*Kanluran*）的話來說：「由於海水侵蝕，跑道即將完全斷裂。」二〇一一年，菲律賓海軍派一艘船載運材料來修理跑道，卻在附近礁石擱淺。軍方宣稱他們沒有資源或技能完成任務，向政府申請撥經費招聘民間承包商進行修復工程。答應是答應了，但是現在海浪還在繼續侵蝕跑道。

二〇〇二年，菲律賓始開先例，是第一個刻意把平民往南沙群島移居的國家。但是，要堅持住在中業／派格阿薩島，需要有堅忍不拔的精神。根據二〇一〇年的人口普查，中業島正式設籍人口有兩百二十二人。但是事實上，島上常年居民只有六十人左右。有一部分原因是中央政府每年補貼一萬四千美元，只夠養活這麼多人。除了魚、鹽和椰子之外，幾乎樣樣東西都得靠船隻送來。菲律賓人和越南人不同，並沒有運來土壤以便闢建菜圃。島上號稱有行動電話中繼站，但是訊號「斷斷續續」。

派格阿薩島的市長，其實應該說是整個「卡拉揚島群」的市長，是尤金尼奧・畢托翁翁

（Eugenio Bito-onon）。他是開路先鋒之一，一九九七年即搬到中業／派格阿薩島居住，是開發興建新市鎮的城市規劃師。他到現在還在規劃、還懷抱希望。畢托翁翁市長的夢想中，有一條安全的飛機跑道、有一個能運作的港口，觀光客可以飛來享受無限寬闊的泳池和原始的珊瑚礁，碼頭泊滿遊艇，漁船可以停靠尋覓補給，本地商業發達，足以照應各方需求。但是只要中央政府不投注資金，說什麼都是白說；不幸的是，政府總是有其他優先事項。二〇一二年六月，畢托翁翁開設第一所學校，共有老師一員、托兒所幼童三人、幼稚園學童五人。它只有一間教室，家具還是借來的，但是他希望它能說服更多家庭留下來。在此之前，學童必須離家五百公里到最近的大島巴拉望去上學。他力促政府興建有廁所及個別教室的學校，但是還在等候必要的十萬美元經費才能動工。

中國針對開辦學校提出外交抗議，認為它侵犯了中國在南中國海「不容爭議的主權」。馬尼拉政府遲遲不肯撥款，忌憚中國抗議可能就是主要原因。它的作法——說是政策，恐怕稍嫌強硬——就是避免讓中國有任何理由抗議在菲律賓所占島礁上的行動，希望能夠維持現狀。守軍很明顯只是象徵性的部隊，敵人只要有決心，兩三下就可以把他們收拾乾淨。即使在中業島，守軍只有兩門四〇口徑高射砲和陸戰隊的輕武器。和南沙群島所有被占領的其他島嶼相反，水中沒有反入侵的障礙，島上也幾乎沒有防禦工事。若想興建工事，必會招致北京抗議甚至報復。越南人根本不甩中國抗議，可是菲律賓人卻是嚴肅對待。

菲律賓人完成的一個建設是托瑪士．柯洛馬的小型雕像，紀念這位卡拉揚的先驅。畢托翁翁市長其實有若柯洛馬的傳人。至少在理論上，他負責南鑰島（Kota）、馬歡島（Lawak）、Likas、中業島（Pagasa）、黃岩島（Panata）、北子礁（Parola）和費信島（Patag）七個島，以及司令礁（Rizal Reef）、仁愛暗沙（Ayungin Shoal）和數十個無人占住的地貌及其間的廣大海域。中業島有個市公所，但是沒有可靠的行動電話訊號，無法在那裡辦公。因此，大部分時間卡拉揚的地方政府側身於巴拉望省會普林塞薩港城郊一座商場的小辦公室裡。

愛國的魯賓遜

等到中華人民共和國在一九八七至八八年開始進入南沙群島時，所有露在海面上的島礁差不多都已被人占有。只剩下不毛之地的礁石：若不用上數百噸鋼筋水泥、以及定期派船供應補給，人類很顯然無法在上面過活。在這些孤懸海外的據點，生活條件特別艱辛。雖然中國傳媒報導一向描述這些「海上堡壘」的官兵是面色紅潤的英雄，充滿著愛國熱情和社會主義精神，有時候它們不經意也會吐露真相。例如，二〇〇五年三月《解放軍報》一則報導，讚揚駐守永暑礁的一群老兵為了鼓舞新到同志陳豪時的別出心裁。陳豪的生日快到了，可是「島上沒有奶油、也沒雞蛋」，他們用豆腐給他做了蛋糕。陳豪對這塊蛋糕有什麼反應，沒有見諸記載。一九九四年六月，中國廣播電台播報在這些外島的士兵「由於長期缺乏綠色蔬菜、口腔有破洞」——這是壞血症的初期徵兆——並且形容這些士兵已在這個「孤零零的碉堡」駐防超過一年以上。

比較近期的報導雖然讚揚新的發展，但也告訴我們那裡的生活仍然餐風露宿。二〇一二年六月《解放軍報》一則報導描繪運到「防潮、防鏽」的廚房器具、「發電機的防音罩」，以及防護紫外線輻射的玻璃。這似乎暗示金屬器材易生鏽、士兵生活在有巨響的工業機械的近處，而且陽光過於強烈。官方拍攝的島上工事的每一張照片，幾乎全在風和日麗、天空蔚藍、大海清澈的好天氣拍下。但是事實上每年大部分時間氣溫都在攝氏三十度以上、濕度高到難以忍受，要不就是季節風頻頻吹襲。從十月到一月，三不五時會鬧颱風——時速兩百公里的強風捲起巨浪，有時候甚至會漫過士兵頭頂。

本書截稿時，中華人民共和國已在南沙群島下列八個礁石構築工事：華陽礁、永暑礁、南薰礁、西南礁、赤瓜礁、西門礁、美濟礁和渚碧礁。另外也正在第九個島礁安達礁（Eldad Reef）上大興土木。它們在設計時完全不考量美學；它們是求生存的結構，為的是抵擋狂風、巨浪和軍事攻擊。有些有足夠空間裝個籃球框或是乒乓球桌，但是肯定會有直升機起降坪，可供打太極拳的場地，但是任何島礁上休想有足球場。和菲律賓人控制的島礁不同，菲律賓人還保有天然事物，中國人蓋的結構其目的純然是為了控制四周水域。它們豎立雷達站、人造衛星天線，和砲陣地。

戶外沒有空間放輕鬆，中國人就轉向室內。卡拉OK唱機和電子遊樂器早已有了，但是現在人造衛星讓士兵能利用網際網路——冠冕堂皇的理由是供做線上學習，但大家心知肚明不會永遠一本正經。過去幾年，各國都在進行後勤運籌戰爭，要在各自的島礁提供最好的行動電話訊號。越南一馬當先，率先在二〇〇六年建立基地台。中國旋即認真追趕。它在南沙群島的第一套系統於二〇一一年運作，然後中國電信（China Telecom）在二〇一三年一月很驕傲地宣布，最大的駐地永暑礁現在已經開通3G行動電話，且它還正忙著將服務延伸到其他駐地。現在南沙群島的士兵與漁民已經可以挑三揀四，選用不同國家的電話公司。菲律賓遠遠落於人後，但是至少北子礁上的菲律賓陸戰隊可以借用南子礁上越南訊號撥打電話回家。

太平島與中華民國

如果國際法院被要求裁判南沙群島的合法所有權，它勢必要解開一個盤根錯節又相互牴觸的各種主張。六個國家可能會涉入：法國：依據它在一九三三年的發現和占領，以及一九四六年十月的再度占領；菲律賓：依據副總統季里諾一九四六年七月的宣布（可能還有美國做為殖民國家在一九三〇年代的活動）；（台灣的）中華民國：依據它在一九四六年十二月的占領及此後的活動（雖然因為它不是受承認的聯合國會員國，不能向國際法庭直接訴求）；中華人民共和國：其主張乃奠定在中華民國的行為的基礎上，它必須是合法的「繼承國家」（successor state），才享有此權利；越南：依據它是法屬印度支那的繼承國家及其後續行動提出主張。

國際法院需要決定的第一件事是「關鍵日期」（critical date）——重大事件發生、且爭議已經「具體化」（crystallized）的那一刻。選定那一天通常會攸關結果的裁定。例如，如果國際法院在一九四七年被要求裁定太平島的主權歸屬，它可能做出有利法國的裁定，根據是法國早在任何國家之前已清楚提出主張、且「占領」（在法律意義上）了它。但是如果今天要裁判，法官或許決定要納入更多近年事件——尤其是過去六十年法國明顯沒有維持它的權利主張——而可能有利於中華民國。

「關鍵日期」還有另一層意義：在這個時點之後，爭議當事人所採取的行動在國際法眼裡沒有效果。由於爭議已經「具體化」——各造都已經表明立場——新蓋一條跑道、把島嶼納入某一省市管轄，或是在新地圖上把它們標出來，在國際法院法官的裁定上已不具任何份量。以南中國海這個案例來講，「關鍵日期」肯定是在幾十年前。各個島嶼的主張國似乎不明白這一基本法理，一再地做出不相干的姿勢，和抗議別國所做的不相干的姿勢，即使它們在國際法上不具任何意義。它們只是他們大賽局中另一些咋唬策略罷了！

如果各造要提訴的話，國際法院或許會被要求裁示，對太平島的權利主張是否只是針對太平島本身的合法主張，或是對太平島緊鄰地區的主張，或甚至是對整個南沙群島的主張。過去是有先例的。例如，一九三三年針對東部格林蘭（Greenland）的地位做裁決時，國際法院實質上決定，一個國家未必需要實體占領一個偏遠、荒涼島嶼的每一部分才能聲張對其全部擁有主權。如果遵循這個先例，對太平島主權的裁決就有可能適用到它所座落的珊瑚礁——通稱提閘灘（中華民國稱之為鄭和群礁）——之其他地貌。它們包括越南人占領的鴻庥島（越南名Dao Nam Yet）、敦謙沙洲（Sandy Cay，越南名為Da Son Ca），和舶蘭礁（Petley Reef，Da Nui Thi），以及共產中國占領的南薰礁、西南礁和安達礁，它們彼此相距都不超過四十公里。不過，國際法院也可能裁決這些都是個別的島礁、各有各自的權利歸屬。

更具爆炸性的問題是，對太平島的裁決是否適用在南沙群島其餘島礁。越南和兩個中國都以最大框架提出他們的主張，宣布他們的主權及於全部的長沙群島或南沙群島。菲律賓也是同樣的說法，只是它只包含它稱之為卡拉揚島群（其中包含太平島）的一部分南沙島礁。如果這些國家全都堅持立場，要求國際法院把全部島嶼作為一個整體做裁決，那麼南威島、中業島和其他島礁的所有權恐怕都要歸於對太平島的主張最有力的那個國家。鑒於它在過去七十年絕大部分時間由中華民國控制，贏家極有可能是中華民國。屆時中華人民共和國就需要主張它有合法權利繼承中華民國的權利主張——那又是另一番爭議了。

太平島將是對南中國海提出主權主張的任何國家最核心的一塊領土，共產中國和越南明顯都覬覦它。中華民國一直都擔心會遭到入侵，具有強烈的憂患意識。太平島是在強敵環伺之下汪洋大海中的小小一個據點。天候良好的時候從台灣最近的高雄港也要花三天才能走完一千四百公里的行程，若是遇上颱風，那就不只三天了。台灣政府一直很努力為太平島尋求一個定位，其意向上是和平的，但是守衛的決心堅毅不拔。和南威島、中業島或永興島不一樣，太平島沒有搞些什麼平民生活的虛象，島上沒有小學校或觀光旅館這種東西。

一九九九年，台北政府試圖降低南中國海日益上升的緊張，宣布從太平島撤走陸戰隊，改由海巡部隊進駐。不過他們可不是一般的海巡部隊：他們配備120釐米榴彈砲、40釐米加農砲，也由軍方訓練。二〇一二年九月，他們舉行實彈演習，展現擊退來犯敵軍的決心。和南沙群島另兩個最大島嶼一樣，太平島的主要地貌也是一條跑道，島長一千四百公尺，它就占了一千二百公尺。它在兩百七十三天之內搶建完成，陳水扁總統還在二〇〇八年三月總統大選之前一個月親自飛抵太平島、主持啟用典禮。陳水扁宣布跑道要供人道救援之用——協助拯救受困漁民——但很少人會相信他這套說詞。跑道是否興建討論了十五年，隨著兩岸關係冷暖變化而起伏不定。啟用它是為了展現陳水扁支持台灣更加獨立。不過它並無助於陳水扁所屬的政黨贏得大選。

太平島只有三百七十公尺寬，但是有自己的淡水，也有天然植栽。它顯然能夠支持至少最低度的人類居住，不過島上一百二十多名守軍的補給完全仰賴台灣本島運補。跑道兩側的條狀土地建置宿舍、防禦工事、一座太陽能設施（減低島上發電所需的柴油之耗用），還有一片生態保護區，供瀕臨絕種的綠蠵龜棲息。

簡單地講，台灣在太平島的地位是安全的。因此，從法律意義而言，或許越南和菲律賓應該修正他們的立場，不要再爭取對大群島礁的主權，只對特定地貌提出權利主張。屆時，透過長期占領與使用的歷史，越南或許能對南威島（大長沙島）及其他島礁提出最堅強的主張，菲律賓也能對中業島（派格阿薩島）及其他島礁提出最堅強的主張。同樣情況也可能出現在越南和中國對西沙群島提出的權利主張——越南對永樂群島的主張比較有力、而中國對宣德群島的主張比較有力。然而，在民族主義高度緊張之下要從全面主張的立場後退，恐怕在政治上必須極其勇敢才行。

聯合國海洋法公約的規範：島嶼、岩塊、低潮高地的法律地位

民族榮耀是南中國海周邊國家不惜流血及耗費巨資占領島礁的原因之一，但是打從英國鳥糞挖掘商人一八七〇年代最早提出權利主張起，經濟動機也一直存在。今天，鳥糞已被挖光去做成肥料，島礁本身幾乎已經不具價值。馬來西亞把彈丸礁（Swallow Reef，馬來西亞名為Layang-Layang）改建成潛水度假勝地，緊傍著軍營、跑道和海軍港口，蓋了一座旅館和游泳池，但這是南中國海唯一一個有可能會賺錢的地方。除了有些過度誇張的戰略重要性（詳見本書第八章），這些島礁現在之所以有價值是因為它們周邊的水域。這是因為過去半個世紀出現新一套國際法架

構的結果。這一次，不像管理搶占土地的規則，沒有一個主張國可以說他們是中古世紀教皇和十九世紀帝國主義者所擬定的規則之受害人。

一九七三年十二月三日，聯合國會員國在紐約集會，擬定新的《海洋法公約》。這些約翰·薛爾登和雨果·格勞秀斯的繼承人花了九年時間辯論海洋屬於誰所有。討論的過程中，國際政壇變化不小：越戰進入尾聲；中華人民共和國仍是聯合國相當新的會員國；中華民國（台灣）剛失去聯合國席次。《聯合國海洋法公約》的談判成為資本主義和共產主義冷戰的戰場，也是贊成海洋自由及主張把別人趕離「他們的」資源這兩派國家角力的場合。

在海洋法公約的談判遲遲沒有定論之下，各方針對「專屬經濟區」（Exclusive Economic Zone）及其界定和主張的方式之概念出現了妥協意見。專屬經濟區不是「領土」，但是沿岸國家有權開發它，對於飛過其上空、在其中游水、躺在其海床或埋在其底下的資源有權規範。外交官們辯論之際，石油價格上升，各國政府掌握到其中的玄妙。誰擁有島嶼，就擁有在其四周之魚群、礦藏及碳氫化合物的權利。隨著科技發達，政府頒發外海石油租權，開採公司開始越來越遠離陸地去勘察和鑽探。《聯合國海洋法公約》大大提高各國對南中國海的權益主張。

一九八二年十二月十日，談判終於在牙買加蒙帝戈灣（Montego Bay）完成，全球政府同意沿岸政府可以聲張擁有十二海里（二十二公里）的領海（territorial sea），以及二百海里（三百七十公里）的專屬經濟區，另外或許還有「延伸的大陸棚」。他們也概略訂定原則，規定什麼可以算是領土、什麼不算是領土。《聯合國海洋法公約》規定海上有三種地貌：「島嶼」（islands），可以支持人類居住或經濟生活；「岩塊」（rocks），包括漲潮時浮出水面的沙洲（sandbanks）和礁（reefs），不能支持人類居住或經濟生活；以及「低潮高地」（low-tide elevation），退潮時才變乾的地方。雖然「人類居住」和「經濟生活」的確切定義沒有明文規定，每一種海上地貌都有某些不可分割的權利。島嶼被視同「陸地」，享有十二海里的領海和兩百海里的專屬經濟區。岩塊享有十二海里的領海，但是沒有專屬經濟區。低潮高地什麼也沒有，除非它們位於某塊陸地或岩塊的十二海里領海之內，就可以用來做為基礎點以它來測量領海和專屬經濟區。以海洋資源而論，島嶼與岩塊的差異可說是天差地別。岩塊最大只能產生四百五十二平方海里的領海。而島嶼可以產生相同面積的領海，外加至少十二萬五千六百平方海里的專屬經濟區。

二〇一三年一月二十二日，菲律賓政府試圖改變他們在南中國海爭議的立場，放棄自古以來即擁有領土的「歷史權利」論述，改依《聯合國海洋法公約》提出新論述。現在它不再慷慨激昂地辯論擁有大片水域，改而集中在依據某特定陸地之距離所計算出來的特定水域。它向海牙常設仲裁法庭（Permanent Court of Arbitration）提出二十頁的說帖，明白表示菲律賓不要求裁示對各島礁的歷史權利，也不要求裁定海上疆界，純粹只要求裁示哪個地貌構成島嶼與岩塊，因此可被歸類為「領土」，以及根據它們能合法劃定什麼樣的區域。[10]馬尼拉政府希望常設仲裁法庭可以裁示，中華人民共和國所占有的地貌都不能支持人類居住和經濟生活，因此根本不能產生任何專屬經濟區。

菲律賓希望藉由仲裁這些議題，能破解掉中國號稱在U形線（現通稱九段線）之內所有水域擁有歷史主權的效力——這是中方對傳統國際法模式的詮釋。不論哪個國家擁有哪個岩塊，對於海域的權利將僅限於——最多——每個地貌方圓十二海里的區域。這一來菲律賓就可以開發在其專屬經濟區之內的石油及漁獲——前提是這些資源不在中國占領的每個地貌十二海里潛在的領海範圍之內。所有權屬誰可以等待日後由另一個法庭來裁決。

等到中華人民共和國一九八〇年代末期參加南沙群島角力戰之時，好位置都給占了，只剩下雞肋。中華人民共和國所占的八個地貌，有五個最多只稱得上低潮高地（美濟礁、西門礁、渚碧礁、南薰礁和西南礁）。其餘三個，按菲律賓人的說法，最多只稱得上岩塊，因此只能產生十二海里的領海、沒有專屬經濟區。《聯合國海洋法公約》規定得很清楚：不管你在低潮高地上面蓋了多大的堡壘，只要它底下的天然地貌在漲潮時低於水面之下，它就不能產生任何領海。同樣的原則也應用到馬來西亞所占領的所有地貌（包括彈丸礁）、越南所占領的絕大多數地貌，以及至少菲律賓所擁有的三個地貌。在低潮高地或島礁上大興土木，依據《聯合國海洋法公約》它們都不算是島嶼或甚至岩塊。

菲律賓、越南和中華民國（台灣）控制的一些地貌，是有可能被歸類為島嶼，因此有權劃出專屬經濟區。但是要向法院證明，根據《聯合國海洋法公約》的規定，他們就需要確立這些島嶼「支持人類居住或經濟生活」。這就是為什麼三個國家挖空心思開發民間設施：住家和學校當然是人類居住的表徵，漁港和度假村計劃是經濟生活的表徵。中業島／派格阿薩島的學童背誦九九乘法表，南威島／大長沙島的和尚誦經梵唱，都是在幫助他們的國家聲張海上主權。

黃岩島上沒有小學童在學東西，但是二〇〇七年四月來了一群成年人在島上玩了一個星期。他們是通稱「火腿族」的無線電業餘玩家，彼此競賽從最不可能的地方發出訊號。他們從香港出發，包租船隻載運一切器材需要：無線電台器械、天線等等，固然不在話下，還要帶厚木板、三夾板、發電機、遮陽傘和救生衣。這是一九九四年以來的第四屆火腿族黃岩島遠征大會，因此他們大體上都很熟悉該帶什麼器材設備。但是他們到達現場時，發現幾乎什麼都沒有。漲潮時，只有六塊岩石突出水面，但是都沒有超出兩公尺高，且最多只有三、四公尺大小。他們立刻動手施工。為了符合火腿族規範，播報必須在岩塊上發訊，可是這裡根本沒有平坦的表面。他們利用厚木板在每塊石塊上蓋了一個小平台──只夠放一張桌子、一張椅子、一具發電機、一組無線電台和一頂遮陽傘。他們旋即輪班向全世界各地火腿族播報了五天之久。

對於圈外人來講，用這種方式度假實在太奇怪，不明白其中奧妙。其實這次能夠成行，幕後還涉及到南中國海地緣政治爭議的長久角力。火腿族圈內長久以來即在辯論黃岩島夠不夠資格列入「新國家地位」──這樣那些急著增加新的訊號基地的無線電迷就有了理由。一九九五年六月，美國「無線電轉播協會」（American Radio Relay League）的一個委員會試圖對島嶼的最小面積定下規則，以便排除黃岩島的資格。它呼應《聯合國海洋法公約》的字句，宣布「不能支持人類居住的岩塊不應列為火腿族國家地位」。可是，廣大的火腿族極力爭取推翻這個決定——七個月之後，他們翻案成功。但是，誠如火腿族遠征軍的結果所證明的，黃岩島完全不能支持人類居住。即使有木板、發電機和遮陽傘，它最多也只能住個幾小時。《聯合國海洋法公約》對這種地貌有明確的規定：它只是「岩塊」，只能產生十二海里的領海，沒有什麼專屬經濟區或大陸棚可言。

但是這一切都沒能阻卻中國海事當局費盡心思在二〇一二年從菲律賓手中搶奪黃岩島。四月十號雙方開始對峙，菲律賓海巡部隊試圖阻止八艘中國漁船載走大批珊瑚、巨大的蚌、甚至活鯊魚。兩艘大型中國海監船現身，阻止其漁民被菲方逮捕。菲律賓派出它最大的軍艦戈里格里歐·狄爾·皮拉號（由一九六五年建造的美國海防快艇改裝），但是再一想，發覺不妥當，於是改派其他海巡船艦去支援。由於颱風即將來襲，雙方政府同意把船艦後撤——但是只有菲方撤退，中方實質上掌控了黃岩島。

中國對南中國海另一種地貌也提出領土主張，可是《聯合國海洋法公約》文本對它卻明顯不理會，那就是水下地貌。根據《聯合國海洋法公約》，任何國家都沒有理由對低潮時位於水下的暗沙（shoal）或礁石（bank）提出主權主張：它們是海床的一部分。《聯合國海洋法公約》第五條規定，量度領海的基線是低潮點。按照此定義，水下地貌沒有低潮點，因此不能據以宣稱有領海。但是中國仍堅持依據「歷史權利」，它對中沙群島和曾母暗沙這兩個水下地貌擁有主權。

我們在第二章已經談到，曾母暗沙的最高點在海面下整整二十二公尺，它的「中國領土最南端」的地位可能是中國政府一個委員會一九三五年翻譯錯誤而得致。它距離婆羅洲海岸一百零七公里，距離海南島超過一千五百公里。根據《聯合國海洋法公約》，它遠遠超出中國所能主張的領海範圍之外。可是，民族主義的考量凌駕一切，北京政府無法理性地從它不合情理的立場撤退。即使今天，中國海軍船艦要到索馬利亞外海執行反海盜巡邏任務，都要繞到它附近來展示中國對它擁有主權。但是由於曾母暗沙根本沒有乾土地，中國人無法豎立正式碑石，只好在船沿垂下。現在它底下的海床已有不少中國人立的石柱。二〇一三年三月和二〇一四年一月，中國海軍軍艦在此舉行軍事演習，益發增添風波。

有趣的是，在另一個海上爭議中，北京拒不接受水下地貌可以具有領土地位。大約在中國和韓國海岸中途的黃海，有個國際稱為索克特拉岩（Socotra Rock，韓國稱為離於島〔Ieodo〕、中國名稱蘇岩礁）的石頭，在水面底下約五公尺。南韓政府在上面蓋了一座海洋研究站，招致北京抗議；但是二〇一二年三月十二日，中國外交部發言人宣布：「中國和大韓民國已就蘇岩礁達成共識，亦即蘇岩礁不具領土地位，雙方並無領土爭議。」然而，這樣的共識似乎並不適用於曾母暗沙，或另一個更大的水下地貌：中沙群島／馬克雷斯斐德沙洲。

中沙群島更接近中國，也比曾母暗沙大出許多：它大約一百四十公里長、六十公里寬。它也比較接近水面：它最淺的地方僅在水面下九公尺。一九四七年正式命名時，馬克雷斯斐德礁石被取名為「中沙群島」，和西沙群島、東沙群島和南沙群島並列。但是中沙「群島」是地理上虛構的東西。以中國官方說法，除了馬克雷斯斐德礁石之外，它還包括北抵一統暗沙（Helen Shoal）、南至中南暗沙（Dreyer Shoal，亦稱德雷爾暗沙）之間的若干水底地貌。最有爭議的是，它包括東邊的黃岩島，這是中沙群島唯一浮出在水面的島礁。然而，海床的地圖明白顯示，沒有字義上能接受的「群島」這麼一回事：這裡沒有島鏈、只有各自獨立的水下地貌，由地球某些最深海域分隔開來。這些水底地貌沒有一個能產生專屬經濟區。只有黃岩島可以最多產生十二海里的領海。

根據《聯合國海洋法公約》，中國沒有立場主張對曾母暗沙、中沙群島／馬克雷斯斐德礁石，或「U形線」內任何陸地地貌十二海里的水域享有主權。《聯合國海洋法公約》裡根本不提歷史權利，除了「群島國家」領海之內地區的關係之外——而中國根本不是群島國家。中國在一九九六年簽署《聯合國海洋法公約》，等於放棄了在其他國家專屬經濟區主張「歷史權利」的權利——至少是在《聯合國海洋法公約》下不得提出。另一方面，中國某些官員堅持依據傳統的國際法，聲稱中國的航海家和漁民在南中國海海域活動已有數百年之久，這些活動即是它主張U形線內所有陸地——以及所有海域——都歸屬中國的根據。換句話說，他們企圖以舊式的國際法來否定根據《聯合國海洋法公約》所做的任何裁定。推論到最極端，動員這個論據顯然是企圖重寫一份有利中國的國際法，讓它對U形線內一切的領土主張都合法化。針對這個題目有研究的學者大多認為依據歷史的這個論據有瑕疵，法理上似是而非，但是如果海牙常設仲裁法庭的裁示有利於菲律賓在二〇一三年提出的主張，它有可能成為中國對南海主張的主要根據。我們將在第九章再深入探討。

歷史權利說

假如，在預料不到的地緣政治力量重新組合之下，歷史權利說被國際法院接受、而各方也都同意尊重其結果，對南中國海整體會有什麼樣的影響呢？顯然我們無法完全清楚，但是新加坡國立大學國際法中心羅伯特．貝克曼（Robert Beckman）教授的研究或許是對可能的結果最好的參考。他坐在這個城市國家植物園附近的研究室鑽研南海爭議已經有四分之一個世紀，也得出某些結論。他檢視了國際法院過去的判例，發現過去半個世紀有關爭奪島嶼的效應可能出奇的小。有些國家依據小岩塊或島嶼提出大片專屬經濟區權利主張時，若是與大陸海岸或比較大的島嶼之主張有所重疊，國際法院通常是持有疑慮的。用貝克曼的話說：「這不只是單純在島嶼和大陸領土之間劃一條等距線的問題。」例如，二〇〇九年針對羅馬尼亞和烏克蘭為黑海巨蛇島

（Serpent's Island）之爭做裁決時，國際法院強調涉及的海岸線的相對長度。換句話說，他們認為羅馬尼亞大陸海岸線數百公里長，比起巨蛇島的兩公里圓周來得重要。它所裁定的國際疆界，除了給予巨蛇島標準的十二海里領海之外，不做其他考量。國際法院二〇一二年十一月就尼加拉瓜外海哥倫比亞島嶼類似的爭議所做的裁決，也重申海岸線相對長度是裁判海上疆界關鍵因素的原則。[11]

由於涉及的岩塊、島嶼和國家數量多，南中國海的情勢遠比黑海或加勒比海複雜。然而，非常有可能國際法院會採取相似的作法。即使我們假設在東南亞國家眼中最惡劣的情況——南海的每個島礁都判歸中國所有——也不會造成每個國家沿海專屬經濟區被大塊地劃給北京。根據貝克曼的研究，從各島嶼所劃的專屬經濟區會向另一個方向延伸——伸向海洋中心，因此「降低或完全消除在南中國海中央的袋狀公海」。按照這個「北京全拿」的劇本，將會出現風箏形狀的中國專屬經濟區，從西南往東北走，四周則是其他沿岸國家的專屬經濟區。另一個比較小心的裁決，將只把南沙群島的太平島、以及西沙群島判給「合併的中國」，會有類似、但比較小的效應。

然而，要把爭議提到國際法院需要所有繫爭當事國的同意，由於沒有人有把握會是什麼結果，其實大家都沒有意願同意。一個政府若是在國際裁判中「失去」領土，將是正式讓渡在當地的資源，肯定會招致民間強烈反彈。政治風險非常大。縱使如此，東南亞主張國之間已有悄悄妥協的跡象。二〇〇九年五月，馬來西亞和越南聯名向聯合國表示，他們的「延伸的大陸棚」先擱置哪個島嶼屬於哪個國家這個問題，只從各自的海岸線測量起距離。自從二〇〇九年以來，菲律賓已修正它對南海一大片水域（卡拉揚島群）的要求，只針對特定島嶼提出主張（這是依據歷史的主張），並且針對依據《聯合國海洋法公約》所訂的規則從這些島嶼量出的特定水域提出主張。但是中國若把它的主張修訂為吻合《聯合國海洋法公約》的公式，它的損失最大，因為U形線會被切斷，變成圍繞特定島嶼四周的一系列小塊地區。雖然中國政府整體而言對U形線的確實意義仍維持「戰略模糊」，但是政府內部的關鍵部門（解放軍、石油公司和華南沿海省份）仍繼續以中國對整個南海擁有歷史領土主權為基礎運作。

所有的繫爭國家都堅持對他們目前占領的島礁擁有「歷史權利」，其中大多數國家（越南、菲律賓和兩個中國——但是並不包含馬來西亞和汶萊）也對其他地貌提出主張。這些領土主張根據的是傳統的國際法規範：占領、割讓、時效取得和土地增長。在任何解決程序能夠開始之前，參與者必須先決定：國際法院是否應先聽取歷史論據，就哪個島嶼與岩塊屬於哪個國家做出裁決，還是要擱置這些論據，只依《聯合國海洋法公約》的規定就海上區域做出裁決，以後再來解決所有權的問題。前者的結果是非常的不確定，後者則大體上有利於東南亞國家、而不利於中國。因此之故，北京愈來愈主張「歷史權利」，而東南亞國家則愈來愈提倡《聯合國海洋法公約》。

國際法的規則長久以來偏袒過去數世紀的征服者和冒險家。《聯合國海洋法公約》試圖補救，要讓沿岸國家對其周遭資源享有更大的控制。但是，地球的地理並不平等。各洲大陸和各國疆界的分布使某些沿岸國家毗鄰廣大的海域，其他國家鄰接的海域則相當有限。譬如說，日本的專屬經濟區往太平洋延伸，而中國的專屬經濟區卻被日本、以及南方的菲律賓和越南給阻絕。這種地理上不公平的意識，再加上「百年屈辱」的民族主義慍怒，說明了中國為何拚死也要在南中國海爭取「歷史權利」。中國的外交官成了專家，擅長使用含含糊糊的語言以遂行最低度的國際義務，同時又維持未來的選項盡可能的寬廣。中國從占領島礁得到的法律優勢有限，但是若不在南沙群島實質駐軍，它的領土主張就淪為空泛的理論。這些據點讓北京坐上大桌，在國際論壇上現實政治永遠比國際法來得重要。

一百七十年前，理查·史普瑞特利船長可以在他相信會有最大斬獲的任何海域自由自在地捕魚。美國和歐洲的燈火靠他和其他國家捕鯨船帶回去的油點亮，鯨油提煉的化妝品成分也抹上仕女的唇上。鯨群為此幾乎瀕臨絕種。追求另一種油，以及深怕會有類似的自由濫捕，促成全球政府協商出如何瓜分全球海洋資源的規則。但是在南中國海追尋油源卻一直是動盪不安的源頭……請待下文徐徐道來。

第五章　石油與天然氣：南海能源藏量的虛與實

主權屬我、擱置爭議、共同開發

一九九〇年八月，東南亞為了「中國回來了」這件事騷動不安。天安門廣場屠殺事件已經過了一年，許多權勢人物覺得也該回頭辦正經事了。國務院總理李鵬是涉及主使屠殺的要角之一，他敲鑼打鼓地展開了為期九天的亞洲地區訪問旅行。他的第二站是新加坡，在客套寒暄、國宴接待等例行公事之後，他在八月十三日舉行了記者會。大部分的發問集中在中、星兩國是否即將恢復外交關係，很少記者注意到李鵬明白、友好地宣布：中國「願暫時擱置南沙主權問題，與東協國家共同開發南沙資源」。[1]這可不是信口開河隨便說說的話。這是對鄧小平最早提出的政策首次公開宣示。鄧小平一九七八年十月和日本人談到東海問題、一九八六年和一九八八年與菲律賓領導人私下談話，都提到：「我們這一代人智慧不夠，我們下一代人總比我們聰明，總會找到一個大家都能接受的好辦法來解決這個問題。」此後這句話成了中國處理東海和南海問題的政策之根本。

一九九〇年，中國領導人為能源問題傷透腦筋。拜大慶油田之賜，中國石油自給自足了三十個年頭，而今鄧小平改革開放所釋放出來的需求大增，很快就要供不應求。中國需要新的供應來源。一九八七年四月，中國科學家勘查了南海部分地區，旋即快快宣布在婆羅洲外海的曾母暗沙附近有豐富的油氣蘊藏。[2]一九八九年十二月，《中國日報》報導，官方估計南沙群島有兩百五十億立方公尺的天然氣和一千零五十億桶的石油，而曾母暗沙地區另外還有九百一十億桶石油。[3]鄧小平和其他政治領導人開始意識到南海會是迫在眉睫的危機的答案。這個主題受到能源界和軍方主要聲音的大肆渲染。解放軍的機關報《解放軍報》在一九八七至一九九〇年期間發表一系列文章[4]，把保衛國家領土的「神聖」重要性和善用南海資源的務實主張結合起來。[5]

這些討論在東南亞並無人聞問。中國太遙遠，而且缺乏工具和專業知識可以開發遠洋資源。當李鵬提議共同開發南沙群島時，被詮釋為空泛的姿態。這種意見是會改變的。鄧小平的政策可不只是擱置歧異。它的完整說法有三個成分：「主權屬我、擱置爭議、共同開發」，其中第一項最重要。它實質上的意思就是：其他任何國家若要在「U形線」內開發海洋資源，必須要承認北京的領土主張，或是直接挑戰北京實質的駐軍。由於沒有人承認中國的主權，李鵬在新加坡的宣告成了目前爭議的根本。

直到那一刻，北京的興趣顯然局限在它於一九七四以及一九八七至八八年所占領的島礁。一九九〇年之後，情勢顯示北京的許多利益團體希望在U形線內整個地區執行「主權屬我」的理論。其中最主要的是中國海洋石油總公司（China National Offshore Oil Company，簡稱中海油）。但是促使中海油展開第一步的卻是個老美。

跨國石油公司的冒險

一九九二年，來自美國科羅拉多州的一名男子因為深諳現代煉金術：無中生有、還變出黃金，竟然改變了南中國海的賽局。他改寫對東南亞石油前景預測的規則，使兩國國家走到衝突邊緣，然後帶著數百萬美元揚長而去。在過程中，中國首次明白表示，它的「U形線」權利主張不只是歷史遺跡，也是對未來意向的聲明，而它的鄰國也理解到中國追求能源安全會威脅到他們本身的能源安全。但是，東南亞這場資源爭奪戰的開端卻匪夷所思。故事要從一九六九年有個年輕人步行好幾英里路，到丹佛鄉村俱樂部接受高爾夫桿弟獎學金面談開始說起。

藍道爾．湯普生（Randall C. Thompson）的父母離異，兩人都窮得養不起汽車，因此湯普生要步行去接受面談。他搞砸了，但是有位口試委員欣賞這個年輕人的勇氣，說服同僚送他到科羅拉多大學唸政治系。捐助人是擁有家族事業布林克霍夫鑽探公司的桑尼．布林克霍夫（Sonny Brinkerhoff）。次年夏天，布林克霍夫提供五十個獎學金得主到他在懷俄明州油井工讀的機會，但只有湯普生一個申請工讀。他喜歡這份工作，翌年暑假又去替布林克霍夫工作。畢業後，他去拜會布林克霍夫。談話結束，湯普生拿到一份工作，到阿莫可公司（Amoco Corporation）上班、負責尋找可能的油源、並談判開採權。*

湯普生在這份工作上投注了六年，然後跳槽轉到別家公司、被辭退，再換一家公司、又被辭退，最後再辭掉第五份工作。他不喜歡替別人工作，因此在一九八〇年回頭找桑尼・布林克霍夫。三十一歲的他步出布林克霍夫辦公室時，身上揣著一百萬美元價值的產油公司的權利：克瑞史東能源公司（Crestone Energy）誕生了！創業維艱啊！當時原油價格每桶才十多美元，克瑞史東勉強損益兩平。但是，湯普生在一九八九年接到一通改變了他一生的電話。愛德華・德爾基（Edward Durkee）是個科羅拉多石油業者、克瑞史東三十個原始投資人之一。一九八九年，德爾基受雇於瑞典倫丁石油公司（Lundin Oil），而倫丁石油正想出售它在菲律賓的權益。德爾基告訴湯普生，這件事十拿九穩：「你現在趕快趕過來，否則我就和你絕交。」次日，湯普生帶著律師搭機趕往馬尼拉。

德爾基已經把大小事情打點清楚。九天之後的一九八九年九月四日，克瑞史東買下倫丁的開採許可，立刻一轉身就出售四成權利給由七家菲律賓公司組成的財團。湯普生離開馬尼拉時，皮箱已是滿滿的現金。克瑞史東現在擁有巴拉望島外海GSEC54區開採權的過半數股權。GSEC54

* 譯注：Amoco前身為印第安那州標準石油公司，二十世紀初併購美國石油公司（American Oil Company），是世界大型石油公司之一，但是一九九八年被英國石油公司合併，在美國已經看不到Amoco招牌的加油站。

區面積廣達一百五十萬公頃，從菲律賓現有油田一路延伸到與馬來西亞的國界。克瑞史東和夥伴仔細審視原有的地震資料、尋找可開採石油的證據。看來挺不錯的。短短七個月之後，即一九九○年四月，他們以幾百萬美元把這一區塊的七成權利賣給英國石油公司（British Petroleum，以下簡稱BP）。克瑞史東這下子又裝滿了一箱子鈔票。一年之後，即一九九一年四月，BP的確找到石油，但數量不足以進行商業開發，又隔了一年，它完全放棄菲律賓，把權利退還給克瑞史東。以石油界的語言來說，就是這兒什麼也沒有，但是湯普生已經成功地把它化為黃金。

但是對東南亞區域影響至為深遠的是，湯普生發現了南海。在和BP簽約的當天夜裡，在英國駐馬尼拉大使的官邸有一場宴會，幾杯黃湯下肚，話匣子就打開了。湯普生回憶說：「酒精一下肚，原本應該是機密的消息就跑出來了。人人都在說越南會很火紅，而BP的人尤其滔滔不絕講白了就是南沙群島的深海。[6]第二天我就跑到圖書館去查這南沙群島究竟在什麼地方。」一九九○年越南還是美國石油公司不能去的禁區，因為美國對越南的戰時貿易禁運還存在。BP和其他一些歐洲公司已開始在調查研究，但是真正在越南挖油的是俄國人。大家還記得越戰進入尾聲那段時期有過短暫的石油榮景，就憑著這一點，湯普生就興致勃勃了。他在英國大使官邸晚宴後，花了三個星期上窮碧落下黃泉蒐集地質紀錄和舊勘查資料。最後他鎖定了位於越南海岸到越南人占領的南威島之間、包含西衛灘（Prince Consort Bank）和萬安灘（Vanguard Bank）的一塊海床。但是他沒有跑到越南去，湯普生也查出有關「U形線」的種種消息，他把希望寄託在中國身上。

一九九一年四月，湯普生跑到廣州的中國科學院南海海洋研究所去查前幾年就喧騰一時的地震調查資料。「他們拿了一些結構給我看，我大為興奮，又回頭做更多研究。」他拚命請客吃飯拉關係，直到一九九二年二月終於在北京最高層多方討論之後，得到機會向中海油董事會簡報克瑞史東的提案。湯普生帶了兩位顧問明確地界定他希望有權開發的海床地區：他的恩師德爾基，以及美國國務院國界科前任科長丹尼爾・德祖瑞克（Daniel J. Dzurek）。他們劃出來的區塊形狀像一把手槍，槍柄朝南、槍管向東。這個區塊包括可能的油由、並觸及（但未進入）印尼、馬來西亞和汶萊所主張權利的四個地方之界線。湯普生記得：「我帶德爾基去，是從技術角度劃出區塊，而德祖瑞克則從政治觀點界定區塊。我們非常小心不進入菲律賓水域、或印尼、馬來西亞或汶萊的水域。」如果這個區塊形狀像把槍，它也只是以越南人為目標。

湯普生向中海油推銷他的構想的同一個月，中國全國人民代表大會通過「領海及毗連區法」（以下簡稱「領海法」）。領海法正式核准中國在一九五八年提出的「領海宣言」，因此對中沙群島、西沙群島和南沙群島提出主權主張，並建立能夠出租其外海地區以供探勘的法律基礎——至少從北京角度看是如此。湯普生有興趣的區塊離越南海岸只有兩百五十公里、距離中國海岸則超過一千公里。如此大膽，確實罕見；無論在技術上或政治上，即使中海油都不敢妄想。湯普生說他必須鼓勵中海油不辦標售就把權利批給他，他警告中海油高層，打草會驚蛇，一旦公開只會惹來越南人找麻煩。[7]

這時候克瑞史東只有四名職員：湯普生、秘書、櫃檯接待員和兼職的會計。最後，他搞定了！中海油把一大片海域——兩萬五千一百五十五平方公里，批給了全世界最小的石油公司之一。克瑞史東只花了五萬美元權利金。中方把這個區塊取名「萬安北—21」（Wan An Bei -21，簡稱WAB-21）。根據合約，中海油將提供既有的地質資料，並保有權利日後有利潤時可收購百分之五十一的租權。克瑞史東負責進行地震勘查及開發費用。就中國政治領導層而言，湯普生代表美夢成真。現在冒出一個老美願意實質地在越南外海替中國領土權利說話。克瑞史東承受所有的砲火，中海油可以靜觀成效。

湯普生對於油氣前景信心十足、對政治風險卻滿不在乎。當克瑞史東在一九九二年五月八日簽署租約時，他告訴記者他相信在區塊內有「遠超過十五億桶的石油」，又說：他「寧可在有高潛力、低技術風險，而政治條件惡劣的地方去找尋石油和天然氣，而不是反過來的環境下去尋找」。他也很滿意中國當局保證，若與越南發生衝突，將以「全部海軍力量」保護他的權利主張。美國政府不介入。有個美國外交官在北京出席了簽約儀式，但大使館否認涉及克瑞史東的談判。湯普生也說，在他簽約後，美國國務院和中央情報局都來找他想搞清楚究竟他在搞什麼名堂。國務院特別關心——警告湯普生別讓美國人員和器材進入該區域，因為會有遭越南扣押的風險。[8]

由於政治的敏感，湯普生可以好整以暇：克瑞史東可以有七年的時間不必急著開挖。同一時期，越南人大怒，向中國政府提出正式抗議，也在報紙上發表譴責的文章。雙方唇槍舌劍叫罵了一年半。同時之間，克瑞史東一直在進行準備工作。然後，湯普生在一九九三年十二月應邀到河內，與越南國營石油公司「越油」（PetroVietnam）董事長胡士倘（Ho Si Thoang）博士會談。越方向他提議，可以和他合資開發，但是條件是他必須取消和中海油既有的協議。湯普生婉拒，越南人更加生氣。他們準備推出比克瑞史東不知大出多少倍的盟友。

過去幾年，美國公司也忙著到越南爭取商機。其中之一是美孚石油公司，它一直很想找回它在一九七五年南越淪亡之前不久認為頗有潛力的一塊油田區：這塊地區叫「青龍區」，位於現在越南人稱為5.1b的區域之內。它雖然沒和WAB-21區重疊，卻位於「U形線」之內。同一時間，越油公司和另一家大型美國業者康納可石油公司就133、134、135三個區塊談判，它們就結結實實和WAB-21區重疊。在它們附近，美國大西洋富田公司（Atlantic Richfield）*和英國瓦斯公司（British Gas）即將在一塊越南區塊開始鑽探，而這個區塊中國有提出權利主張。[9]可是，沒有人顯得介意得罪北京之風險。一九九四年二月三日，這些公司翹首以待的日子終於到了：美國正式取消對越南的貿易禁運，它們紛紛搶著簽訂合約。

* 譯注：美國通稱ARCO。

然而，克瑞史東決心要搶頭香。一九九四年四月，湯普生在南海海洋研究所的友人已經揚帆待發。該研究所從北京取得經費和許可到南海的北部地區進行新一輪的地震調查工作。湯普生勸說他們改變地點——前往WAB-21區。美孚和它的日本合夥人準備和越油公司正式簽署青龍案合約時，湯普生和南海海洋研究所在海上努力工作。四月十九日星期二，青龍案合約於河內軍人賓館簽字時，克瑞史東宣布它已在WAB-21區開始地震調查工作，並且計劃「在中國全力支持」下開挖第一口探測井。[10]

美孚顯然沒把克瑞史東的活動看在眼裡，至少沒有嚴重到使它和日本合夥人不付出兩千七百萬美元取得青龍區的權利。然而，根據美孚公司當時的公關經理湯瑪士・柯林斯（R. Thomas Collins）的說法，越油公司明確地要求美孚宣布，它正要回到以前和南越政府曾經簽約探勘的地區去，俾便強化它的領土主張。[11]大海上的局勢即將變得很詭譎。

中國船隻沒能完成調查工作。湯普生說，他們在海上進行了四天的蒐集資料，突然出現三艘越南船隻向其船首開火警告。他回憶說：「我在一艘沒有人講英語的中國船上，遭到一艘也沒人講英語的越南船開槍。」經過兩天對峙，湯普生和中國船長決定再耗下去也不是辦法，掉頭回廣州。儘管早先保證會全力支持，中國海軍沒有出現。湯普生替他們開脫：「他們不想正面衝突。」但其實這是北京的緩兵之計。

中方一退走，越油公司立即進入同一片水域伸張權利。一九九四年五月十七日，越油和俄國人合資的「越蘇石油公司」（VietSovPetro）旗下的鑽探平台三島號（*Tam Dao*）開往萬安灘。這塊地區越南人編為135區，雖然位於克瑞史東WAB-21區西南角，卻是康納可有意承租的區塊。[12]現在輪到中方採取行動。他們派出兩艘船，但沒有要趕走鑽井平台。中方把它團團圍住，擋住食物等補給品。詳情究竟如何，我們不清楚。但是平台的人員頂了好幾個星期。根據當時在新加坡整合探勘開發服務社（Integrated Exploration and Development Service）擔任顧問師的伊安・克羅斯（Ian Cross）的說法，他們往下挖了約三千公尺，找不到油。而湯普生說：「他們不懂啦，鑽井平台位置不對。他們主要目的只是宣示主權。」當然，越蘇石油公司從來沒有公開宣布它找到什麼。

中國一九九二年的領海法、它的石油勘查工作、與克瑞史東簽訂合約，以及展現北京對「U形線」的權利主張十分認真的動作，使得東南亞各國政府十分憂心。有一段時期，東協六個會員國討論該不該讓越南入會。有許多因素要考量，但是在石油對峙上升的當下，外交交涉也如火如荼地展開。一九九四年四、五月，各國頻繁互訪、會商之後，導致七月十一日公布，將邀請越南入會——其實越南還未正式申請入會。七月十九日，三島號對峙的新聞流到外界，這時候東協外長會議正在開會做最後準備，即將正式邀請越南入會。會議之後一個星期，中國軍方在海南島進行大肆宣傳的演習，以其官方媒體的說法，展現了「幾乎全面性的武器、器械和技術」。[13]如此高調只會增加東南亞各國對中國意圖的緊張。

可能是東協邀請越南入會觸發了北京突然改變戰術。一九九四年九月五日，經過一個月的閉門討論，消息宣布江澤民將訪問越南，這將是中國國家主席訪越第一人。當月月底，中方亦宣布貸款一億七千萬美元給越南更新老舊的生產工廠。雙方努力修復關係。原因之一或許是為了撫平與東協的關係，但是另一個原因可能是北京正在秘密準備占領美濟礁（見本書第三章）。大約這時候，馬尼拉傳出新聞，愛爾康石油公司已在另一個爭議地區、菲律賓外海的禮樂灘（Reed Bank）進行勘查作業。或許與越南降低緊張只是中國的一個詭計，以分化可能對即將進行的行動之反對。這也可以解釋為什麼一九九五年一月美濟礁事件發生時，中國當局要克瑞史東放緩它的探勘工作。

情勢現在進入僵局。湯普生並沒有足夠的資金把可能的油源開發成商業計劃。克瑞史東需要有家公司，對政治風險有同樣大膽的態度，而且口袋又深。湯普生需要的是像賓頓石油天然氣公司（Benton Oil and Gas）這樣的公司，它可是見識過後蘇聯時代的俄羅斯大風大浪的老手。一九九六年，在石油榮景下，賓頓的股價漲為三倍：它已準備好在南中國海分一杯羹。一九九六年九月二十四日，賓頓同意以一千五百四十五萬美元買下克瑞史東。合約在十二月六日簽字時，賓頓表示「克瑞史東的首要資產是和中海油的一紙石油合同」。[14]那就是迄今還沒開採出一桶油的WAB-21區。藍道爾．湯普生再次發揮「空手套白狼」本事，把商業上虛無飄渺的一個機會點石成金。克瑞史東的股東此時已有一百三十人，人人分到一大把鈔票。賓頓的命運可沒有那麼樂觀。一九九八和一九九九年，油價狂跌到每桶十二美元，賓頓公司被迫打消兩億四百萬美元的巨額虧損。它靠變賣資產熬了過來，但是公司創辦人艾利克斯・賓頓（Alex Benton）在一九九九年八月中旬個人申請破產、九月被迫辭去公司董事長兼執行長職務。

二〇〇二年五月十四日，賓頓石油天然氣公司改名為豐年天然資源公司（Harvest Natural Resources），聽起來像是賣雜糧棒的，而不是喜冒政治風險的石油公司。它仍然擁有在中國WAB-21區的權利，只不過現在不值錢多了。二〇〇二年公司把它的價值打消一千三百四十萬美元（幾乎是它在一九九六年買進價格的九成）。然而，它還是抱著一絲希望，有一天它會帶來好運。二〇〇三至二〇〇八年期間，它花費六十六萬一千美元在WAB-21區的探勘和資料蒐集上，此後想必還繼續投下經費，只不過公司已不在年報裡分項列舉其支出了。藍道爾・湯普生現在在科羅拉多頤養天年，偶爾帶著孫子去釣魚。他仍然活躍於石油業，在本書撰稿時仍在義大利、摩洛哥、紐西蘭和南非尋找新油源。他依然擁有WAB-21區百分之四點五的權利——如果它的確開採成功的話。

馬尼拉大轉向

中海油第一次進軍爭議海域未能找到任何石油，而更慘的是竟讓東南亞國家統統警覺起來。

十三年來李鵬所提議的共同開發被客氣地擺到一邊去，無人聞問：其他政府不願擱置主權爭議。越南、印尼、馬來西亞和汶萊繼續把外海水域租給國際石油公司，而克瑞史東的區塊依然前景不明。沒有需要尋求與北京進行任何共同開發。但是，二〇〇三年，有一個政府卻脫隊另起爐灶。令人驚訝的是，在此之前，這個國家最強烈擁護東協聯合一致，以對抗中國的侵犯，它就是菲律賓。馬尼拉政壇高層一小撮人設計此一政策大轉向，幾近私人倡議。他們繞過既有的決策結構，把和中國——以及和區域——的關係放到截然不同的路線上。

二〇〇三年，荷賽．狄．維內西亞（Jose de Venecia Jr.）是菲律賓國會眾議院議長、也是執政黨拉卡斯—基督徒穆斯林民主聯盟（Lakas- Christian Muslim Democrats）主席。年輕時，他靠仲介勞工輸出到中東，後來又參與在巴拉望外海的第一波石油探勘熱潮而發財。有了錢、家族關係和政治實力，他是菲律賓政壇一股重要勢力。他努力透過下述機構與中國發展親密關係：他在二〇〇〇年發起成立「亞洲政黨國際會議」（International Conference of Asian Political Parties），並且也擔任「亞洲國會追求和平協會」（Association of Asian Parliaments for Peace）會長。

二〇〇三年，葛洛莉亞．馬加柏皋．雅羅育（Gloria Macapagal Arroyo）出任菲律賓總統已經兩年，這段期間菲律賓對中國的貿易——主要是出口原料——增為三倍，從二〇〇一年的十八億美元，增加為二〇〇三年的五十三億美元。由於美國注意力擺在中東「反恐戰爭」，中國發現有機可乘。二〇〇一年，北京提供四億美元貸款給連結馬尼拉和前美軍克拉克空軍基地改闢的克拉克經濟特區之「北鐵計劃」（North Rail Project）。計劃終於在二〇〇四年四月五日動土時，在開工典禮上發表主題演說、感謝中國政府盛情美意的不是別人，正是荷賽・狄・維內西亞。[15]

艾杜阿多・馬納拉克（Eduardo Manalac）和維內西亞一樣，於一九七四年參與了挖掘菲律賓第一口外海油井。但是，馬納拉克和維內西亞不同的是，他留在石油業，替美國菲力浦石油公司（Phillips Petroleum）服務二十八年，其中七年擔任公司的中國探勘經理。二〇〇〇年，他協助發現中國最大的外海油田（位於渤海灣——與任何國際邊界糾紛都不相干），獲得中國政府頒發「友誼獎」、以及中海油的「模範工人獎」。身為專業人士，馬納拉克很清楚菲律賓石油業的病灶。從菲力浦石油公司退休後，他回國服務，「報答當年以低學費就能唸大學」。二〇〇三年三月，他被派任為能源部副部長。雖然個性、興趣迥異，馬納拉克和維內西亞兩人攜手撮合菲律賓和中國撼動東南亞的一項交易。

馬納拉克非常了解中國，但是他希望菲律賓的石油天然氣業能自立自強。他認為真正的問題出在國內本身：一小撮本國公司與能源部關係深厚，可是沒有足夠的資金投資在探勘上。他們也擠走了或許願意冒個幾億美元的風險、在未試過的海域挖口井試試看的外國業者。二〇〇三年，馬納拉克籌劃一場有史以來菲律賓最透明的招標作業，試圖吸引國際大公司來探勘菲律賓外海。艾克森・美孚（ExxonMobil）標了蘇祿海（Sulu Sea）一塊地區的權利，但是沒有人對南海有興趣。馬納拉克認為前景甚佳，但是菲律賓若想逃開幾乎全盤依賴進口石油的情勢需要有不同的作法，要考量到地緣政治情勢。他回憶說：「我的想法是，只要那塊地區有許多國家提出主權主張，沒有哪一家大公司敢進去的。它是深邃大海，會需要大量資金去開挖。因此我問總統是否肯支持一個構想，即去找也主張有主權的國家共同開發。她點頭了！」

同一時間，維內西亞拉攏和中國領導人的關係。二〇〇二年四月他籌備了「亞洲國會追求和平協會」第三屆年會在北京召開，二〇〇三年三月他是在上海舉行的第一屆菲律賓貿易展覽會菲方代表團團長。[16]二〇〇三年九月，他做東接待吳邦國；吳邦國不僅是中國全國人大常委會委員長，還是「亞洲國會追求和平協會」的輪值會長。吳邦國在馬尼拉時出席見證兩國中央銀行十億美元貨幣互換協議的簽字（意在保衛菲律賓不會重蹈一九九七年亞洲金融危機的覆轍），並向國會領導人的集會發表演講。會後，維內西亞向記者們說：「吳先生提議在南沙群島共同探勘和開發。」維內西亞贊成，他說：「這些地區閒置不用，我們何不讓它們繁榮，大家共同分享利潤呢！」[17]雙方協商好會有「一家大型中國石油公司」在十一月派代表團到馬尼拉來。二〇〇三年十一月十日，菲律賓國家石油公司（Philippine National Oil Company）和中海油簽署了意向書，表明將「進行聯合計劃以檢討、評估和審閱相關的地理、地質和其他技術資料，俾便確認本地區的石油和天然氣潛力」。[18]

馬納拉克和中海油高階主管悄悄地劃定探勘地區的界限。西界必須避開馬來西亞水域，而北界和東界則恰好卡在雙方中間。最後，它涵蓋了巴拉望之北和之西十四萬三千平方公里的範圍——包括通稱禮樂灘的淺海部分，但還延伸得更遠。馬納拉克曉得分享資源這個主張在國內、國外都會引起激烈爭議，但是誠如菲律賓國家石油公司一位經理日後的解釋：「能有百分之三十總比兩手空空一無所獲好得多。」問題在於如何設計好協議的結構，以避開菲律賓政界和東協外交所有潛在的風險。馬納拉克要求被調到菲律賓國家石油公司去，以便和中國海洋石油總公司的協議可以被規劃成為商業協定，而非政府間的協定。兩家公司都是國營事業，因此其實這只是掩耳盜鈴。

二〇〇四年七月，葛洛莉亞．馬加柏臯．雅羅育總統（她的朋友和政敵通常都叫她GMA）撤回派到伊拉克的一小支菲律賓特遣隊，馬尼拉和華府的關係立刻變得冰冷。她轉而尋求與中國「廣泛交往」，管道就是荷賽．狄．維內西亞。他已經安排中國共產黨二〇〇四年九月在北京主辦「亞洲政黨國際會議」第三屆大會，而雅羅育在八月份突然受邀要在大會上發表一場主題演說。八月十八日，雅羅育改組內閣，把艾杜阿多．馬納拉克從能源部副部長調到菲律賓國家石油公司擔任董事長。五天後，維內西亞告訴記者們，雅羅育訪問北京期間將會遊說中國進行聯合探勘。他發表了有關高油價對菲律賓經濟的衝擊的演講後表示說：「我們不應該讓區域歧見阻止我們的開發。」[18]一星期後的九月一日，已經不再具政府官員身分的馬納拉克和老朋友中國海洋石油總公司總經理傅成玉簽署了所謂「海洋地震聯合作業」（Joint Marine Seismic Undertaking）。

海洋地震聯合作業是雅羅育總統周遭一小撮人搞出來的點子。菲律賓著名的區域專家艾琳・巴維耶拉（Aileen Baviera）教授說，外交部和國家安全會議在整個談判過程中「大多被排除在外」。[19]支持海洋地震聯合作業的一部分人，如馬納拉克，固然是出於增進國家能源安全、降低對進口能源之依賴的考量，其他人的動機可不是如此崇高。維內西亞似乎只想藉由做為權力掮客及中國在菲律賓投資的守門人的角色，提升自己的地位。（果然生意源源不絕湧到，特別是中國國家主席胡錦濤二〇〇五年四月、以及國務院總理溫家寶二〇〇七年一月的到訪期間，承諾了多項重大投資案。）另外還有一批企業界人士盼望和中國公司簽署價值不菲的商務合約。這些人包括雅羅育總統的夫婿、荷賽・狄・維內西亞的兒子，以及他們圈子裡的其他人。這一幫菁英似乎控制了國家外交政策，準備中飽私囊。

在馬尼拉的豪宅巨邸外頭，各方面都大吃一驚。東協外交官想知道為什麼菲律賓破壞多年來所主張的區域團結一致的原則。越南人臉色鐵青。一連六個月，他們連連向菲律賓外交官員提出抗議，但最後決定識相一點，加入勘查比不加入要好。二〇〇五年三月十四日，越油公司簽署擴大版、為期三年的海洋地震聯合作業。中海油負責勘查，越油負責在和美商費爾斐德公司（Fairfield）公司合組的中心處理資料，而菲油公司沒什麼事可做，就由它來組織分析工作。九月一日，中海油一艘古董調查船「南海五〇二號」載了這三家公司的專家從廣東省出發。在接下來七十五天裡，他們蒐集了一萬一千公里的地震資料，涵蓋整個海洋地震聯合作業區域。十一月十六日，調查船泊靠到馬尼拉南方八打雁市（Batangas）的菲油公司的補給港。馬納拉克宣布「政治緊張已成為歷史」。[21]其他人可不這麼以為。

到了二〇〇七年一月，找到幾個有可能採到油氣的地點，因此就研商要進行第二階段更詳盡的勘查。菲律賓外交部反對，拖到六月總統才批准第二階段勘查。大約同一時期，雅羅育總統捲入貪瀆指控風暴，涉及她本人、夫婿、中央選舉委員會主委，以及有些接受中國資助的計畫。縱使如此，第二階段照樣推動，針對特定海床地區蒐集更詳盡資料。另外第三階段也蓄勢待發，即列出進行探勘挖掘的地點。不料，二〇〇八年一月，資深記者巴利．魏恩（Barry Wain）在《遠東經濟評論》（*Far Eastern Economic Review*）上撰文，指控雅羅育政府在海洋地震聯合作業上做了「令人倒抽一口氣的讓步」，並批評它的秘密條件。[22]雅羅育的政敵逮住機會大做文章，海洋地震聯合作業因為與中國有關、現又扯上基礎建設項目弊案，慘遭污名化。

弊案風暴擴大、政爭加劇，海洋地震聯合作業的設計師遭到排擠。馬納拉克繼續努力整飭菲律賓石油業的風氣，要切斷本國能源公司和能源部的人際網絡。他不甩雅羅育總統，沒把一個與海洋地震聯合作業無關的石油合約給總統夫婿拉線的一家公司，反而簽給馬來西亞的米特拉（Mitra）公司。他忍受不了貪瀆盛行，於二〇〇六年十一月憤而辭職離開菲律賓國家石油公司。維內西亞的兒子指控雅羅育總統的夫婿涉及中國人出資的寬頻網路建置計劃的弊案之後，維內西亞在二〇〇八年二月失去國會眾議院議長寶座。海洋地震聯合作業協定就此死在水裡。由於菲律賓政壇頻頻演出肥皂劇，續約的可能性就此溺斃。它在二〇〇八年七月一日效期屆滿，朝中已無人替續約說項。

馬納拉克仍然認為海洋地震聯合作業是成功的：它使菲律賓國家石油公司找到人來分攤原本就想做的勘查工作之成本，又沒有在公海發生衝突的風險。從中國的角度看，成功是成功了，但美中不足。首度有兩個東協國家政府「擱置主權爭議」，展現出共同開發的一種模式。然而，東南亞的反對再次破壞中海油真正產油的機會。我們並不清楚海洋地震聯合作業的第三階段是否真的會得到核准。

相反的，其他政府繼續忽略李鵬的提議，自行把「U形線」內的區塊出租給國際業者。但是在海洋地震聯合作業期間，中國經濟有如坐了火箭般一飛沖天，這開始賦予它更大的影響力。如果說海洋地震聯合作業是中國推動在南海共同開發的胡蘿蔔，北京現在有了巨棒可以用來對付不聽話的公司。

英國石油鎩羽而歸

越南碳氫化合物工業的重心是東南沿海的頭頓市（Vung Tau）。頭頓在法國殖民時代是個度假勝地，但過去的美景現在已經被工業建設取代。長長的半島，一邊是供挺個啤酒肚、穿著短泳褲的俄國工程師遊憩的公園區。另一邊，面對海口，迎面就是儲油槽和焊接廠。兩側中間有一排貌不驚人的高樓，卻志氣挺高地自命「宏偉大飯店」。二〇〇七年六月四日，英國石油公司越南分公司假座宏偉大飯店歡迎新任董事總經理葛瑞琴．衛金斯（Gretchen H. Watkins）到任。衛金斯出身阿莫可石油的工程師，在阿莫可被BP併購後歷任倫敦、荷蘭和加拿大各地工作。她年輕、有雄心，現在終於有機會獨當一面在新天地展現長才。她並不知道她的最上級老闆、BP執行長湯尼．海華德（Tony Hayward）已經斷送掉她的機會。她將花上一整年時間、跌跌撞撞去學習，要經營從宏偉大飯店的窗戶就能看到的那片大海有多困難。

早在一九八九年，BP就進入了越南，花了十年工夫才成為少數在越南能賺大錢的國際公司之一。二〇〇二年，BP在離海岸三百六十二公里的6.1區的蘭西（Lan Tay）平台開始從全世界最長的水下輸送管打天然氣，送進離宏偉大飯店旁海口的發電廠。二〇〇六年，BP的天然氣供給越南三分之一以上的電力，而且由於BP在另兩大區塊還有開採權，前景還更看俏。BP坐擁這兩個區塊不動已經多年，它在等候越南經濟會產生足夠的需求、使之值得增產電力——這時候就需要更多天然氣了。二〇〇七年初，越南剛加入世界貿易組織（World Trade Organization），知名投資者紛紛湧入，BP決定該有動作了。三月六日，BP宣布計劃在5.2區開發兩個新天然氣田，以及若不把它們連結上既有運送管、就是另建一條運送管。岸上將建第二座發電廠，以便將天然氣化為電力、供應越南之需，當然BP也會日進斗金。時間表故意含糊，但是BP的夥伴越油公司暗示二〇一一年可望供氣。

大約同一時間，中國駐澳大利亞大使傅瑩也在準備調往倫敦、擔任新職。傅瑩和BP有一段淵源。二〇〇〇年，BP宣布開發6.1區計劃時，她是中國外交部亞洲司司長。根據BP高級內圈人士的說法，她向BP駐北京及東南亞的高層強烈反映，要求BP停止此一計劃，理由是它侵犯中國的領土主張。當時BP的執行長約翰·布朗尼（John Browne）是個征戰多國的老將，沒理睬傅瑩的反對，照常推動計劃。但是，二〇〇七年五月一日，布朗尼個人涉及醜聞，辭職離開BP，湯尼·海華德接任。

傅瑩在四月十日抵達倫敦履新，同一天北京就對BP展開新戰役。中國外交部發言人秦剛在預先套好招的記者會答覆中國國營電視台記者的提問，記者問到BP新的天然氣計劃，秦剛回答說：「越南的新行動是違法、無效的……不利於南中國海的穩定。」怪的是，北京現在認為不宜的這塊區塊——5.2區——實際上比BP已經在作業的6.1區，更靠近越南海岸。這不重要。現在它是傅瑩報仇的機會。她在倫敦打開行李後的第一件事就是要求和新上任的湯尼·海華德見面。BP也明白她的來意，把派駐越南的高階經理人調回倫敦、準備討論。他們認為BP在越南情勢一片大好，把事情交給海華德及其團隊去談判。

二〇〇七年時，BP是中國最大的外國投資人之一。它四十二億美元的投資組合包括石化工廠、外海天然氣生產、八百個加油站、對中國第一個液化天然氣接收站持股三〇％，以及其他若干事業。傳瑩對此瞭若指掌，二〇〇七年五月十八日到BP總部會談時善為運用。她列舉出對BP在爭議水域作業的反對，根據一位圈內人的說法，接下來她提出兩個明確的警告。首先，如果BP繼續在5.2區作業，中國當局將重新考慮已給予BP的一切合同；其次，中國無法保證在爭議地區工作的任何BP員工之安全。它明顯是悍然威脅BP的商業性命及涉及到探勘及生產的員工之性命。海華德不像他的前任有和強悍政權打交道的豐富經驗，一下子就被嚇倒。他和傳瑩達成協議——BP將在6.1區繼續作業，但將會中止在5.2區的作業。傳瑩扳回一城。

這就是葛瑞琴．衛金斯兩個星期後到頭頓履新時承繼下來的爛攤子。BP已經和（代表越南政府的）越油公司簽訂合約，而美商康納可菲力浦石油公司（ConocoPhillips）也承諾要在5.2區進行調查和探勘作業。從維基解密（Wikileaks）發表的美國外交電文看來，BP直到六月八日取消了公司二〇〇七年工作計劃時，才把海華德對傳瑩的承諾告訴它的合作夥伴。康納可菲力浦和越油公司豈肯善罷甘休、讓BP毀約。衛金斯發現自己身陷一場法律和地緣政治風暴當中。六月十三日，BP停止其計劃中的地震調查的消息傳了出去。後來兩天，英國駐河內大使羅伯．高登（Robert Gordon）和康納可菲力浦公司代表都來拜訪美國大使麥可．馬林（Michael Marine）。馬林對會面的記載（維基解密所發表）顯示，康納可菲力浦公司抱怨說，儘管BP停止調查工作，越油公司卻要求它履行工作合約。高登大使告訴他，英國將派外交部高級官員來和越南政府談判。[23]

既然BP已經向中國壓力屈服，康納可菲力浦公司沒有辦法，只好跟進也低頭。它在中國的投資雖比BP小，仍然十分龐大，包括在香港南方的西江油田，以及在渤海灣的蓬萊開發案。北京食髓知味，擴大進擊。同一個月，外交部向日本政府提出抗議，指日商出光興產（Idemitsu）*、日本石油（Nippon Oil）和帝國石油（Teikoku Oil）參加的一個財團，計劃在5.1b和5.1c區（位於BP作業區隔壁）進行地震調查工作。根據維基解密揭露的美國駐東京大使的報告，日本政府選擇不和北京在這個議題上傷和氣，這個日本財團在七月間停止其計劃。[24] 二○○七年八月初，雪佛龍石油公司（Chevron）的高階經理人被請到中國駐華府大使館談話，要求該公司停止在越南122區的探勘工作。下個星期在北京另一次會談中，中國以更強硬的態度重申它的要求。這個要求實在很過分。122區就在越南外海邊，而且在它的大陸棚上。可是，雪佛龍才剛和中國石油天然氣股份有限公司（PetroChina）就四川省天然氣簽了一項十分大的協議，可經不起損失。當月月底，它停止了在122區的作業。[25] 九月八日，中國駐休士頓總領事館發函給另一家石油公司帕果石油公司（Pogo），要求它停止在124區（位於122區南方五十公里）的作業。

傅瑩顯然非常高興BP的知所進退，因為她在二○○七年八月三十一日特別跑到BP在英格蘭西南角蔚奇園（Wytch Farm）的岸上石油生產基地參訪，還表示「雙方可以多交流和合作」。對於她的到訪，BP也不尋常地由亞太部門最高主管約翰・休斯（John Hughes）親自接待。休斯特別提到BP希望與「中國大型石油公司進行策略合作」。[26]但是北京還未完全放過BP。其下一步是試圖利用BP來威逼利誘越南政府在主權問題上面讓步。根據BP一位高階內圈人士的說法，中國政府「建議」BP協助中海油和越油談判關於5.2區及其隔壁的5.3區的共同開發事宜。中海油兼具利潤及政治的動機：中海油總經理傅成玉素以雄心勃勃著名。中海油在北京的總部隔著朝陽門大街十字路口就和傅瑩的頂頭上司外交部相望。二〇〇七年和二〇〇八年，雙傅聯手顯然就是同一政策的陰陽兩面。

實際上這是中海油第二次強迫BP當牽線紅娘：過去在二〇〇三年就試過一次。當時，BP把中海油介紹給越油就不管了。越油客客氣氣地以幾個月時間和中海油大致交換意見，然後明白表示：歡迎中海油做商業夥伴，但是它不可能成為越南油區的共同管理人。二〇〇七年中海油舊調重彈時，傅成玉腦子裡的目標相當明確：他看中了5.2區和5.3區。就和藍道爾・湯普生十五年前代表克瑞史東的提議相似，它將是打著「共同開發」旗號掩飾的工作協議，等於暗示承認中國對於爭議地區之內的資源享有主權。而且這一次他可不准BP在討論過程落跑。實質上，要利用它做為中國外交政策的武器。

在BP的倫敦總部，自湯尼・海華德以下一干高幹顯然盲目無知它今天所處的情勢之歷史

* 譯注：日本第二大石油公司。

和地緣政治。公司的作法持續按這是另一項合資項目來辦，認為中海油會以商業協議為滿足，主權爭議可以交由政府去處理。它沒有理解到重點就是主權爭議。一年多來，葛瑞琴・衛金斯和其他高階主管穿梭往來河內和北京，在兩大國營石油公司之間傳話遞信。BP提議換個新區塊開發，可以讓雙方都賺錢的計劃，也自信握有勝算。BP甚至把衛金斯的職銜改為「越南及中國探勘與生產董事總經理」。不用意外，這麼做不會有進展。越南不會在主權上面讓步，而中海油志不在商業協議。海華德及其團隊隔了好幾個月才恍然大悟。他們現在對墨西哥灣出現的巨大新油田更感興趣，對他們來講，東南亞淪為次要。

衛金斯和BP的亞洲主管想方設法停損。他們曉得已無法達成合約所要求的在二〇〇八年底完成地震調查的責任。因此，當年年初BP和康納可菲力浦悄悄地把5.2區和5.3區的管理權移轉給越油。他們繼續擁有對此區塊的權利，但是這樣的安排代表他們可以避免派自己的船隻進入爭議水域。二〇〇八年五月十三日，衛金斯向新到任的美國駐河內大使麥可・米恰拉克（Michael Michalak）簡報此一安排，也告訴他，BP和康納可菲力浦不打算告訴中國政府管理人換了。[27]兩個星期之後，越南最有權勢的政治人物、共產黨總書記農德孟前往北京訪問三天。團員之一是越油董事長，他和中海油總經理傅成玉也進行私下對話。傅成玉不久即到河內訪問，並與越油談判，但是依然不能突破。越油接管調查的新聞在七月間傳出來，但是中方似乎忙著即將開幕的北京奧運會而無暇就此採取任何行動。[28]

衛金斯已經受夠了。天然氣田開發案已經擱淺，她的本事可不包括地緣政治談判。她在BP越南再待下去，只會蹉跎歲月，因此她在二〇〇八年七月辭職，捨巨型公司中階主管的職位、到相對較小的馬拉松石油公司（Marathon Oil）擔任要職，職銜是國際生產事業部副總裁，至少這家公司少涉及主權爭議。接替她職位的是美國人路克．凱勒（Luke Keller）。凱勒是BP子公司大西洋富田公司前任總裁，有豐富的經驗與立場強硬的政府官僚，如德克薩斯州和亞塞拜然共和國，斡旋。但是這時候BP高層已經醒悟他們沒搞頭了，二〇〇八年十一月底他們告訴越油不玩了，BP要退出。它悄悄地把它在5.2區和5.3區的權利無償讓渡給越油，全面沖銷投下的兩億美元投資。這個決定逼得康納可菲力浦也在十二月跟進，完全退出。傅瑩大獲全勝。

BP能夠另有不同應對招數嗎？另一家石油公司——全球最大石油公司——的經驗顯示它是可以有不同的招數。艾克森美孚也遭到中國當局威脅——可是不理睬它們。多年來，艾克森美孚在打入中國市場方面沒有BP成功。它唯一一個大型投資是在福建的一家煉油及石化工廠持股百分之二十二點五。當地的美國領事館認為，這個計劃的主要意義在於「他們給予中國政府的關係和潛在的政治資本」，而不是艾克森美孚能有什麼重大貢獻。即使這個計劃的地點——與台灣隔海相望——也被認為是中國在一旦兩岸發生危機時可用以在外交上牽制美國的一著棋子。[29] 艾克森美孚也有其他的牌可打。中國迫切需要增加天然氣的供給，而艾克森美孚正在中國東北邊境外、俄羅斯的庫頁島（Sakhalin）開發巨型計劃。它的俄羅斯夥伴「俄羅斯國營天然氣公司」

（Gazprom）希望天然氣供應國內需求，可是艾克森美孚主張出口外銷。北京不能太冒犯艾克森美孚。同樣重要的是，與英、日業者截然不同，艾克森美孚有美國政府在背後撐腰。

二〇〇八年一月，新任探勘主管羅素．柏柯本（Russel Berkoben）到越南就職。他在艾克森美孚服務已歷三十二年之久，曾經一度在中國主管探勘業務。隔沒多久，艾克森美孚即與越油公司簽署備忘錄，預備開發156區至159區這片地帶。這些區塊是迄今為止越南所簽字出租者離越南海岸最遙遠的區塊。159區的東南角離越南海岸超過五百公里——深入到爭議水域。艾克森美孚也認真談判包租就在越南中部海岸不遠的117、118、119區。二〇〇八年七月二十日，香港《南華早報》記者葛瑞格．托羅德（Greg Torode）報導，中國駐華府外交官向艾克森美孚提出警告，指該公司在中國大陸的商業前景堪憂。[30]托羅德的消息來源是歐巴馬政府的某位資深官員，他則是從艾克森美孚一名高階主管的簡報獲悉此事。

到了八月底，中國似乎要翻臉了。艾克森美孚計劃中的一項合資工程要在香港興建十億美元的液化天然氣廠，突如其來地被取消。公司經營層告訴美國外交官，他們不認為越南開發案是原因——地方環保人士強烈反對此一計劃——但是看起來很像是中國在兌現它的威脅。接下來，挺諷刺的是，艾克森美孚被越南人懲罰，其原因竟然是因為它被中方懲罰。艾克森美孚已經和越油為四個區塊（129至132區，位於156至159區和海岸中間的地帶）談判了一年多，但是二〇〇八年十月，越油把它們批給了俄羅斯國營天然氣公司。柏柯本告訴米恰拉克大使說，越油怕艾克森美孚屆時會在北京施壓下抽腿，因此不和艾克森美孚簽約。[31] 二〇〇八年七月，俄羅斯外交官告訴美國外交官，中國對俄羅斯公司沒有施加任何壓力——想必越南當局也會知道才是。[32]

艾克森美孚不是無畏中國恫嚇的唯一一家公司。印度的ONGC Videsh能源公司（它是BP在6.1區的合夥人，另外也承租了127區和128區）、韓國的韓國國營石油公司（Korean National Oil Company），以及在中國沒有太大投資的小型公司——如英國的首相石油（Premier Oil）、加拿大的塔里斯曼能源（Talisman Energy）——也都不甩中國的壓力。北京也用別的方法施壓。二〇〇七年十月，新加坡珍珠能源公司（Pearl Energy）財務長麥克・布魯士（Mike Bruce）接到中國大使館來電。這位中國外交官告訴布魯士：「貴公司疑涉在中國海域不法探勘，請你撥冗到大使館一談。」布魯士不肯去，反而邀請中國方面來訪問他。隔了幾天，中方來了幾位代表，告訴珍珠能源的高階主管，他們曉得該公司有一艘調查船在6.94區（它幾乎包圍住BP的6.1區）作業。根據布魯士的說法，他們「威脅要對新加坡政府施壓，因為珍珠能源是在新加坡證交所掛牌上市公司」。但是布魯士告訴他們，珍珠能源已經不在新加坡上市，一年前就被阿布達比的阿巴能源公司（Aabar Energy）併購。他們的臉垮了。帶隊的那位女士訥訥地說：「喔！這樣子的話，情況就不同了。」珍珠能源公司從此以後再也沒見過他們。

到了二〇〇九年初，唯一一家在中國有投資，且在越南外海探勘的公司就是艾克森美孚。六月三十日，它和越油公司簽署一份兩組區塊（東南方的156區至159區，以及峴港外海的117、

118、119區）的生產分享合約，使它成為越南外海油氣田租地面積最大的公司。一個星期前，柏柯本就到河內美國大使館去解釋，簽字儀式要「悄悄」舉行以免惹惱中國人。他承認不確定中方會有何反應，但是也說如果中國有所反應，艾克森美孚「已有準備」。一年半以後，柏柯本有了收穫，公司二〇一一年十月在118區發現潛在巨大的天然氣儲存。其他區塊的探勘工作仍在繼續中。

除了艾克森美孚以外，每家石油公司都必須在中國或者其他國家主張主權之海域營運之間做選擇。康納可菲力浦在二〇〇八年十二月退出5.2區和5.3區，但仍保留緊鄰著越南海岸的兩個區塊之權利，換句話說，遠離會和中國有糾紛的是非之地。二〇一二年二月，它完全退出越南，集中精力在其他更賺錢的項目上。雪佛龍保留它在122區的百分之二十的權利，但停止在區內一切活動；到了二〇一三年初終於全部出清。北京顯然很欣慰雪佛龍的識趣，因為它在二〇一〇年把南海北部地區海南島附近三個區塊的權利賞給了雪佛龍。[33]二〇一四年夏天本書截稿時，據報導稱，雪佛龍要出脫它在越南還剩的投資——越南西南海岸之外、鄰近印尼及馬來西亞海上疆界的兩個區塊。

BP繼續在越南營運，經營它原本自6.1區將天然氣轉化為電力的作業。可是，二〇一〇年七月，湯尼．海華德在墨西哥灣的搖錢樹出了大紕漏。在「深水地平線」（Deepwater Horizon）爆炸、漏油事件之後，BP突然急需三百億美元支付賠償。二〇一〇年十月十八日，BP把它在越南和委內瑞拉的權益做價十八億美元，出售給合資事業TNK-BP的俄國夥伴。或許它覺得俄國人頂擋得住中國的壓力吧。BP還有棘手的任務要借重路克．凱勒。他被任命為BP墨西哥灣海岸復原組織（Gulf Coast Restoration Organization）執行副總裁——協助清理爛攤子。在出售給俄國人之前幾週，即二〇一〇年九月二十一日，湯尼．海華德再度拜會傅瑩。她在倫敦表現優異，被擢升為中國外交部副部長。海華德帶他的接班人鮑布．杜德雷（Bob Dudley）去拜會。這是海華德在BP的最後幾件公事之一。九天之後，他再也不是BP執行長。

傅成玉則不升、也不貶。儘管費盡心機，中國海洋石油總公司還是得不到南海遠處的潛在的石油資源。它這位野心勃勃的負責人得不到政治獎賞。二〇一一年四月他得到的安慰獎是調到和中海油競爭、可又績效不佳的中國石油化工集團公司（Sinopec，簡稱中國石化）——亞洲最大的煉油企業。傅成玉的生意長才是受肯定的：在他主持期間，中海油的獲利翻了兩番；中國共產黨覺得他比較適合在業界發揮長才，不要讓他搞地緣政治了。

闖關

到了二〇一〇年底，北京的努力已迫使BP和康納可菲力浦停止在「U形線」內的探勘活動，而海洋地震聯合作業也建立起中國喜愛的替代方案之先例。然而，菲律賓的新政府，以及越南、汶萊和馬來西亞原有的政府卻不肯在主權問題上退讓，而潛在獲利的誘惑仍很強大、大到足以吸引不畏中國壓力的其他公司，到這片是非之地一試身手。北京已經祭不出商業招數，現在要伸張主權必須採取更強硬的手法。

二〇一一年三月二日、星期三，地震調查船「真理航海家號」（MV *Veritas Voyager*）（船主是法國地球物理學業者CGG Veritas公司）發射強大的氣槍飛越禮樂灘，這是離巴拉望大約一百六十公里的一塊淺海地區。四條兩千七百公尺長的水下監聽器電纜拖在船後方，搜集數千公尺底下海床岩石層所傳回來的音波。菲律賓武裝部隊西部司令部司令沙班中將坐在巴拉望省會普林塞薩港的作戰指揮中心中，心懷忐忑等著會發生狀況。真理航海家號進行調查工作已超過兩個月，海巡部網站早已貼文警告它的活動。船員在二月二十八日發現一艘中國船隻，次日來了不速之客。中國海監總隊一艘船艦來到距真理航海家號不到一百公尺之處，命令它立刻離開。

真理航海家號受雇於一家在英國註冊的「論壇能源公司」（Forum Engery，其實是菲律賓人的公司）。二〇〇五年，也就是前文所述的海洋地震聯合作業即將開始之時，論壇能源公司剛從另一家英國公司史特林能源公司（Sterling Energy）手中接管一塊探勘區——正好位於海洋地震聯合作業區域的正中央。艾杜阿多．馬納拉克向中方保證，論壇能源公司的探勘租期已屆滿，不會讓它續約。可是，菲律賓政府裡其他官員被論壇能源公司的遊說所影響，二〇一〇年二月十日，它的租約升級為全套的服務合約SC-72號文件。馬納拉克氣炸了，論壇能源公司則歡欣鼓舞。初期勘查認為區塊內的桑帕吉塔（Sampaguita）附近有三兆四千億立方英尺的天然氣。現在只需要搞定確切在哪裡開鑿。

真理航海家號進行調查期間，論壇能源公司總裁雷・阿波斯托爾（Ray Apostol）每天都和沙班將軍聯繫。三月二日，他很驚慌地打電話給沙班。中國海監七十一及七十五號這兩艘海監船穿越真理航海家號船首，命令它離開。他告訴沙班說：「我們要打包閃人了！」沙班告訴他指示船員原地不動，並緊急調派兩架無武裝的OV-10偵察機飛過去。等到它們兩小時後飛到現場，中國海監船已經開走了。接下來，他派「黎剎號」（BRP *Rizal*，一九四四年建造的掃雷艇）和「拉加胡馬蓬號」（BRP *Rajah Humabo*，一九四三年下水）兩艘軍艦前往護航。兩艘船雖老，卻足以讓中國海監船在未來七天不敢欺近真理航海家號，讓它能夠進度提前、完成調查。

十二個星期之後，中國海監船在南海的另一邊用上比較有侵略性的戰術。越南石油公司和CGG Veritas合資事業旗下的海研船「平明二號」（*Binh Minh 02*），正在越南港口芽莊之東一百二十公里的148區作業。二〇一一年五月二十六日，十二、十七和八十四號三艘海監船出現在地平線、圍了上來。有兩艘拖網漁船護著平明二號，但是它們保護不了它背後拉著的一萬七千公尺長的纜線。海監84號故意駛過纜線、把它割斷。對越方而言，萬幸的是，這條數百萬美元的水下監聽器電纜配備著緊急浮出設施，使它能浮上水面修復。損害經修復後，平明二號下個星期就又出海作業，這次有八艘船護衛。

兩個星期後，另一艘研究船——這次是由越油和加拿大塔里斯曼能源公司共同委包——又在136-03區，即越南聲稱的專屬經濟區最東南角，遭到攔截。這個區塊正好位於康納可菲力浦公司二〇〇八年所放棄的那三個區塊南方，並且包括了一部分藍道爾．湯普生的WAB-21區。這艘研究船「真理維京二號」（*Veritas Viking 2*）也是CGG Veritas旗下的船隻。不過，這一次攻擊者不是中國海監總隊，而是漁政指揮中心的船隻。這一次中方大費唇舌來合理化它切斷纜線的行為。中國一小支漁船隊出現在勘查地區，雖然遭到一艘越南海巡船要求離去卻不甩警告、依舊逗留不去。次日、即六月九日，漁政303號和311號駛過真理維京二號船首，拖網漁船62226號駛過它背後的水下監聽器電纜。漁船纏上它的纜線，被倒拉著走。漁政船衝過來救漁船、砍斷水下監聽器電纜，中方日後辯稱這是自保行為。

二〇一一年上半年這三起事件在東南亞及其他地區引爆各方抨擊中國的「霸凌」行為。後來又發生四起事件：二〇一二年十一月三十日，平明二號纜線在113區（靠近西沙群島、出租給俄羅斯國營天然氣公司）第二度遭切斷；二〇一二年八月二十一日在婆羅洲外海馬來西亞專屬經濟區的兩起事件，和二〇一三年一月十九日的又一起，都是中國政府船隻攔阻石油調查工作。[34]有些人以中國海上執法機關的行動，一口咬定這是中國敵意意向的證明。他們也提供更多的證據說，中國的中海油、中國海監總隊、漁政指揮中心等機構視「U形線」為中國對百分之八十的南海提出主權主張。所有事件均發生在遠離任何中國主張的地貌，因此不能拿來與依據《聯合國海洋法公約》提出主張相提並論。批評聲浪大熾之下，北京領導人似乎體認到海監、漁政指揮中心做得太過火。二〇一三年三月，中國政府宣布計劃把林林總總的海事機構統合為一，不再政出多門。這些單位包括國土資源部的國家海洋局，及其下屬的中國海監；公安部下的中國海警；交通運輸部的海事局；農業部的漁政指揮中心；以及海關總署。此後，至少直到本書截稿時，再也沒有發生事故。

這個策略是否成功呢？在越南，它是失敗的。切斷纜線並不能阻止繼續探勘，塔里斯曼能源公司預料將在二〇一四年底在136-03區鑽孔。可是，在菲律賓，它就相當有效。論壇能源公司一直未能在禮樂灘探鑽，而且菲律賓軍艦老舊無力實質保衛其主權主張，中國現在實質上已對此一地區之開發建立否決權。論壇能源公司的經營層與中海油交涉良久，迄至本書截稿時仍無突破的跡象。菲律賓政客現在面臨的選擇是：在主權立場上退讓以便增進能源安全？或是堅持領土主張、以便日後取得百分之百的資源，還是現在就妥協、希望更快取得一部分資源？

騎虎難下

中海油和北京的其他機關費盡苦心想要取得南海地區碳氫化合物資源。但是如此的努力，他們可能得到什麼收穫？想得到對南海石油及天然氣潛能真正不偏不倚評估的最好地方，或許是新加坡舊堤岸的黑便尼酒吧（Penny Black Pub）。這是一個嘈雜、喧鬧的啤酒屋，客人的話題一直是各式各樣的體育競賽。但是喧鬧中卻另有一番對地質結構的深刻知識。黑便尼酒吧的常客是一小撮研究東南亞海域歷數十年之久的地質學專家和地球物理學專業顧問。他們大半是四、五十歲的英國人、「東南亞石油探勘學會」（Southeast Asia Petroleum Exploration Society）的會員；這些人的雇主大概無一不曾試圖在南海地區尋找石油或天然氣。他們看過數十家公司興沖沖一頭栽進來，可是大多數鎩羽而歸。他們幫過一些公司賺了錢，也幫助其他公司理解到天底下不會有天降橫財這一回事。他們靠的就是維持住商業信心來過活，且由於動輒涉及數十億美元的投資，話不能說得太白，但是你從他們閃爍的眼神、緊皺的眉頭之間總能挖到一點玄機。

這些專家的集體智慧令人驚訝。他們相信南海爭議地區其實並沒有那麼多的石油和天然氣。南海絕大多數的資源不在「U形線」之內。在中國主張的區域內是有一些優質油田及值得一試的地點，但是黑便尼酒吧的地質學家們認為這些可能性並不值得各國大動肝火、兵戎相見。若想要正確掌握這個問題，必須有地質學上的專業知識，但是灌了幾杯黃湯後的速成教育告訴你，地震學調查的重點是尋找三樣東西：含有碳氫化合物的源岩（rource rock）、供它們聚集的儲油岩（reservoir），以及確保它們不會流失的頂蓋岩（seal rock）。南沙群島只有少數地方具備這三樣東西。在地質學上所謂的「中新世」時期，即三千萬年以前，大型礁岩在海底形成，且當地殼移動、海平面下降，這些礁岩愈長愈高，形成厚厚的碳酸岩（carbonate rock）層。這些碳酸岩有孔隙，早期或許形成的油與氣有可能已經蒸發或流失。當碳酸岩層厚達三千公尺時，很難正確勘探它底下有什麼東西。若沒有確切的勘探，誰肯冒險投注數以百萬美元計的巨資去挖一口井？

在爭議地區中心甚至有雪上加霜的新聞。在大陸棚末端，海床突然從水下兩百公尺急降到兩千公尺，有些地方甚至深達六千公尺。經常在黑便尼酒吧廝混的瓊．沙瓦吉（Jon Savage）對南海瞭若指掌，他多年來參與數十個項目，其中包括論壇能源公司在二〇一一年被迫中斷的調查。他對海底的狀況做了什麼樣的裁判呢？它大多是海洋地殼、沒有含油氣的源岩、也沒有足夠的儲油岩、更沒有可以防止它漏失的頂蓋岩。二〇一三年十一月他在胡志明市一場會議上宣稱：「沒有潛藏的碳氫化合物。」[35]業界幾乎人人都同意這個定論。那麼為什麼中方人士一再高唱相反論調呢？

答案似乎是教條思想和投機主義兩者的惡性循環。在一九八〇年代中國初步調查引起的大肆渲染，以及重要黨政機關奉命替國家取得新能源供應之後，許多人的仕途已和證明南海是能源寶庫綁在一塊了。例如，一九九四年九月，國家地礦部部長宋瑞祥宣布，南沙群島「石油潛力上看三百億噸」（約等於兩千兩百億桶）。[36]一旦這些官方人物宣布此一數字為真——而且它是國家危機的解決之道——其他官員就很難指正他們胡言亂語了。中國海洋石油總公司奉命開發這些巨大的石油儲藏，成為在體系內擴大宣稱南海潛力的強大聲音。儲存量顯得愈大，它向國家爭取愈多經費預算也更加振振有詞。

但是，「資源」和「儲存」之間有極大的差異；前者是躺在地底下的東西，後者是可以開採的部分。通常只有約三分之一的「資源」技術上可被汲取到水面上，且只有十分之一左右具有商業價值。對於南海碳氫化合物潛力最近最權威、最透明的評估，來自二〇一〇年六月的美國地質學調查（US Geological Survey），以及二〇一三年二月美國能源情報局（US Energy Information Administration）的研究。能源情報局估計，南海只有一百一十億桶石油和一百九十兆立方英尺的天然氣是商業上可行的儲存量。它的數量大約等於墨西哥的石油，以及等於俄羅斯以外的歐洲的天然氣。[37]根據對該地區地質的了解，美國地質學調查估計尚待發現的資源約為一百一十億桶石油（估計最低值是五十億桶、最高值是兩百二十億桶），以及四十億桶「液態天然氣」——合計是一百五十億桶。美國地質學調查估計，未發現的天然氣資源可能更大——大約在七十兆至兩百九十兆立方英尺之間。換句話說，未發現的資源數量可能相當於目前的儲存量。[38]

可是這些數字指的是整個南海地區，包括明確位於各國專屬經濟區內的部分。只有一小部分位於爭議地區之內，也只有其中之一可以商業開採。這些藏量可以對菲律賓或越南這類小而窮的經濟體產生極大的影響。但是鑒於中國每年耗用約三十億桶石油、以及約五兆立方英尺天然氣，南海的儲存及資源根本不值得花這麼大的勁在它們身上。即使每一滴油、每一氣泡天然氣全送到中國去，它們最多也只能支撐中國的經濟區區幾年。南海的地質很艱難，它又經常颳颱風，支援的基礎建設開發的也不夠。湯尼．雷根（Tony Regan）原本是殼牌石油公司高階主管，現在住在新加坡擔任能源顧問。他對南中國海能源的商業前景有很率直的評語：「對於大型石油公司而言，這個區域從來就不是那麼重要，而且它們現在也不認為它會是下一個寶地。還有別的更有吸引力的地區──例如西澳大利亞和東非洲，當然還有煤層和頁岩等非傳統天然氣。[39]換句話說，除了把南海搞得天翻地覆，中國還有更便宜、更可靠的方法緩和對能源安全的恐懼。

本地區所有的國家都很關切它們的能源安全。需求在上升，但產量卻在下降。外海開發已因領土爭議延宕下來，東南亞沒有發現足夠的新油田以取代產量下降的舊油田。結果就是從區域之外大量的進口能源。南中國海現在對於哪些經過它運送的碳氫化合物的重要性，恐怕遠超過躺在它海床下的能源。二〇一三年，美國能源情報局估算，全世界三分之一的石油和二分之一的液化天然氣要經過麻六甲海峽，運到中國、台灣、韓國和日本。平均而言，每天必須有兩艘非常大型原油貨輪（每艘載運量兩百萬桶石油），和兩艘大型液化天然氣貨輪（每艘載運量二十萬立方公尺）抵達日本，才只夠日本點燈之用。[40]東亞和東南亞所有的國家都經受不起供應受到干擾。二〇〇八年，石油占中國全部耗用能源的百分之二十二，這些石油有半數由國外進口，而進口石油的百分之八十五要經過麻六甲海峽。換句話說，幾乎百分之十的中國能源供應要跨越南中國海。自從二〇〇八年以來，這些數字還在上升，估計也還會繼續攀升。[41]

自從李鵬在新加坡發表談話以來已經過了四分之一個世紀，中國領導人對其能源問題的對策是假定中國必須實質控制住資源，以便依賴它們。從授權克瑞史東、到海洋地震聯合作業、到在「U形線」內作戰，都是根據這個模式。其實還有別的方法。降低對海上主權主張的緊張可以讓各國政府有更大的信心去相信自由航行權將受到保護。對於本區域能源供應採取比較合作的方法，或許可以使所有國家在它自己的專屬經濟區開發資源，然後讓能源公司把能源銷售到任何需求最大的地方。然後各國政府會更願意信賴他國保障其能源供應安全送達，而不是透過武力來壟斷它們。但是南海周邊各國的怒火已被激起，折衷妥協顯得愈來愈不可能。

第六章　殖民與民族：誰是朋友？誰是敵人？

想像的共同體

聚集在河內歌劇院附近的民眾人數不多，但怒氣沖天。但是它能集合起來，可就非常不簡單了。前幾天，臉書上已經群情激昂，不過越南政府也忙著部署。一個星期前，中國船隻第二度弄斷平明二號海研船的監聽纜線；一個月前，北京推出新護照，上面有一張主張南海主權的「U形線」地圖。但是在越南要公開表達抗議仍有許多限制。鄰里長監視著後街小巷、總編輯緊盯著他們的報紙，而「監督機關」也密切注視所有的公民團體。人民會竊竊私議、人民會發牢騷，但人民大體上不會走上街頭挑戰共產黨的統治。[1]

網路卻是另一個世界。尤其是臉書會讓冤屈加倍擴散。黨也緊盯著這個世界，但是它在逞口舌之快與付諸行動之間畫了一條明顯的界線。二〇一一年十二月九日，這條線被跨過了。部落客、鄉民都認為必須要有公開行動才行。距越南第一次公開為南海問題爆發抗議幾乎正好五年之後，他們決定再度走上街頭。他們希望在法國人蓋的舊歌劇院的台階舉行抗議，但是共青團以超快速度申請在同一地點舉辦活動。廣場已經搭了舞台，他們無奈也只能移到邊上的林蔭大道長前街去舉行。在十二月微涼的氣溫下，行經小店、小咖啡館，行經還劍湖岸，行經奠邊府大街的大型舊豪宅，一路走到中國大使館，其實也是滿舒適的散步。

這支隊伍雖然龍蛇雜處、三教九流都有，但基本上秩序井然。兩百人，以越南任何一種抗議活動來講，規模都不算小了。他們抬起大型專業製作的旗幟，上有越南文和英文標語，許多人穿的恤衫是在「U形線」地圖上打個大X，而且齊聲呼口號。有些人是「No U FC」社團成員；這個反中組織因為怕遭到當局騷擾，組個足球俱樂部做掩護，以方便合法集會。俱樂部名字即是「反U形線」，FC可以是足球俱樂部（Football Club）的英文縮寫，但也可以是「去你的中國」（Fuck China）的縮寫。有人敲鑼打鼓，但是隊伍裡有位七十四歲的小提琴家謝智海（Ta Tri Hai），則以高唱愛國歌曲鼓勵群眾。然而，有些知名人士卻無法到場聲援。比如，鼓吹反貪腐的黎賢德（Le Hien Duc）當天一大早就有公共部人員登門拜訪她，於是只好乖乖留在家接待不速之客。

許多公安人員沿長前街戒備，以防爆發反社會活動。許多人穿著鮮綠制服，也有不少便衣人員散布其間。有一輛警車想穿過群眾，但是群眾堅持不讓。他們高喊反對中國侵略，宣稱「西沙、南沙，屬於越南」，堅持政府應該誓死保護國家領土。一小群外國記者到場採訪，把他們的聲音傳播到全世界，但是情勢很明顯，政府並不允許抗議群眾完成他們的星期日散步。

警方堅持遊行民眾解散。遊行民眾則反嗆警方應該離開，但警方調集更多人員。制服警員守住，便衣人員則強押約二十名遊行民眾上了一輛徵用的市營巴士、把他們載到首都市郊十五公里外的祿何（Loc Ha）看守所。其他遊行者識趣退走。中國大使館再也沒受到民族主義者喧鬧包圍。這場抗議活動、以及南方胡志明市類似的一項活動，其新聞和影像傳遍全世界。編輯或許會說，這是一則很有看頭的「圖片故事」。

在接下來的星期二上午，媒體總編輯例行性和新聞部官員舉行每週一次的會議，卻被斥責在處理越、中關係新聞上顯有不當。他們被罵在報導平明二號事件時，注入「反中情緒」，忽略了原先要他們「堅守事實」的指示。群眾情緒被挑撥起來，完全是他們的過錯。越南當局相當苦惱的問題是，不論他們把多少家傳媒「消音」、抓了多少異議分子，反中情緒有增無減。外界無法公開或確切衡量這些事情在越南的嚴重程度，但是自從二〇〇七年以來，南海問題至少已有十多次讓河內和胡志明市民眾走上街頭抗議。如果說只有少數人願意冒被逮捕、懲罰的風險，可以肯定的是更多人有反中情緒、只是沒有勇氣參加有組織的抗議活動。「東海」——越南人給南中國海取的名字——的命運，以及有關中國陰謀顛覆越南的指控，經常在網路上引爆仇中的民族主義怒火。

三十多年前，專門研究東南亞的歷史學者班納迪克・安德遜（Benedict Anderson）對十九、二十世紀民族主義的崛起提出一個解釋。他談到「想像的共同體」（imagined community），即新崛起、有意識的國家公民開始覺得和他們從未見過面的同胞有一種情感結合，這種情感結合強烈到他們願意為了保護它而殺人或殉道。他把這種想像的共同體之興起，歸因於經濟開發和它所建立的自我定義的可能性，歸因於全國性媒體傳媒的創造，以及與說不同語言、循不同風俗的其他人的確有別的感受愈來愈清晰明確。

二十一世紀初，東南亞沿岸新一波的民族主義正在創造新的想像的共同體。經濟開發、新的媒體技術、希望自我表達的新願望——這些都是和上個世紀推動反殖民的民族主義相同的力量

——正在推動嶄新的民族主義。然而，這一次這些共同體在自我界定時所要反抗的「他者」，並不是遠方來的帝國主義者，而是自從上古以來即緊密相連的鄰居。網路鄉民宣稱他們願意為國家的光榮、為少數幾塊幾乎無法住人的岩礁而拋頭顱、灑熱血。現在在東南亞有千百萬人相信，唯有他們自認他們所從屬的想像的共同體比對手來得強，他們做為人類的認同意識才算圓滿。毫無疑問，民族主義十分強烈——但是它是否是驅動南海主權爭議的實際力量？對於這些民粹主義激情的語言細加檢視之後，我們發現真相更加複雜。

越共與中共

現代越南民族主義或多或少以反中來定義自我。越南大小城鎮主要街道大多以反抗中國人的人物（不論是真人或神話人物）命名：例如，二徵夫人是西元前四十年領軍叛變的徵氏姊妹徵側、徵貳；吳權是越南人公認在西元九三八年，第一位領導國家脫離中國的統治者；李常傑在一〇七六年與宋朝作戰；陳興道於一二八四年擊敗蒙古人；黎利即黎太祖，一四二八年擊敗明朝；阮惠即光中皇帝，一七八九年擊敗清朝。這些大多是時代錯置的神話。兩國以今天越南和中國邊界首次交戰是一九七九年。早先的衝突是地區性統治者、叛亂、軍閥、傀儡和豪族彼此之間的交鋒。他們所講的語言既不同於今天的越南話，也未必就和敵人的語言不同。可是在今天的越南，所有這些偉大的戰爭都被用來證明他們有成功抵抗北方的「中國」(Trung Quoc)帝國主義野心的長久光榮歷史。

從建築到烹飪，兩國之間的文化關聯相當明顯；可是在草根對於依然被稱為「曹」(tau)——這是一個貶義字，在英文裡可翻譯為「清國奴」(Chink)——的人之疑忌仍很強烈。偏見來自恐懼。越南人自認為比華人有創意、有文化，但是無法與打不進去的華人商業圈競爭。這個似乎封閉的社群，觸鬚遍布整個東亞，似乎註定要接管越南以及整個區域。

比較客觀的越南史觀或許就會承認與中國關聯的重要性，從第一批南島民族的時期，福建海商的到來，乃至一九八〇年代越南開始要拋棄史達林主義、而東南亞各地華僑湧入投資皆為其例證。越南共產黨政權能夠存在，是因為中國在二十世紀大部分年代給予它庇護和援助。意識型態的灌輸、火箭，與稻米從北京源源不斷運入越南。中國的補給供應幫助河內在一九七五年戰勝西貢奠立基礎。

對北京的政治債務很微妙地成了許多越南人「反華」的源頭，因為它其實隱含了「反黨」的成分。在河內市中心公然表態反對共產黨，肯定會被抓去吃長期牢飯。然而，透過批評北京的行動，抗議者可以既顯得愛國、同時又間接質疑共產黨的正當性，因為越南共產黨是透過中共的支持才上台掌握政權，而且迄今仍與北京的老大哥有許多強大的意識型態和實務上的聯結。但是許多忠誠的共產黨員其實也強烈批評中國的影響力。對某些人而言，這純粹是愛國，但是打「中國牌」也可以箝制政敵。藉由批評中國，他們也批評了黨內其他派系，因為這些人與北京有最強大的意識型態聯結，這些人也贊成加緊社會控制、繼續以國有企業主宰經濟，並且對西方有更加敵視的態度。

一九六八年，越南共產黨爆發激烈的一場內鬥，日後他們把它稱為國家應傾中、或傾蘇的大辯論。數十名高階幹部遭到整肅、甚至入獄。其實地緣政治之爭只是為了掩護其他的辯論：爭的是戰爭的策略、社會主義改革的步伐，以及其他一堆內部問題。從此以後，大凡有關越南未來的辯論，中國一直是個熱門話題——許多權力鬥爭打著它的招牌而打。在河內坦克車開進西貢總統府草坪之前，北京和河內的共產黨領導人已經失和。在中國人眼裡，越南人忘恩負義、過河拆橋。在越南領導人來看，他們才把國家從外國侵略下解放出來，中國的態度充滿了帝國的傲慢，他們可不希望又成為藩屬國家。雙方關係惡化到無以復加，一九七九年二月，中國（得到美國的政治與情報支援）決定「懲戒」越南，派兵進攻。解放軍損失慘重，但也摧毀好幾個越南邊境城市。兩國政府直到一九九一年才修好。

這些戰鬥之中的戰鬥延燒到今天——在長前街示威之後幾天，它就又爆發了。原本應該是秘密講話的紀錄竟然上了YouTube。這段一小時訓話的主角是越南國防部政治學院南海問題教官陳登城（Tran Dang Thanh）上校。聽眾是河內各大學高級行政人員，他們全是共產黨員。（在越南，不是黨員休想擔任高階職務。）陳上校的信息很直率：示威活動太多了，必須制止。他訓誠這些校長、院長和教授：「黨期待你們管好年輕人。如果我們發現你們學校的學生參加示威活動，我敢保證你們的紀錄會有汙點。」[2]

我們從談話中清楚看到越南情治機關的內心思維，平常這些東西在媒體上根本看不見。他開宗明義就提出警告：如果共產黨政權垮了，你們休想會有好日子過。陳上校告訴各位教授說：「保衛我們的國家和社會主義意識型態，涵蓋許多方面，其中有一件非常實際的事，那就是保護我們自己的退休金，以及我們後人的退休金。」訴求基本的自我利益之後，他又直率表明為何不宜和中國敵對。他說，「他們」有十三億人，「我們」只有九千萬人。他又說，固然我們絕對不應該忘掉在歷史上他們一再地侵略我們，「我們也不能讓人覺得忘恩負義」，因為中國在近代也為越南做出重大犧牲。他責備中國近來的行動是鄧小平政策遺緒，中國有「熊熊的野心」要主宰南海、要建立海上防線，又受到石油和天然氣的引誘。他說，越南現在的任務是維護國家獨立，但也要兼顧和平與安定。他主張，唯一的方法是避免衝突，鞏固越、中人民的團結感情。

對於每年必須把創造一百萬個新就業機會、以滿足人口成長與不斷升高的就業期待做為首要目標的領導層而言，主權爭議只會添亂子。越南共產黨煞費苦心避免刺激對北京的敵意。陳上校講話之後幾個星期，二〇一三年一月六日，有個民族英雄重新下葬在位在河內正南方的故鄉清化省。全國媒體詳盡地報導這則消息，但是，奇怪的是，怎麼就是沒人說他是怎麼殉國的；殺害他的人只被說是「流氓」——沒有交代其國籍。事實上，黎庭征（Le Dinh Chinh）是在一九七八年八月二十五日被中國邊境守衛殺害的，當時中、越兩國正處於越戰結束後雙方緊張關係上升的敏感階段。越南正在驅逐數萬名華人出境，於邊界地名挺諷刺的「友誼關」附近產生衝突。雙方民兵以棒棍、長刀爆發毆鬥，死了四名中國人、兩名越南人，十八歲的黎庭征即是死者之一。

接下來十年，兩國關係沒有好轉，黎庭征在越南被塑造為民間英雄。衝突過後四個月，國家出版社發行一本專書追悼他英勇的一生及為國殉難。學校和街道以他的名字命名，學童被鼓勵要效仿他的模範。可是，一九九〇年後河內和北京關係改善，黎庭征的故事失去了動員民眾的效用，進而成為河內政府尷尬不好再提的事。殺害他的人之國籍就從官方歷史上消除掉。

在越南，死者重新安葬是很尋常的事。初次下葬後幾年，撿骨、清理，放進骨灰罈，在適當的儀式下重新安葬。可是，時隔三十五年才重新安葬是很少見的事。由於媒體明白受到指示在報導中不得提到「中國」，網路開始流傳為什麼黎庭征要重新安葬的謠言和陰謀論。它們特別援引十八個月前就已經開始流傳的故事來申論。越中邊境的諒山省慶嵘市有一座巨大的戰爭紀念碑，碑文記載三三七師士兵在一九七九年「堅定地」阻擋了中國的入侵，可是碑文文字被刨掉了。

二〇一一年八月，網路鄉民傳布一張紀念碑的照片，它顯示碑文中「中國侵略」的字眼被刨掉了。可是，其實這張照片被動了手腳。全景是該紀念碑位於一項土木工程建設的正中央，它附近正在蓋新橋和公路。很有可能碑石是在施工過程中受損。但是由於當局不出面公開澄清，網民就一口咬定怯懦的越南政府為了向北京示好，下令刨去原有碑文文字。

黎庭征歸葬故里，從邊境重新安葬到數百公里之南的老家，導致越南最著名的一個「博客」阮友榮（Nguyen Huu Vinh）——情報人員出身、化名為讒道哥（Anh Ba Sam）——指控政府正在把所有可能象徵越南民族主義抗爭的事物，從邊界地區移走。事實上，或許的確就是這麼一回事。但是，也不無可能不是這麼一回事。但是越南政府的難言之隱是，一碰到越中關係，很少人相信它。他們下令媒體和教授制止討論這個議題，只會增進陰謀論四處流竄。不管政府的動機如何，他們的一言一行全遭到惡意解讀。

越南共產黨雖然在許多方面精明能幹，除了祭出陳年老辦法之外還真不知道如何回應這些挑戰。它通過新法令控制部落格（只是和舊法令一樣，根本沒有效用），也取締和海外反共組織互通聲氣的抗議分子。過去幾年搞過數十場公審。情治機關似乎很樂於承受無可避免的國際批評——用審判來達到「以儆效尤」的效果。也有人說，黨內的「親中」勢力其實很高興有這種批評，因為它阻止了西方政府太接近越南，也有助於他們掌控住國家。

全世界在二〇一四年五月都清楚看到，當抗議中國鑽井平台在西沙群島附近作業上升為暴動時，越南民族主義式的反中情緒肯定給共產黨領導人帶來麻煩。然而，它們沒有迫使它轉向和中國對抗。反倒是迫使越南共產黨與一部分自己的人民對抗。越共害怕抗議活動，因為它隱含著反黨的訊號，也有可能加劇甚而動搖其統治基礎。黨的首要目標是國內及國際事務的穩定，而不是表達意見的自由。但是贊成在國內享有表達自由和個人自由的人士，往往也是主張強硬對抗國外勢力最力的人。一邊主張和平，另一邊主張自由，兩者並無交集。

菲律賓的三角習題

場景搬到另一個城市，但是這一次有兩個團體，同樣憤慨，但譴責對象不同。二〇一二年四月十六日星期一的一大早，一場「閃電集會」襲向馬尼拉的海邊徒步區中，以菲律賓獨立後第一任總統之名命名的羅哈斯大道（Roxas Boulevard）。大約七十名菲律賓學生聯盟（League of Filipino Students）衝向美國大使館的高牆。大使館很牢固地蓋在馬尼拉灣的海埔新生地上：一八九八年美國在這片海域擊敗西班牙海軍，一躍而為世界大國。青年學生發現應該在使館外值勤的警員竟然在巡邏車裡呼呼大睡；掌握這個天賜良機，他們動手破壞帝國主義的象徵。他們向牆上投擲紅漆彈、藍漆彈，在牆面上噴灑口號，也進行了焚燒美國國旗的傳統儀式。少數激進分子跳進圍牆、動手拆卸大使館的銅字。等到鎮暴警察趕到，招牌已經變成殘破的：「*m*as** of the *ni*ed S*ates of *merica」。抗議民眾沒受到警方阻擋就逃跑了，酣睡的警員還沒醒過來。事情鬧完了，他也開車走了，顯然是渾然不知發生了什麼事。[3]事後他和他的上級都被指控怠忽職守。

六小時之後、七公里之外，在五光十色、車水馬龍的馬卡蒂（Makati）商業區，有一群同樣喧鬧、但守規矩的群眾圍聚在中國領事館外。這裡的警察沒睡覺，事先已掌握線報，因此抗議人士被引導到離開牆壁、招牌和帷幕玻璃的安全地帶。這裡比較有組織，或者說經費比較充裕。這幾十個示威者手上拿的不是自製旗幟或鐵橇，而是高舉著精心設計的牌子——像交通號誌STOP的形狀，要求「中國人滾回去！」、「不要侵犯菲國領海！」還有更大的不同：沒有吹鬍子、瞪眼睛叫叫嚷嚷的革命分子，攝影記者拍下的正妹可以讓第二天的版面增添亮點。

當天上午的馬尼拉，兩組菲律賓民族主義分子嗆聲表態。參加的人數微不足道，在一千兩百萬人口的大都會裡只需幾輛大巴士就載走了。對於敲鑼打鼓、拆大使館招牌的人而言，這個動作是在國家展現懾人實力之下，彰顯了十分寶貴的民族意識。攻打美國大使館的學生們刻意挑在美菲一年一度的「巴力卡淡」（Balikatan）聯合軍事演習——塔加洛語意即「肩並肩」——開始的這一天動手。在刻意展現團結之下，美、菲兩國六千多名陸、海、空軍和陸戰隊健兒將在全國各地海灘和軍事基地操練武藝和人道救援任務。另一方面，揮舞STOP招牌的正妹，卻是因為中國當局企圖併吞離呂宋海岸只有二百三十公里的黃岩島而義憤填膺。八天前，八艘中國漁船疑涉非法捕魚，菲律賓方面試圖拘押它們，卻爆發事件。中國海監船出現，阻止菲律賓海軍和海巡採取任何行動對付這些違反保育規定載了數百隻大蚌和大量珊瑚的漁船。馬尼拉政府在面對北京的力量時，一籌莫展的窩囊相暴露無遺。

但是在破壞美國大使館的示威者看來，馬尼拉的無能是他們被美國人宰制了一百年的結果。「拜揚」（Bayan）是一群激進左翼團體的同盟，菲律賓學生聯盟也是其中一員。在他們眼裡，美國的宰制對菲律賓國家前途構成的威脅，更甚於中國船隻的侵擾。拜揚這個塔加洛字，意即「國家」（nation）。當被要求傳達該組織的宗旨時，它的秘書長瑞納托・里亞士（Renato Reyes）說得很清楚：「左傾、民族主義、反帝國主義。」我和里亞士約在馬尼拉海濱充滿美國風情的小黃披薩酒館（Yellow Cab Pizza Parlour）會面。地點是他選的，它位於大使館附近，方便另一次示威活動，可又離醫院不遠，因為他稍後要去醫院支持其員工的罷工。

透過談話，我逐漸清楚就里亞士而言，社會主義和民族主義是如何交織在一起。他感嘆菲律賓人活得沒有尊嚴，只要國家活在美國的陰影之下，就不能真正地作自己的主人，而且每個菲律賓人都應該以這種二等地位為個人的奇恥大辱。「有位參議員很久以前把這形容為『托缽僧的外交政策』。你老是乞討剩飯殘羹、老是向老大哥美國求助，而過去半個世紀就因為這樣，我們沒有真正的開發或現代化。」里亞士一邊吃著義式美國風味菲律賓披薩，一邊闡釋他的觀點：這種依賴實為殖民策略的延續，要讓菲律賓持續淪為美國商品的市場，而菲律賓菁英就從維持著經濟和政治的現況中撈取回報。[4]「我們反對中國侵門踏戶，但是我們認為那是短期的。長期的、更大的威脅是美國。如果你要評比本地區的惡霸，美國才是更大尾的惡霸。」

另一方面，反中抗議的策劃者卻是個難以駕馭的民族主義者。數十年來，瓦爾登・貝洛（Walden Bello）一直是個著名的反西方新帝國主義的人士，但是現在他領導的「阿克拜揚」黨（Akbayan）經常走上街頭譴責中華人民共和國及其共產黨領導人。（阿克拜揚是從拜揚這個字衍生出來，但是Akbay的原義是把手臂圈在另一人肩膀上，以示交情或團結。）他沉思了一會兒才說：「鑒於民族主義的立場經常被認為是不理性的，我不很確定你是否可以說我們的立場是民族主義。」貝洛否認他的立場變了。「不，我認為只是情勢更加複雜了。我認為此時此刻在本地區最大的不安定因素的確是美國重返亞洲。但是在此同時，美國也利用中國在西菲律賓海的侵略行為來讓它顯得像個平衡者。」

這兩個人是政治上的死對頭。里亞士的政黨認為貝洛是「艾奎諾政府的特務」，而貝洛則說亞里士仍停留在一九六〇年代的政治裡。不過，兩人對美國在世界政治的角色倒是觀點相似。里亞士解釋說：「我們並不真的認為中國在現階段有和美國一樣的帝國主義意圖。當然它可能往那個方向走，它可能希望擴張其經濟、軍事勢力和影響力，但它還沒到達美國的地步；美國可是已準備發動戰爭以殖民及占領其他國家，以便強化他們的經濟利益。」[5] 貝洛鼓吹「反中」立場，但也試圖不讓美國干預菲律賓事務：「如果你引進一個超級大國來反對另一個超級大國，屆時超級大國的動力就開始推動議題，邊緣化了和平解決方式。我認為玩大國政治平衡是很危險的，因為它經常導致人們失控，產生武裝競賽，發生像歐洲第一次世界大戰那樣的狀況。」表面上看來在菲律賓很清楚的「反美」和「反中」立場，並不是相互對立的對大國的態度，反而有所不同，這和菲律賓混種的歷史有關。

十九世紀末，有兩種不同的民族主義挑戰西班牙在菲律賓的統治：一個來自菁英，一個來自中產階級。數百年來，西班牙統治者歧視華僑及其後裔，醜陋的細節罄竹難書，但是大體而言，華僑可以做一個選擇。改信天主教的人可以永久居留、娶妻及在菲律賓各地自由往來——但是不准回中國。不肯改信天主教的人雖可以自由往來中國，但是他們在菲律賓只准住在馬尼拉的貧民區（Parian）。他們不能結婚，也不能在菲律賓永久定居。直到一八八〇年代末期，西班人正式把改信天主教者結婚所生的子女列為「混血種」（mestizo）。混血種改姓西班牙姓氏、說西班牙話（百分之九十五的居民不說西班牙話）[6]，也採取西班牙生活方式，但不論他們受過多麼高的教育或是多麼富裕，他們絕不能晉身到社會的頂端。從這群人衍生出「啟蒙人」（Ilustrados）。寫下傳頌後世的民族主義小說《別踐踏我》（*Noli Me Tángere*）的作家荷西・黎剎（Jose Rizal）就是個家喻戶曉的例子。他們開始自稱「菲律賓人」（Filipino）——這個名詞原來只屬於「純種」西班牙人——並要求平等權利。

城市中產階級則出現不一樣的運動，它有一部分是出於針對西班牙殘暴對待啟蒙人的反抗，例如，黎剎就在一八九六年遭處決。通稱為「卡提普南」（Katipunan）的「最高最尊貴的人民之子社」（The Highest and Most Respectable Society of the Sons of People）之領導人出身辦公室上班族、小店舖老闆，絕大部分是原住民（indio），而不是「混血種」。啟蒙人希望被西班牙人接納為平等階級，可是卡提普南強烈排斥西班牙人統治，明確主張要另創民族認同。可是，他們還是建構在文化沙文主義之上。卡提普南主要來自馬尼拉，大力提升呂宋文化，特別是塔加洛語文，把它們提升到全國文化的地位，並計劃推及到全國其他地區。直到今天，它在許多地方仍受到抗拒，視為對本地生活的外來侵入。

一八九六年，卡提普南起兵叛變西班牙人時，許多啟蒙人和他們並肩對抗共同敵人。他們爭取另一個也曾掙脫殖民之枷鎖的國家的支持。可是，美國贏得馬尼拉灣之役後，美軍司令官發動惡毒的平亂作戰，扼殺了這個新生的菲律賓共和國。許多啟蒙人忌憚卡提普南和其他好戰團體的崛起，放棄原有的「國家」利益，轉而追求本身的利益：他們和新來的殖民者建立起共生關係。[7]這些啟蒙人雖不全是，但大多是混血種的後裔，他們受過高等教育，被拔擢到重要職位以協助美國人，在天主教會的「教會財產」被徵收、再分配時，他們也因為處於有利地位而拿到好處。選舉法也明顯偏袒有財產、唸過書的人。[8]一連半個世紀，美國行政官員治理菲律賓，壓制反對勢力，建立起菁英的權力。菲律賓一小撮不超過百分之五的人，主宰了整個社會。直到今天都還是如此。例如，第三任總統勞瑞爾（José P. Laurel）、第五任總統羅哈斯（Manuel Acuña Roxas）、第六任季里諾（Elpidio Rivera Quirino）、第七任麥格塞塞（Ramon Magsaysay）、第十任馬可仕（Ferdinand Marcos）、十一任柯拉蓉．艾奎諾（Cory Aquino）、十五任貝尼格諾．艾奎諾（Benigno Aquino）等都是混血種後裔。菲律賓巨富，如阿亞拉斯（Ayalas）、阿波伊提茲（Aboitiz）和拉鍾斯（Razons）等家族也都是。

但是，啟蒙人的後裔受到許多自命是卡提普南政治後裔的團體之強烈反對。這些團體跨越政治光譜：從共產主義革命派到失意的軍官，無所不有。他們的共同點是，全都堅信把國家「出賣」給美國、以換取個人利益的菁英成員，沒有權利自稱為國家領導人。農村地區長久以來即有一種尚武的傳統，反抗地主以及他們所控制的國家，這可以追溯到獨立戰爭和一九四〇、五〇年代的虎克黨（Hukbalahap）*游擊運動。一九六〇年代菲律賓教育的快速擴張有助於把這股憤怒傳播到城市地區。農村人口移入城市，他們的子女卻在周遭種種不公不義下接受政治洗禮，眼看著巨大的社會鴻溝、猖獗的貪瀆腐敗和無情的政治暴力天天上演。

在左翼思想家如歷史學者提歐多羅·阿貢希洛（Teodoro Agoncillo）等人的啟示下，這個激進世代聲稱唯有群眾，而且是在底層的群眾，才是真正的菲律賓人。[9]那些在高位的人——和美國殖民者組成同盟而取得權位的菁英分子——不是這個民族的一部分。菲律賓直到一九四六年才獨立，而且是由一堆各不相同的島嶼硬湊在一起、沒有「民族」文化而成立的國家，因此他們認為其實是苦難把菲律賓人民結合在一起。這些激進左派，也就是拜揚和阿克拜揚的前輩，向群眾訴求的基礎論據是，社會大眾受苦是因為遭到外國勢力支持、堪稱是外來菁英的虐待。從本質上，這就是一種民族主義的訊息。他們試圖從「貧窮」這個經濟認同裡去建立菲律賓人的民族認同。對他們而言，身為菲律賓人就要反美。這個民粹的論述深入到城市貧民窟和農村農場中。但

*譯注：一九四二年成立於呂宋島的共產黨游擊隊，以農民為主體。

是，阿克拜揚的政治前輩追求的是透過政治奪取對國家機器的控制，而拜揚的前輩則認為不能和由菁英所掌控的國家機器妥協，因而必須揭竿而起反抗它——最後成立了毛派新人民軍（Maoist New People's Army）。

因此，菲律賓菁英的各派人馬對南海問題持的立場不同，其實只是他們過去諸多爭論中的最新一項罷了。這些團體不時也能形成論述聯合起來、也爭取到更廣大群眾的支持。但是反美或反華言論的力道並不能一貫。某些時候它可以把大量民眾帶上街頭，可是一般而言，菲律賓的普羅大眾更熱衷的是宗教慶典和逃避現實的肥皂劇。耶穌基督蒙難的故事，要比國家被現代龐提烏斯·彼拉多（Pontius Pilates）*釘上十字架的論述，更能引起菲律賓人民的共鳴。二〇一二年四月事件之前三個月，在馬尼拉市郊奎阿波大殿（Basilica of Quiapo）的黑色拿撒勒人（Black Nazarene）大遊行，吸引的群眾估計在六百萬至八百萬人之間——這可是左派做夢也不敢想像的數字。

對於大多數菲律賓人而言，他們關心個人的受難和救贖，更勝於國家的壓迫及解放。它還受到學校課程的強化，因為學校教的菲律賓歷史始於一五二一年麥哲倫來到菲律賓，而且又灌輸給學生美國是菲律賓必須力圖追上的理想模範。從這一點去觀察，也就難怪雖有一個世紀的殖民統治和不平等關係，歷次民意調查一再顯示菲律賓人是全世界最親美的人民。美國皮優全球態度調查（Pew Global Attitudes Survey）和英國廣播公司／全球掃描調查（BBC/Globalscan），從二〇〇二年至二〇一三年歷次調查持續發現百分之八十五至九十的菲律賓人對美國持正面態度。二〇一三年的皮優調查也發現，百分之八十五的菲律賓人相信美國在制訂其政策時，把菲律賓的利益列入考量。[10]一般都以為未來菲律賓若有需要，美國都會伸出援手。

菲律賓人一般對南中國海——自二〇一二年九月五日起，菲律賓已將南中國海正式改稱西菲律賓海——態度消極，背後的原因或許就是如此。[11]雖然二〇一三年的皮優調查指出，百分之九十的菲律賓人覺得和中國的糾紛是個「大問題」，但很少有人要求應該採取行動。荷西·桑多士·阿迪維拉（Jose Santos Ardivilla）是《馬尼拉星辰報》（*Manila Star*）的漫畫家，筆名為Sic N Tyred，也是菲律賓大學人文學講師。他對這個趨勢提出觀察：「並不是說菲律賓人不關心西菲律賓海，而是因為他們曉得它屬於我們。它就這麼近嘛！他們沒有立即受到它影響，他們還有其他急迫的問題要處理。但是他們的確關心主權和所有權，因為我們已經聽說了，這些島礁有相當豐富的礦物。」[12]黃岩島事件之後，菲律賓和中國的駭客開始在網路上交戰要遮蓋對方的網站。跡象顯示，為了島礁之爭的確激起民粹的民族主義，但是沒幾天就又煙消雲散。簡而言之，從底層沒有出現太多壓力要求菁英就領土爭議採取行動。壓力只來自一小部分政治活躍分子和評論員，可是效果不大：菁英們幾乎無法達成共識，哪裡還談得上協調一致的行動。

菲律賓政治有一個最為明顯的特徵，就是對「國家利益」幾乎談不上有共識。固然大家口唱

---

* 譯注：即審判並下令處死耶穌的羅馬總督。

國家、民族，尤其是選舉季節，但是通常「區域認同」比較強。這個國家由許許多多大小島嶼組成，島上內部又經常有崇山峻嶺阻絕交通，也就難怪人們只重地方治理者，不去企求遠在天邊的首都政客能幹些什麼事。西班牙和美國殖民者都發現透過這些地方豪族統治最方便，而他們也只顧鞏固自己家族及個人的權力。對菲律賓整體而言，就是地方強、而中央弱。馬尼拉軟弱，地方治理者經常就為所欲為，甚至在全國層級，豪門巨室也可以純依自身利益推動個人政策。由於他們控制經濟和政治制高點，個人的影響力可以無遠弗屆且不顧大局。關於北方鐵路和海洋地震聯合作業的醜聞（詳見本書第五章），暴露了中央人物如何一再利用國家利益與外國政府交涉，圖謀個人利益。

在很少有的情況下，菁英的民族主義會在國際政治上發揮主導作用。一九九一年，菲律賓國會參議院讓華府大為錯愕，它竟然表決反對一九四七年美菲軍事基地協定續約，迫使美國關閉設在蘇比克灣的大型海軍基地。但是這是很特殊的狀況。十二名有異議的參議員當中有幾位是老派的民族主義者，他們覺得菲律賓的發展已經因為過度依賴美國而受到阻滯。可是他們的聲勢大振是因為民間積怨甚深，痛恨華府早先支持馬可仕的獨裁專制（不過，馬可仕至少在執政初期曾試圖降低舊菁英家庭的權力）。也有人是因為不希望美國的核武器存放在菲律賓境內。另有人是痛恨美軍在菲律賓褻玩本地女子。

可是一九九一年乃是例外狀況。菲律賓菁英和美國的關係太緊密了，有共同的語言、歷史和觀點。可是菲律賓的菁英卻基於一種假設，以為美國人跟他們情意相投，遂陷入沒有根據的安逸感。這一小撮人幾個世代以來對華府提供極大服務，竟相信在他們有需要的時刻，美國人「將會回來」，有如麥克阿瑟將軍一九四四年重返菲律賓一樣，而且很自然地會在任何爭議中站在菲律賓這一邊。這種過度認定本身重要性的意識使決策者瞎了眼，看不到區域的現實已有變化：現在華府與北京的關係遠比它和馬尼拉的義務關係來得重要。結果會對菲律賓相當危險：它會誤判而陷入外交政策危機，有如二〇一二年的黃岩島對峙事件，馬尼拉大言皇皇，卻沒有實力支撐自己的叫囂。一心信賴美國卻得不到支持，在未來可能產生重大後果。菁英或許覺得向北京靠攏才好保住本身利益，也有可能他們堅守與美國的關係，可是華府若是在迭次危機都不能替馬尼拉出聲，菁英又會在民眾心目中失去正當性。

另一方面，菲律賓還有另一股民族主義牽繫到另一種厭憎——針對更明顯的「華人」少數民族的憎惡。混血菁英極力掩飾他們的華人血緣，但二十世紀的移民和他們不同，躲也躲不過，只好公開被認定是華人。數百年來，福建人被排斥在菲律賓人社會之外。西班牙人先把他們歸類為「純種華人」（Sangleys），後又改稱為「華裔」（Chinos）；美國人來了，通過《排華法案》（Chinese Exclusion Law）限制他們移民，且一九四七年的一項條約把他們劃歸中華民國管轄——直到一九七五年因為馬尼拉轉而承認中華人民共和國，華裔才得以成為菲律賓公民。華僑社群相當出類拔萃。二〇一三年《富比世》雜誌的菲律賓四十大首富名單當中有十九人明顯是華人姓氏：施至成（Henry Sy）擁有購物中心；陳永栽（Lucio Tan）擁有啤酒和菸草事業；吳奕輝（John Gokongwei）擁有民航公司和不動產；鄭少堅（George Ty）擁有財務金融事業。[13]這些財富有些是因為與舊的混血種世家大族合作而大為加強，譬如施至成與阿亞拉斯結合、吳奕輝與羅培士家族（the Lopezes）聯手。[14]但是針對「姓氏短」的人之歧視一直消抹不去。經常可以聽到菲律賓人稱華人為「蟲」（intsiks），不過今天也有些華人以這個字來嘲諷自己。他們把新從中國來的人稱為「真正的蟲」。今天的華裔菲律賓人通稱為「華菲」（Tsinoy）——這是從塔加洛語菲律賓人（Pinoy）這個字演化而來。

華裔菲律賓人在馬尼拉的賓諾多（Binondo）區最明顯，這塊地原本是撥給改信天主教的華人及其子嗣——第一代混血種——居住的地區。[15]十八世紀末，原本限定給未信奉天主教的中國人所居住的貧民區——位於城樓上的西班牙大砲火力範圍之內——毀於大火之後，賓諾多成為更多的華人定居地區。賓諾多距離舊城同樣也在大砲射程之內，但是今天住在這裡，不虞砲火之危，卻必須擔心注入巴石河（Pasig River）的水道污穢不堪，以及狹窄街巷裡的廢氣烏煙瘴氣。乍看之下，它已破敗不堪，可是繁華雖褪色，它還是全國經濟的一個重心。區內的小店舖貌不驚人，往往卻是相當大型的貿易或配銷生意的前沿店面。大型的高樓慢慢地興建起來。

一部分出於傳統，一部分出於行政命令，賓諾多保持著鮮明的混種特色。一九七〇年代初期，馬尼拉市長覺得它的中華色彩不足，下令賓諾多市區重建。為了吸引觀光客，進入本區的主要街道路口蓋起城樓，社區商家被規定要掛出中文招牌。[16]天主教神壇上點了中國香柱、香港和好萊塢DVD在架上並列，英語夾雜著閩南話處處可聞。當菲律賓與中國之間的緊張上升時，華裔菲律賓人的忠誠度又成了焦點話題。這些人會比其他民眾更加反美、反中、親美或親中嗎？

賓諾多區的店家絕大多數不希望捲入是非。很少人願意被提名道姓採訪，但有位影印店老闆說的話最經典：「生意歸生意，政治歸政治。」不過，他也不是不會擔心。「中間階層跟中國人不會有問題，怕的是那些沒多少知識的人，以及有固定利益的人。」他責備都是媒體惹的禍，煽動了仇視意識。另一條街上的吳凱（Ka Wilson Ng）是個成功的麵包店老闆、本地獅子會前任會長，他就是華裔菲律賓人混種的典型代表。「如果他們攻打我們，我會起而保衛這個國家。但如果是我們攻打他們，我可要站在中國那一邊。」他明白地認同「我們」——菲律賓人——但是依然心繫另一個國家。吳凱家庭三代之前就由福建移居到此。他娶了菲律賓女子為妻，在家講閩南話，但是他很懷疑自己的孫兒女還能講幾句中國話。這是抵抗不了的融和的故事。

以全體菲律賓人來計算，雖然比不上對美國人的好感度，多年來對中國的態度大體仍屬正面。二〇〇四年，百分之五十四的菲律賓人對中國抱持正面觀感，百分之三十抱持負面觀感。到了二〇一一年，由於兩國之間貿易竄升，持正面觀感者上升至百分之六十二，持負面觀察者仍為百分之三十一。可是，根據皮優全球態度調查，二〇一三年黃岩島事件後，持正面觀感者急降至百分之四十八，認為中國是敵、大於是友者上升為百分之三十九。然而，看來這還不至於導致民眾要求政府應有所行動。儘管中國的意向令人日益擔心、網路網軍也不時交鋒、馬尼拉街頭偶爾也上演抗議戲碼，菲律賓政壇主要人物還沒有人把主權與外海能源之爭，拿來和群眾日常的生存競爭聯繫到一起。不論是左派還是右派，辯論還是以國家主權的浮誇語言在進行，可是其實在菲律賓，唇槍舌戰遠遠不及餵飽肚皮這個老百姓天天得面臨的掙扎來得重要。

同床異夢的印尼、馬來西亞、新加坡

南中國海沿岸其他「華人」社區，大多是福建移民後裔，最困擾的一件事就是經常被質疑他們的忠誠。他們的處境在印尼最為危險。亞洲金融風暴之後，一九九八年五月暴動期間，華裔印尼被特別明白鎖定為目標——一部分是軍方特務煽動者為了尋找發動政變的藉口盯上他們，一部分是街頭暴民覬覦他們的財物。數百名華裔人士在暴亂中喪生，另有數千人逃亡出國——帶走了約兩百億美元的資金。但是往後數年，留下來沒逃、也幸而不死的華裔，地位大幅改善。中華文化又被提倡、歧視減低、生意恢復繁榮。儘管中國對印尼宣示的專屬經濟區、即納土納群島附近也宣稱擁有主權，南海爭端對他們來說沒有實質影響。自從印尼一九九六年夏天展現其海上軍事實力（見本書第三章）以來，北京對於公開處理此一議題相當謹慎。因此之故，這個議題在印尼根本沒有激起激烈反應。二〇一三年皮優調查顯示，百分之七十的印尼人對中國有好感，相形之下，對美國有好感的僅有百分之六十一。只有百分之三認為中國是敵人。

在地圖上，或者說有時候在海上，馬來西亞人或許更有理由要關心南海爭議。馬來西亞對南沙群島十二個地貌提出主權主張，並占領了其中五個島礁——而且全在「U形線」內。[17]在馬來西亞的專屬經濟區內有個James Shoal——中方文獻稱曾母暗沙、馬來西亞人稱之為Bating Serupai——北京正式宣稱這是中國領土的最南端，而它其實離中國「本土」有一千五百公里，且低於海平面二十二公尺。二〇一二年八月有兩次、二〇一三年一月十九日又一次，中國船隻打斷砂勞越外海、馬來西亞專屬經濟區之內的石油調查工作。但是即使中國海軍船艦二〇一三年三月在曾母暗沙停靠以試圖強化它的主張，此事件並未在馬來西亞惹得群情激昂。這是發生在競爭激烈的大選之前一個月的事，理論上它很可能被用來在政治上大做文章——可是卻風平浪靜。

馬來西亞國立大學戰略研究講師郭清水（Cheng-Chwee Kuik）也是研究對中關係的專家。他說：「馬來西亞人更關心『麵包與奶油』的問題，如社會公義、貪瀆、治理、問責、認同政治以及公共安全等問題。」近年來，公民團體聲勢愈來愈大，屢次走上街頭要求在全國政治上有更大的發言權，但是南海問題從來沒有出現在他們嘴上或招牌上。事實上，馬來西亞人對政府在二〇一二年六月簽字同意支付天價兩千萬令吉（Ringgit，約六百萬美元），向中國租一對貓熊——鳳儀和福娃——來慶祝兩國建交四十周年，倒是砲聲隆隆。但是他們砲轟的是馬來西亞總理，不是北京。

對華關係的問題非常不可能出現在選戰之中，原因很簡單：鈔票。自從二〇〇九年起，中國就是馬來西亞最大的貿易夥伴。[18]雙邊貿易總額在二〇一一年達九百億美元，而馬來西亞享有三百億美元的順差。[19]朝野政黨都無意亂了這個局面。自從冷戰結束以來，馬來西亞統治菁英即努力在經濟上、外交上交好中國——建立起相互提攜的關係。中國向馬來西亞廠商開放門戶，而馬來西亞廠商也回報以投資和創造就業機會。儘管就人均GDP而言，馬來西亞遠比中國富裕，中國還提供開發援助款給它。在馬來西亞的聯邦行政中心布城（Putrajaya），當然就希望悄悄處理和北京的關係，避免有民間的壓力。在政府之外，也沒有人希望撩起反中情緒：抨擊國家出口獲利的主要來源不會贏得選票。沒有必要上街頭敲鑼打鼓抗議那無形無影的侵犯國家主權的舉動嘛，反正也沒丟了一寸國土、也沒有人流血呀！二〇一三年的皮優調查顯示，馬來西亞（和巴基斯坦）是全世界最親中國的國家，百分之八十一的人民對中國有正面觀感（對美國有正面觀感的僅有百分之五十五）。

對於馬來西亞的華裔社群來講，這當然是好消息。馬來西亞獨立之後數十年，馬來菁英一直把華人看做經濟上過度壟斷、或甚至具有顛覆國家的共產主義傾向。身為少數民族的華人痛恨依然把他們囿限為二等公民的法規和作法，而二〇一三年大選，在野黨贏得了每個華人占多數的選區之議席後，執政黨有人稱此一險勝結果是「華人海嘯」（Chinese tsunami），造成族群關係緊張。但是，仔細分析會發現在野的「人民聯盟」（Pakatan Rakyat）在這些選區每一不同族群得票率都超過執政黨。雖然在某些地方仍存在敵意，華人現在一般都被認為是馬來西亞社會不可或缺的一部分，也是通往南海另一端的巨大市場之文化橋梁。

新加坡因為華裔占其國民四分之三，在東南亞非常獨特。一九六五年它會退出馬來西亞聯邦（Malaysian Federation），這是主要因素。從此之後，新加坡執政黨拚命要打造它自己的「想像的共同體」——這個由英國的自由貿易和華人的創業精神交融而生的城市國家，有其公民可以引以為傲的共同意識。它果真就創造出來迷你型的共同體。印尼前總統哈比比（B. J. Habibie）曾說新加坡是個「小紅點」，也有人說它是擠在兩個龐大的以穆斯林為主的鄰國之間的「胡桃鉗上的堅果」。它使得新加坡全國上下有兩大之下難為小的體認，求生存成了第一要務。它和以色列的處境十分近似，也難怪打從獨立以來，兩國就分享軍事專技，而它們的軍事理論也以全民皆有服兵役義務為根本。

新加坡究竟有多麼的「中華」呢？過去幾年國際上召開了好多場關於南海問題的國際研討會。我在一場會議中和一位非常資深的前任新加坡外交官員談起來，他告訴我：「這是唯一由華人治理的其他國家。」他對新加坡和其他東南亞國家加入美國領導、要迫使爭議以法律解決的努力不以為然。他堅持說：「中國對這一套不感興趣。」與會的青年外交官則很堅定地認為這是老一代的想法，貶抑他的想法跟不上時代。但是另一位新加坡前任外交官吉索爾．馬布巴尼（Kishore Mahbubani）——現在是個學者、也力主我們目前處於「亞洲世紀」——則認為這個說法掌握到新加坡的根本真相。馬布巴尼是印度裔，印度裔在新加坡這個小國更是少數族群，他明白它所產生的兩難困局。雖然已深深植根在新加坡，他承認在這個混種社會依然存在想像的共同體。「假如美國和中國之間爆發了全面戰爭，新加坡絕對不可能加入對付中國的一方——老百姓不會支持的。但是與此同時，就外交折衝而言，新加坡肯定會非常小心、非常注意細微。我們不親美、也不親中。我們親新加坡。」在另一個豪華大飯店的另一場會議裡，新加坡國際事務研究中心（Singapore Institute of International Affairs）主席戴尚志提出他新倡的一個字詞來形容他認為新加坡應該站穩的政治位置：對中國和美國保持「等距離」（equiproximate）。

解放軍鷹派的作用

拜揚和阿克拜揚各自號召支持者在馬尼拉街頭示威之後三個星期，另一批抗議民眾也聚集在北京的菲律賓大使館門口。中國著名的「憤青」集合起來要維護中國在黃岩礁的權利。二〇一二年五月十二日星期六的這場抗議活動相當熱烈，但是立刻遭到當局取締。當局沒費太大勁，因為在擁有兩千萬人口的北京，全部抗議民眾也不過區區五個人。[20]儘管出席人數少得可憐，新華社覺得事件值得報導，不但發文字稿新聞，還上了它的電視網。但是，為什麼抗議者在馬尼拉事件過了那麼多天之後才走上菲律賓大使館門口？這是純粹自發性的民族主義怒火嗎？

抗議之前的星期二，中國外交部才發表對菲律賓大使駁斥的全文，指責菲律賓政府「犯了嚴重錯誤……提高升高緊張的作法」。[21]同一天夜裡，外交部警告菲律賓境內中國公民留在家裡、不要外出，避免「反中抗議」。中國中央電視台也播報中國駐馬尼拉大使館發出的警告，預期那個週末馬尼拉街頭會有大規模的反華遊行。中國民族主義者喜愛的《環球時報》當天晚間亦發表社論，指稱兩國之間「若不發生衝突，才是奇蹟」。星期三，五大網路新聞有四個以馬尼拉可能會出事故的消息做為頭條新聞，而且微博也以它為頭條要聞。[22]以當局動輒封殺微博上它不喜歡的內容來研判，現在這樣處理肯定是得到官方核可。外交部發言人甚至在例行記者會中表示：這個問題「已經導致國內外中國群眾的強烈反應和關注」。

要怎麼解釋如此刻意地挑激民族主義怒火呢，我們從證據中找到兩個解答。首先，這些動作出現的同一時期，中國盲眼人權鬥士陳光誠正在北京的美國大使館之內尋求庇護。這一尷尬事件之前一個多月，身陷醜聞的前重慶市委書記薄熙來剛被公開免掉中共中央政治局委員的職務。和黃岩島對峙事件相反，陳光誠事件和薄熙來事件的消息在中國傳媒和社群網站上都遭到封殺。傳媒批評馬尼拉，有一部分原因或許是要轉移民眾對國內問題的注意，不過這樣說並不能完全解釋一切。

鑒於民粹的民族主義在中國的影響力，或許這件事讓人最訝異的是，民眾的反應幾近無感。儘管又有兩天的高調報導——星期四，有個電視台記者獲准穿過中國封鎖線，踏上黃岩島立起國旗;星期五,新華社轉發外國媒體報導,指中國的南方軍區已動員備戰——星期六卻只有五個人出現在菲律賓大使館門口。網路上群情激憤,可是社會上卻風平浪靜。過去好幾次的國際緊張時期,中國當局允許、甚至鼓勵街頭抗議。比如一九九八年印尼華人受到攻擊、一九九九年美國軍機轟炸貝爾格勒中國大使館、二〇〇五年日本修訂歷史教科書、二〇〇八年在歐洲傳遞奧運聖火時發生聲援西藏人的抗議,以及二〇一〇年和二〇一二年為釣魚台/尖閣群島和日本對峙,凡此種種事件之後都有街頭示威活動。可是,二〇一二年四月,北京街頭相當平靜。

街頭沒有示威抗議並不代表這個議題不受關心。二〇一三年底,專門研究中國外交決策的澳大利亞專家安德魯．查布(Andrew Chubb),受委託就中國民眾對南海的態度進行商業調查。結果顯示百分之五十三的中國民眾表示「密切」或「很密切」注意南海局勢發展,另有略低於百分之六十的民眾表示「密切」或「很密切」關心東海爭議——前一年因釣魚台爭議,中國爆發嚴重動亂。同樣的人民很有可能因南海爭議鬧上街頭。可是,他們卻沒有動靜。查布認為在刻意遏制黃岩島引起的怒火之後,立刻鐵腕取締街頭抗議,顯示民族主義的感情受到政府刻意的操縱。

這段期間,一小群解放軍現役或退役將校經常在中國傳媒上發表鷹派、甚至威脅性的評論。二〇一二年四月二十六日,羅援少將在一篇談論黃岩島事件的文章中宣布菲律賓已在戰略上「發出第一槍」。它必須為此付出代價,我們不能讓它立下先例,挑釁了我們之後又通過談判重修舊好。[23]光是這篇文章就吸引了數十萬微博和網民的熱切討論。空軍上校戴旭也是知名的電視評論員。二〇一二年八月二十八日，《環球時報》發表戴旭一篇文章，痛罵越南、菲律賓和日本是「美國在亞洲的三隻走狗」。他宣稱：「我們只需要宰上一條，其他兩條馬上就老實。」[24]戴旭還化名龍韜，發表了更加嗜血、露骨的文章。他曾經不點名針對在「U形線」內開鑿油氣的一個東南亞國家提出警告：「這些鑽井平台變成火炬時，誰的損失最大？」[25]

這些軍官終其事業歷程都在軍事院校裡，以確保解放軍遵守黨的路線。二〇一二年四月，羅援接受《南方周末報》專訪，提到他的工作是：「我軍是由共產黨創建，我們出生後每個人都應該曉得我們為誰而活、為何存在。」[26]羅援是中共的官二代，他父親羅青長曾任共產黨對外情報單位首長。戴旭也有很有趣的背景關係。當他以筆名龍韜撰文時，經常自稱是一個名氣不大的智庫「中華能源基金委員會」的戰略分析家。中國能源基金委員會的負責人是葉簡明。二〇〇三年至二〇〇五年期間，葉簡明是「中國國際友好聯絡會」上海分會副會長。中國事務觀察家，如華府的智庫「二〇四九年項目研究所」（Project 2049 Institute），認為中國國際友好聯絡會是中國非常重要的軍事情報機關——解放軍總政治部聯絡部——的外圍組織。[27]安德魯．查布研判葉簡明有可能是解放軍海軍前任司令員葉飛的孫子，或者甚至是總政治部聯絡部前任部長葉選寧*的兒子。[28]

---

* 譯注：葉選寧則為中共元老葉劍英之次子。

換句話說，至少中國兩個最知名的「鷹派軍人」和中國軍事情報及宣傳部門的核心有直接的個人關係。他們自己也承認，[29]這些「鷹派」是在解放軍與共產黨的紀律內運作，而且鑒於他們與傳媒關係深厚，他們的角色顯然是要渲染中國是個威脅的形象。為什麼北京領導人要放大「鷹派」的聲音呢？最可能的原因是，它們可以達到兩個目的：國內的及國外的。他們鼓吹人民的愛國精神，也鼓勵「憤青」在網路上發洩情緒。領導人可以藉此聲稱因為國內壓力，只好採取強硬路線——這一來它就方便和其他國家談判了。他們也創造出一種印象，即「鷹派」代表軍中一股真正的聲音，軍方是會想要奪取決策權的。如果其他政府，尤其是馬尼拉和華府，變得害怕刺激這些「鷹派」的不理性行為，他們的政治決心或許就會減損。換句話說，傳媒上出現的「鷹派」的一個功能即是恫嚇區域內的對手，並且靠著虛張聲勢以彌補中國軍事力量的不足。他們也讓中國的整體戰略更加撲朔迷離，因此更難對付。因此之故，媒體上的強悍表態未必是北京領導人拚命要控制極端民族主義浪潮的跡象，而是細膩運用民族主義情緒做為外交工具。如果它要允許街頭抗議，黨的領導人也會面臨越共碰上的相同問題：星火燎原，一發不可收拾。網路上的激越評論比較容易關掉。北京寧可顯得受到民眾的指責，也不願真正有公然失序的威脅。

和在越南一樣，中國也有一大批民眾對南中國海有強烈的感受，但是中國的政策不會受此驅動。中、越兩國群眾都不可能促使政府去對峙抗爭，反而是政府利用民族主義來遂行政策目標。中國共產黨和越南共產黨都在追求兩種正當性：物質方面的正當性和心理方面的正當性。兩黨領導人都需要促成人民生活水平上升，也要證明他們在「道德上」適合統治。兩黨面臨相同的生存威脅——如果他們不能促進經濟發展，民眾的支持就會退潮；另外還有別人虎視眈眈覬覦他們的權位。他們希望在南海問題上堅持強硬立場，將有助於他們取得當地的資源，以提振國內發展，並且也展現他們比批評者更加高明。為了增強他們統治的權利，兩黨都力推官方版的歷史，把自己形塑成民族英雄。

一九九一年，即鎮壓天安門廣場民主運動之後兩年，中國共產黨領導人頒訂「愛國教育」運動，以「提振國家精神，強化團結，培養民族自尊，鞏固與發展愛國統一戰線到最大極限，指導與號召群眾愛國熱情，走向建設有中國特色的社會主義的偉大路線」。[30]再隔二十年，二〇一一年三月一日，天安門廣場上的中國國家博物館推出全新的永久展覽「到復興之路」。博物館北端的兩層樓，以高畫質的全景投影敘述著中國從一八四〇年「鴉片戰爭」直到一九四九年人民革命勝利的百年屈辱歷史。展覽的主辦官員曹欣欣告訴記者們，展覽的目的是要「讓參觀者看到歷史的真實現場」。[31]再隔十八個月，新上台的共產黨總書記習近平選擇這個展場揭櫫他的大理想——「中國夢」。

從各地學校教室到國家博物館，領導人努力灌輸一個觀念：中國現代史充滿了羞辱，直到黨掌握了政權才改觀。固然訊息的重點是以國家當前的成就為傲，但是它的調子是中國國土遭列強瓜分、中國人民遭外夷欺凌的奇恥大辱。這個說法現在支撐著對領土問題的主流論述。對它稍有質疑即會招致嚴厲批判。二〇〇六年，共青團的週刊雜誌《冰點》因為登了退休哲學教授袁偉時一篇文章遭到停刊兩個月的處分。他在文章中指出，學校裡教的歷史有如「喝狼奶」：「如果天真純潔的孩子吞食的竟是變味甚至有意無意假造的丸丹，只能讓偏見伴隨終生，甚至因而誤入歧途。」黨不同意他的觀點，直到它同意另登一篇長文駁斥袁偉時才准它復刊。*

結果就是，有關南海的討論，不論是菁英或庶民、民族主義者或自由派，現在都落在從南海諸島天生就是「我們的」——自古以來即是祖國不可分割的一部分——外國人不當地從「我們」這兒搶走的論述開始。這成為網路憤青和菁英決策的共識基礎。更重要的是，它構成一個全國論述，於是導致把統治菁英的正當性押注在他們於這些小島礁的表現之上。當挪威研究者勒妮·史丹瑟絲（Leni Stenseth）一九九八年完成她對這個議題的研究時，她可以說，「南沙衝突只在有限度範圍內出現在官方民族主義的討論中」，因為在官方傳媒中的文章相當稀少。[32]十六年過去，情勢大為改變：每天報紙、網路和廣電上都會有許多文章侃侃而談。在台灣海峽兩岸對誰掌法理正統仍未有定論的情況下，北京在面對台北時不可能在南海立場上稍有退卻，以免傷及到本身的正當性。

北京大學國際政治經濟教授查道炯是個溫文儒雅但治學嚴謹的老師，也強調中國對南海問題的立場不是受群眾民族主義的驅動，而是應該北京領導人需要可信度——無論是對國內還是國外。他告訴我說：「這裡涉及到立場堅定與否，不是光跺腳、揮拳卻毫無動作就行。」他認為關鍵的轉捩點出現在二〇〇八年九月，即北京奧運盛大落幕之後一個月，美國雷曼兄弟公司（Lehman Brothers）垮台，香港四萬名投資人集體損失高達二十五億美元。雖然這些錢在三年後幾乎全數獲賠，這股震撼已經讓中國菁英對美國處理世界事務的方法之信心造成無可修復的傷害。根據查道炯教授的說法，在此之前，中國決策者樂於採用美國的詞彙和思維。在此之後，他們得再想想了。

在這段期間，另起一套「中國模式」的思想開始出現。香港大學中國傳媒計劃（China Media Project）的大衛・班杜斯基（David Bandurski）估計，這個字詞二〇〇七年出現在網路標題中約五百次，在二〇〇八年約八百次，但是在官方新華社稍一推動之下，二〇〇九年暴增為三千次。[33]這個詞彙旋即退燒——現在換成習近平的「中國夢」——但是一股與眾不同的特殊意識仍然餘音繞樑。班度斯基稱之為「盛世話語」。當年言論賈禍的袁偉時教授把根源追溯到十九世紀的民族主義勃興，認為「這種自命正確的意識被當做精神上的天生權利代代相傳」。[34]

從某個關鍵面向來看，中國言論上如此發展恰恰是延續著美國的軌跡：現在中、美兩國都有

---

*譯注：二〇〇六年一月十一日，共青團之下的《冰點》週刊刊出中山大學教授袁偉時的文章〈現代化與歷史教科書〉，遭到停刊，主編李大同、副主編盧躍剛去職三月一日復刊，刊登張海鵬的文章〈反帝反封建是近代中國歷史的主題〉，駁斥袁文觀點。

一種半官方的論點、一種「卓異主義」（exceptionalism）的國家意識型態。美國的菁英和一般民意都自認美國有「明顯的命運」（manifest destiny），要向全世界散播自由，而現在中國官方也逐漸認為它在國際事務上義無反顧、當仁不讓。這股理所當然的姿態——結合受害者意識和優越意識——讓小國家在和它打交道時愈來愈覺得北京傲慢驕縱。這種不知檢點的自我觀點到頭來可能傷害到它的整體目標。它可能刺激本地區其他國家抗拒北京的擴張。

現在，南海周邊各國的「憤青」們在英文新聞網站的評論版隔空交火。當海上風雲緊張時，網路上也殺聲價響。新的想像共同體正在你來我往的貼文、論戰中強化，而新的鴻溝也在加深。戰鼓隆隆、旌旗蔽天，聳動的口號給了編輯下標題的靈感，好把爭端兜售給還搞不清楚狀況的讀者，但其實誤導了大家對真相的理解。中國和越南政府在外交事務上很少受到民意影響。在菲律賓，出現團結一致且有影響力的的民族主義運動還遙遙不可及，而本區域其他地方民眾對爭議也漠不關心。然而，所有這些政府都會因看來像受到魯莽的民族主義者的攻擊而得到好處，即使可能被迫要採取似乎魯莽的動作，只要在對付敵手時能占到上風就行。如此展現力量其實有一步錯棋就會引爆衝突的風險。但是在目前對南海和平與安全最大的威脅，不是火爆的街頭民族主義，而是這些區域爭議之間的交互作用，尤其是本地區兩個大國之間日益升高的對抗。

第七章　中美對峙：兩強爭霸難為小

左右逢源的柬埔寨

二〇〇九年十二月十八日，星期五，薄暮時分的金邊。來自中國的二十個維吾爾族民在聯合國難民專員公署（United Nations High Commission for Refugees）提供的一戶公寓休息。七月間，在穆斯林維族和漢人發生的衝突導致至少兩百多人喪生之後，他們就逃出新疆。歷盡波折通過越南和寮國之後，這些維族難民或許稍覺安全了。前一天，柬埔寨總理洪森（Hun Sen）剛簽署一道法令，承諾依循國際標準處理難民和尋求庇護事件。這件事來得相當突兀：這道法令已經延宕多年、未被簽署公告，外交官們也不預期它會在未來幾個月內簽署生效。為什麼它會倉促推出呢？

兩星期前，世界維吾爾人大會（World Uyghur Congress）向《華盛頓郵報》公布他們的噩運之後，他們出現在金邊已經是人盡皆知的事。儘管認定維族積極分子是「分裂分子」、是宗教上的極端分子，中國政府卻出奇地不對此事公開評論。十二月八日被問到這群人時，中國外交部女性發言人顧左右而言他，強調中國與柬埔寨一向關係友好，呼籲兩國要「加強合作、打擊恐怖主義」——但是她的評論卻從官方文本中略去。[1] 十二月十五日，她也只說世界維吾爾人大會成員涉及犯罪，中國政府正在調查。她提出警告：「國際難民保護機制不應用來庇護歹徒、幫助他們逃避法律制裁。」除此之外，她倒不多加著墨。[2]

私底下，北京卻是話很多。十二月十四日，柬埔寨外交部承認接到中國大使館外交照會關心這個議題。但是，根據「維基解密」發布的美方電文，聯合國難民專員公署駐金邊辦事處主任在同一天告訴美國大使，和柬埔寨政府就這批維吾爾難民的交涉相當正面，問題可望在幾個星期內得到解決。[3]然而，就在接下來三天，情勢急轉直下、豬羊變色。洪森總理所簽署的難民及政治庇護法也終結了他和難民專員公署的協議。墨瀋方乾，柬埔寨內政部代理部長艾松安下令將這些維吾爾人遞解出境，聲稱他們觸犯柬埔寨的移民法。

十二月十八日晚間，警方突襲聯合國難民專員公署「安全屋」，在槍尖下押走屋子裡眾人，其中有一個母親和兩個小孩。次日晚間，他們被送上剛由中國飛來的一架民用專機，在黑夜中飛走。[4]國際間針對中、柬政府以及難民專員公署的批評紛至沓來，卻一點也不起作用。後來的報導指出，這批人當中有四人被判處無期徒刑、四人二十年、四人十七年、四人十六年。那名婦人和她的兩個小孩獲得釋放。[5]

押送維族人的專機起飛後的次日，另一架專機到達金邊。它載來了中國國家副主席習近平，以此做為他亞洲四國訪問旅行的最後一站。兩天之後，媒體頭條新聞報導，習近平此行成果豐碩：根據柬方說法，雙方簽定十四項協議，中方承諾援助十二億美元，興建水壩、建設公路、修復古廟。柬埔寨外交官員堅稱雙方談判完全不涉及維族人議題，[6]但是多數外界觀察家心知肚明兩者之間的關聯。根據美國大使館的另一份電文報告，柬埔寨副總理蘇慶告訴難民專員公署駐區代表，他的政府「由於外來勢力施壓，處境困難」。

這番私底下承認的說法推翻了洪森在公開場合對柬、中關係的描述。九月間，在中國捐錢建造的八座「柬中友誼大橋」的第三座之工地，洪森盛讚北京領導人無條件提供援助：「他們默不作聲，但同時也修橋、造路，而且不附帶複雜的條件。」[7]——例如，遵守國際人權公約等等。[8]人權團體揪著遞解維族人出境事件不放，一直批評金邊政府，結果在四個月之後，即二〇一〇年四月一日，美國政府宣布停止交運兩百輛剩餘軍用卡車及拖車給柬埔寨。[9]華府意在向洪森打臉，不料卻給北京送上機會。僅隔一個月，北京宣布奉送兩百五十六輛卡車——全新的、不是二手貨——外加五萬件制服，統統免費。六月底，卡車交接儀式上，高頭大馬、狀若體育健將的人民解放軍總裝備部政委遲萬春將軍把鑰匙交到小個子、胖敦敦、滿心期盼的柬埔寨副總理蒙森潘（Moeung Samphan）手中。第三座柬中友誼大橋正式通車還不到一個月，中方就送來這份大禮，似乎象徵著未來兩國外交關係前途大好。

但是，美國豈甘被幾把汽車鑰匙、幾座大橋擊敗。中方送了卡車三星期之後，華府特使帶著禮物也趕到金邊：一箱古董器物。主管政治事務的國務次卿威廉·伯恩斯（William J. Burns）特地攜來在洛杉磯海關沒收的七件柬埔寨被盜古文物做為美、柬建交六十周年紀念的大禮。一艘美國海軍醫療船負責運送古文物，還在抵達後兼施免費醫療服務以招攬人心。至於在柬埔寨其他地方則以恢復軍事關係做為爭取民心之舉——其實兩軍關係才剛在兩個月前中止。

這一廂交還古文物，另一廂則由美、柬部隊開風氣之先首次在柬埔寨境內舉行多邊維和訓練演習。代號「吳哥哨兵十號」（Angkor Sentinel 10）的這項演習是美國國務院出資、自二〇〇六年以來在各國舉行的「全球和平行動計畫」（Global Peace Operations Initiative）、以促進美軍與其他許多軍隊合作的計劃之一部分。可是人權團體還是批評挑選柬埔寨做為二〇一〇年演習地點，一部分原因是遞解維吾爾人出境事件，另一部分原因則是參與演習的若干柬埔寨部隊涉及驅趕農民、刑求拷打、濫肆槍決的罪行。美國大使館否認此一說法，堅稱參與演習的幾百名柬埔寨軍人都經由館員「嚴加查證」。挺不尋常的是，這項維和行動演習竟涉及柬埔寨空降部隊和美軍特種作戰部隊的聯合跳傘演習。[10]如果說美國政府在幾星期前還對支持柬埔寨部隊有疑慮，現在已經完全消失了。

事實上，柬埔寨與美國的防務合作遠比區區兩百輛二手貨卡車來得深厚。東南亞軍事事務專家卡爾・賽爾（Carl Thayer）估計，二〇一三年，美國一年給予柬埔寨的軍事援助價值超過一千八百萬美元。[11]吳哥哨兵演習現在成為每年必舉行的項目之一。「海上戰備及訓練合作」（Cooperation Afloat Readiness And Training）的海軍演習也是每年的盛事。除了維和與軍事訓練之外，美國軍援的第三個支柱是反恐。柬埔寨沒有恐怖主義的問題，但是本書撰稿時它的反恐部隊指揮官是總理洪森的長子洪曼奈特（Hun Manet）中將。他和他的單位直接接受不駐在美國大使館內的一小支美國特種部隊顧問的指導。事實上，雖然談的是加強柬埔寨參與國際維和作業的能力，其實美國軍援似乎鎖定在可以發揮政治影響力的地方。洪森的三個兒子都在美國接受軍事訓練。長子曼奈特於一九九九年進入西點軍校、次子曼尼士（Manith）二〇一〇年前往喬治．馬歇爾歐洲安全研究中心（George C. Marshall European Center for Security Studies）進修，幼子曼尼（Many）二〇一一年進入美國國防大學（National Defense University）。[12]本書撰寫時，曼尼士官拜准將，是柬埔寨情報次長，三十歲的曼尼是他父親的內閣副秘書長兼黨的青年團團長[13]，並且自二〇一三年七月選舉之後，成為國會議員。

我們不清楚洪森王朝對美國如此提攜照顧銘感五內的程度如何，但是我們曉得中國當局準備撒大把銀子爭取洪森父子的歡心。北京有一個關鍵優勢：它在國內可沒有人權團體說三道四、批評它的軍援政策。二〇一〇年，即送了軍用卡車一年之後，中國貸款一億九千五百萬美元給柬埔寨，供它購買十二架全新的中國製造直—9（Zhi-9）型軍用直升機。二〇一二年五月，兩國國防部長又簽署一項一千七百萬美元的訓練計劃；二〇一三年一月又補強，再承諾提供某些訓練與裝備。[14]中國大使館不必傷腦筋在承諾提供援助之前還需要調查受惠單位是否曾經幹了凌虐農民的勾當。

金邊方面不是沒有疑慮，美國政策圈內也有疑慮究竟能把柬埔寨收買到何種地步。報導指出現在中國出了極大價碼要援助柬埔寨，譬如，習近平到訪後傳誦一時的十二億美元天價。可是，仔細分析之後就會發現沒有那麼誇張。中方根本諱莫如深，柬方也提不出這個數字的詳細分類項目——只知道有十四項協議，主要涉及放款興建道路和其他基礎建設。不久之後，柬埔寨駐華大使凱．西索達（Kheh Caimealy Sysoda）告訴駐北京的美國外交官，這筆數字是百分之六十貸款、百分之四十贈與，項目包含興建水力發電廠。[15]這筆錢不可能在一年之內花完。總而言之，十二億美元包括了原先已達成的協議，刻意押到習近平到訪時一併宣布，它包含不是援助的商業投資，而且承諾也得花幾年時間才能兌現。[16]在媒體上廣為宣傳，只是為了造勢，好讓美國觀察家坐立不安罷了。

一九六四年，當時的柬埔寨元首施亞努（Norodom Sihanouk）告訴《國家地理》雜誌記者湯瑪士．艾伯克隆貝（Thomas S. Abercrombie）說：「兩頭大象打架時，螞蟻最好躲得遠遠的。」[17]十年之後，施亞努的國家夾在美國帝國主義和中、蘇不同版本的共產主義中間的衝突，不幸生靈塗炭。現在，柬埔寨政府、尤其是軍方，認為玩弄兩頭大象互鬥在政治上、商業上都可以坐收漁翁之利。他們的優先目標是保住權力、繼續圖利自己和黨羽夥伴，本地人謔稱這是「富棉」（Khmer Riche）上台，取代了「赤棉」（Khmer Rouge）當家。有兩個闊佬對手競相出資補助他們的政治野心和個人財富，豈非是天下美事。竅門在於要讓兩者永遠焦慮不安，不知是否輸給了對手。洪森是玩弄外交手腕以吊人胃口的一流高手。

但是，柬埔寨的外交周旋不是只在兩大之間操縱、玩弄而已。它和泰國、越南兩大強鄰之間的關係一向不睦。柬埔寨和泰、越兩國的邊境爭議一直沒有解決。比如，它和泰國之間常因誰擁有極具象徵性地位的柏威夏神廟（Preah Vihear）周邊的土地主權，引爆民族主義怒火。越南固然在一九七九年推翻中國人支持、大搞種族屠殺的赤色高棉還冊立了洪森，但是民間對越南人的仇恨卻十分普遍、熾熱。柬埔寨人認為越南人（Yuon）不法侵占湄公河三角洲的高棉人土地，帶來兩百年的不義暴政是「國恥」。這裡頭談不到區域團結的意識，絕大部分柬埔寨人若有機會報復偷竊他們國土的外夷，絕不手軟。

中美競相爭取小小柬埔寨的效忠，反映出在整個東南亞地區爭取影響力的大鬥爭。和季節風一樣，壓力和說服會交互從不同方向吹來。和季節雨相似，這些全球的、區域的和地方的潮流會帶來利與弊：援助、貿易和投資之外，貪瀆腐敗和軍事對抗也都來了。來自東方和西方的代表團以及地方菁英，試圖駕馭號稱代表國家（或只是本身）利益的勢力。美國擔心中國的崛起，而中國也擔心美國的包圍，加上長期以來地方上的冤苦和區域的權力鬥爭，創造出危機與機會。

東南亞的「螞蟻們」仍然害怕叢林巨獸打架會禍延無辜。他們都不希望在美國和中國之間做選擇。美國是本區域最大的投資者，中國則是主要的貿易夥伴。東南亞政府明白，他們經濟能快速成長靠的就是美國軍力獨霸所創造出來的安定，而且他們大多與美國有某種形式的防務安排。他們也很清楚，中國近在咫尺，而且愈來愈近。他們之間的敵對替螞蟻們創造了機會。自從施亞努拿螞蟻與大象做比喻以來已有半個世紀，他們已經學會如何善加利用大象，合於本身利益就拉攏牠，如果牠變得太蠻橫就得抵抗牠的要求。與此同時，他們避免不了陷入大國之間的交鋒。南中國海的爭議已使得地方、區域和全球的戰線糾纏在一起，這是一九七五年越戰結束以來所不曾有的現象。

發明「東南亞」

「東南亞」是世界上相對較新的一塊地理區域：它在二十世紀中葉才因德國學者和日本戰略家的鼓勵，從「遠東」脫離出來。但是，當羅伯・海恩—吉爾德恩（Robert Heine-Geldern）等人類學者討論著Südostasien*的文化、日本將領計劃著要入侵它之際，世界上其他地方——包括「東南亞」本身——大多還不知道它的存在。日本政府創造出「南洋」一字形容在他們的大東亞共榮圈之內，從台灣延伸到巴布亞紐幾內亞這一大片區域。但是，一直要到一九四三年十一月十六日戰時同盟國成立「東南亞司令部」（South East Asia Command）對抗日軍，這個字詞才進入英文詞彙。[18]但是「東南亞司令部」只主司印度、緬甸、馬來半島和蘇門答臘的戰爭。菲律賓、婆羅洲、荷屬東印度其他地區及巴布亞紐幾內亞，仍然撥歸西南太平洋司令部管轄，而法屬印度支那的地位不明，直到盟國一九四五年七月在柏林近郊波茨坦舉行峰會才做出定奪。在波茨坦會

---

* 譯注：德文，即東南亞的意思。

議中，現今的「東南亞」的形狀才固定下來：婆羅洲和爪哇劃入東南亞司令部指揮，而且，彷彿成了後來歷史的詭異預兆，印度支那被劃分為兩塊，南部歸東南亞司令部管轄、北部由中國戰區統帥部指揮。東南亞司令部於一九四六年十一月被撤銷，但是這個名詞、或者說是有個號稱為「東南亞」的完整區塊的概念，被保存了下來——後來在另一種戰爭中成為武器。

再一次地，這是一種軍事觀點，而且是由外人強加的觀點。一九五四年九月「東南亞公約組織」（South East Asia Treaty Organisation）在馬尼拉成立的時候，來自這個區域的國家只有兩個，即菲律賓與泰國——美國、英國、澳大利亞、法國、巴基斯坦和紐西蘭各因其他理由也加入這個組織。英國在今天的汶萊、馬來西亞和新加坡仍有殖民地；法國雖已退出越南北部，在越南南部、寮國和柬埔寨仍有軍隊。美國希望建立一個反共同盟，但東約組織不夠可靠。它逐漸凋零，直到一九七七年繼共產黨在柬埔寨、寮國和越南得勝後壽終正寢。它的影響力迄今猶在美國和泰國、菲律賓的安保條約中隱見身影。

到了一九五八年，由於深懼國內共產黨顛覆、又忌憚華人在本地區勢力龐大，催生了一些本地主導的倡議；比如，馬來亞推動成立《東南亞友好及經濟條約》（South East Asia Friendship and Economic Treaty）。這個組織的殘餘於一九六一年七月蛻變成為「東南亞協會」（Association of South East Asia）。本地區最有活力的三個經濟體馬來亞、泰國和菲律賓都納入其中。東南亞協會表面上不是政治性質組織，但是在冷戰的脈絡中，它明顯具有反共的宗旨。

東南亞協會會員面臨的第一個挑戰是，說服懷疑人士，證明這個區域組織的確有明確的宗旨、功能。印尼的民族主義者政府認為它是美國政府的外圍組織；印尼外交部長蘇班德里奧（Subandrio）告訴訪客，整個構想「沒有實質內涵」、「毫無用處」。[19]當個別國家無法就彼此國土疆界線達成協議時，也很難出現一致的區域認同意識。東南亞協會成立四個月之後，新任菲律賓總統馬嘉柏皋（Diosdado Macapagal）重提菲律賓擁有北婆羅洲的主權——北婆羅洲即將成為新獨立的馬來西亞聯邦的沙巴邦。經過這番主權爭議，東南亞協會也行將就木。

同時，印尼也對沙巴及北婆羅洲其餘地方提出主權主張。一九六三年，蘇卡諾政府發起大對抗（Konfrontasi），試圖強迫馬來西亞放棄這塊領地。直到印尼發生軍事政變，東南亞的概念才又重現生機。蘇哈托將軍在一九六六年三月推翻蘇卡諾，隔了幾個月，印尼在一九六六年六月一日同意結束大對抗。這是一個大轉折點。兩天之後，馬來西亞和菲律賓建立全面外交關係。美國現在在越戰中打得如火如荼，中國撐腰的共產黨在國內又興風作浪，東南亞的菁英們終於體認到各國之間保持更緊密關係可強化他們的統治能力。彼此團結起來，可以推動貿易和經濟成長、滿足人口成長後的各種需求，也讓別人不干涉他們的內政事務和外交政策。其結果就是一九六七年八月八日在曼谷成立「東南亞國家協會」（Association of South East Asia Nations，簡稱ASEAN，以下簡稱東協），除了東南亞協會原有三國之外，再加上印尼和新加坡。東南亞終於有了名實相符的區域組織。

東協起步維艱。成立頭一年，它差點就掛了，因為菲律賓又再度對沙巴提出主權主張，彼此不信任的情緒揮之不去。一直要到共產黨一九七五年在中南半島取得勝利，才刺激東協行動起來。它的領導人（蘇哈托、馬可仕和李光耀等反共強人）於一九七六年二月在峇里島首次舉行高峰會議，簽署「親善合作條約」，其中保證「自我節制不威脅使用或實際使用武力……透過友好談判解決彼此爭議」。他們首倡「東協方式」：承諾採取「共識決」、互不干預各國內政。往後二十年，亞洲四小龍經濟成長虎虎生風，但是東南亞的裙帶資本主義卻在一九九七年的亞洲金融危機中沒頂。此後，要在全球化經濟中力爭上游的意念——以及與大國保持距離的決心——促使區域統治菁英形成更緊密的關係。東協規模加倍（會員國由五國增為十國），期望則再加倍。東協效法歐盟成為「共同體」，它以政治與安全、經濟，以及社會與文化三個支柱做為基礎。東協從鄰國之間叫囂恫嚇，走了很長的路才有今天的局面。

美國表態

二〇〇八年初，米德偉（Derek J. Mitchell）在募款上碰到困難。他服務的機關戰略暨國際研究中心（Center for Strategic and International Studies）是華府地區經費最充裕的智庫之一，但是它的常態捐助人對東南亞事務不感興趣。米德偉只好向泰國大使館爭取贊助他研究計劃的核心經費。二〇〇八年九月，米德偉籌辦了一場論「美國與東南亞」會議，由泰國幾個贊助單位及少許其他捐助人資助。與會者都表達了相同的心聲：東南亞覺得被美國冷落了。國立馬來西亞大學教授楠森（K. S. Nathan）抱怨說，東協十國加起來得到的注意，只有日本得到注意的十分之一。越南外交學院院長呼籲美國要多為區域安全盡一點心力，新加坡大使表示西方的金融危機更強化一般人認為美國是個「心有旁鶩的國家」的印象。泰國國防部顧問潘尼坦（Panitan Wattanayagorn）談到東南亞普遍有種感覺，覺得「中國太近、美國又太遠」。

與會代表抱怨，在亞洲幾乎看不到小布希政府的身影。米德偉回憶說：「大家在談中國人搶了我們的午餐。」小布希總統沒有出席二〇〇七年東協—美國高峰會議，他的國務卿萊斯（Condoleezza Rice）在三次東協區域論壇會議中，有兩次缺席。這個批評未盡公允。固然小布希政府大部分精力投入「反恐戰爭」，部分官員已經開始思考其他施政重點。有位五角大廈前任決策官員解釋說：「工作在二〇〇七至〇八年間就已經著手做了。最大的轉捩點是二〇〇七年一月的「反人造衛星測試」（anti-satellite missile test，簡稱ASAT）。所謂「反人造衛星測試」是中國事先沒有公告周知就發射一枚飛彈，摧毀在軌道中已經失去作用的一顆人造衛星，此舉讓美國軍方大為震驚。五角大廈開始改變方針。二〇〇八年五月，國防部長蓋茨（Robert Gates）在新加坡舉行的一年一度香格里拉對話提醒大家，美國還是「亞洲的常駐大國」（a resident power in Asia），他是美國資深官員中第一個提到南中國海以及自由航行的重要性。[20]美國外交官依然在東南亞地區十分活躍，美國在亞洲各地仍駐有數十萬大軍，只是因為注意力都集中在伊拉克和阿富汗，大家不察而已。

米德偉在戰略暨國際研究中心的最後一項工作是針對「美國在東南亞的同盟及新興夥伴」提出報告，副標題十分驚悚：「走出陰影」（Out of the Shadows）。它提出四大建議：美國應該重振其同盟的活力，培養與新興夥伴的關係，開發與區域多邊組織的關係，並在經濟事務上與主要的東南亞國家密切合作。報告在二〇〇九年中發表時，米德偉已被歐巴馬新政府延攬到國防部擔任主管亞太安全事務的首席副助理部長。另一位智庫人士坎貝爾（Kurt Campbell）也辭去新美國安全中心（Center for a New American Security）的職務，出任國務院主管東亞太平洋事務的助理國務卿。兩人在一九九〇年代柯林頓政府的國防部，曾在亞洲事務小組中同事過。他們在遇上數十年未曾有的極端經濟危機之際、十分悲觀的時刻，擔起艱鉅的工作。據坎貝爾說：「我們的評估大部分都認為，我們的中國朋友普遍覺得美國陷於深沉、無可逆轉的衰退，在未來幾十年裡，我們就會退出亞洲。」[21]米德偉借用伍迪・艾倫（Woody Allen）的一句話形容他的策略：「把九成以上的性命都端出來了。」美國在亞洲要增加能見度。

新任國務卿希拉蕊・柯林頓（Hillary Clinton）充分聽取簡報、做足準備工作。她上任後的第一次出訪選在二〇〇九年二月，走訪日本、南韓、中國和印尼。她在雅加達宣布，美國將簽署東協的親善合作條約。當時的澳大利亞總理陸克文（Kevin Rudd）催促美國採取此一策略行動已有相當時日。它讓美國成為東亞高峰會的成員；東協領袖們藉由東亞高峰會與中國、日本、俄羅斯、印度以及其他國家領袖同席議事。希拉蕊在七月二十二日簽署了條約。在此之前的五月七日，中國政府讓整個區域都警戒起來，它在提交給聯合國大陸棚劃界委員會的文件中，將一份U形線地圖做為附件。這是它首次在正式的國際脈絡中採用U形線，這麼做等於是幾乎對整個南中國海提出權利主張。整個賽局為之丕變。

直到這一刻，以及遠溯到第二次世界大戰期間，美國持續拒絕在南中國海的主權爭議中選邊。但是在希拉蕊主事下，區域內各國之間的領土衝突，與美、中之間更大的矛盾，兩者開始彼此牽動。根據在國際戰略研究中心接替米德偉職位的厄尼．鮑爾（Ernie Bower）的說法，歐巴馬政府在這一刻才意識到「中國人的確仔細盯著（華府的）新聞發布，真正覺得時機到了。他們放棄鄧小平『韜光養晦、審時待勢』的理論，準備順勢回應國內的政治推力，以便有所作為」。[22]從美國人的角度看，這裡頭又因歐巴馬總統二〇〇九年十一月訪問中國出師不利而使得情勢治絲益棼。鮑爾回憶說：「歐巴馬嘗試新作法，提議在未來世界事務上美國和中國要更加合作，可是北京卻認為這是美國軟弱的跡象。這時候坎貝爾和米德偉跳了出來，表示『我們必須要擴大棋局』，明確表態要重返亞洲，由於東協是區域平衡的重要連結，利用東協的架構迫使中國人回到談判桌上。」

希拉蕊因而頻頻在東協場合亮相，更加深入介入區域政治。東協幾個會員國憂心中國轉為強勢作風，現在也努力想打「美國牌」。結果是雙方陣營在河內的東協區域論壇（ASEAN Regional Forum）上叫陣。東協區域論壇是東協與其鄰國及世界大國對話的另一個場合，希拉蕊二〇一〇年七月在年會內表示：

> 美國支持所有主張國不用恫嚇、透過合作的外交程序解決所有的領土紛爭。我們反對任何主張國威脅使用或實際使用武力。美國對於南中國海陸地地貌所起的相互競爭的領土爭議不選邊站。我們相信主張國應依據《聯合國海洋法公約》追求其領土主張及相關海域空間權利。吻合傳統的國際法，對南中國海域空間的正當主張應純依對陸地地貌之正當主張而得出。[23]

上述部分說法只是重申美國一九九五年首次公布的立場，但強調「合作的外交程序」是新的說法，它也是公開聲明支持東協主張國的策略。她有關威脅動用武力、遵循《聯合國海洋法公約》，以及純因陸地地貌提出主張的評論，明顯是在駁斥中方立場。她說完話後，十一個國家相繼發言暢談南海領土爭議。這是他們首次在東協區域論壇暢所欲言：美國開了第一槍，讓東協會員國及其他國家得到大鳴大放所必要的政治掩護。中國政府指控華府興風作浪、製造事端，但是米德偉認為希拉蕊只是應區域的要求、講出大家的心聲。「沒有疑問，重點是東南亞促使我們發言。中國人喜歡自稱遭人迫害，其實根本不是這麼一回事。」然而，東協也不希望表現得太過強硬。兩個月之後，在紐約召開的第二屆美國—東協高峰會，最後公報就隻字不提南中國海。[24]「螞蟻群」已經說出心聲，現在希望風平浪靜不去惹惱區域內的另一頭大象。

二〇一〇年之後，美國主張「東協團結」和「東協中心論」的聲音十分響亮。措詞用字聽起來善意，但是放在南中國海脈絡中，它並不中立：它試圖把東協十個會員國統統整合起來，以支持各國，特別是越南和菲律賓，與中國的領土爭議。但是東協前任秘書長、菲律賓籍的魯多夫·席維里諾（Rodolfo Severino）對於美國能夠成功的機率，向我提出悲觀的評估：「我不認為東協能就任何事情達成一致的意見，因為每個國家都有自己的看法。他們只考量國家利益——或者是他們認為的國家利益。很少有領導人願意對此採取長期觀點，因為離下次大選只有兩、三年時間呀！」中國人對此深為了解，因此竭盡全力阻礙東協對爭議有任何團結一致的活動。有些東協國家在南海不涉及任何利益，對於主張國沒有義務，因此好好享用中國的投資和大方餽贈。東協已經被各國往不同方向拉扯。

失控的金邊會議

時間拉回到維吾爾人遭遞解出境之後的兩年半，同樣是在金邊的某個夜晚。場景更加富麗堂皇，議題還是一樣：柬埔寨隨著誰的曲調起舞？這次問問題的不是難民與人道團體，而是東協的外交部長們。自從他們的前人簽署成立東協的「曼谷宣言」迄今差不多整整四十五年了，東協已經走了一段長路。金邊會議打著「同國同命」（One Country, One Destiny）的口號召開。可是，在取名甚為樂觀的「和平宮」一間宏偉的會議室裡，東協因南中國海陷入危機。

故事的開端可以有好幾個不同的起點：一九九二年七月，東協發表「馬尼拉宣言」，首次對南海採取聯合一致的立場；或者是首次嘗試起草一份可行的南海「行為準則」（Code of Conduct），那是一九九五年三月，緊接著中國占領美濟礁之後（見本書第三章）；或者是二〇〇二年十一月，東協和中國簽署「南海各方行為宣言」（Declaration of the Conduct of Parties in the South China Sea，簡稱ＤＯＣ）；也或者是二〇一一年七月，大家協商好的「南海各方行為宣言執行準則」（Guidelines to Implement the DOC）。將近二十年來，問題一直不變：東協某些會員國希望將中國拘束在一套規則上，限制它在南海的行動，特別是防止它再占領更多的陸地地貌。它顯然會有助於越南和菲律賓；如果能取得東協全體十個會員國支持的話，對汶萊、馬來西亞和印尼也會略有幫助。中國若是能和各國個別談判，當然會更有利。雙方交手已經纏鬥多年。

二〇一二年三月，我採訪菲律賓外交部長艾伯特．迭爾．羅沙里歐（Albert del Rosario）。從外交部他那巨大辦公室的大窗子望出去，馬尼拉灣及外海的宏偉景色躍於眼前。羅沙里歐很清楚問題的來龍去脈。他在就任外交部長之前，是第一太平洋公司及菲列克斯石油公司（Philex）的董事：這兩家公司擁有論壇能源公司的控制股權。就在他調動職位之間，也就是我採訪他之前一年，「真理航海家號」受雇於論壇能源公司調查禮樂灘天然氣儲量，卻被中國海監總隊派船阻擋（見本書第五章）。中國似乎吃了秤鉈鐵了心，打定主意要制止論壇能源公司開發天然氣田。羅沙里歐說，菲律賓要的是一套規則、一套行為準則，來解決問題：「我們理解當地的碳氫化合物儲存量攸關我們的未來。我們需要這些資源來儘快搞好經濟開發。對我們來講，它可能改變我們的未來。」

推動行為準則還有另一個象徵性的原因。二〇一二年十一月將是「行為宣言」簽署十周年。這個問題拖延不決已經有了十年之久。東協此時由柬埔寨輪值主席，它指派菲律賓起草另一份行為準則，但是羅沙里歐透露他正在籌劃更有雄心的一套東西。他告訴我說：「你來的這一刻，我們正在試圖啟動一個我們覺得大有可為的計畫。東協有四個國家提出權利主張。我們認為我們應該做、而且也已經啟動的程序是，結合對如何解決問題與我們看法最接近的國家（越南）。我們將在雙邊基礎上與這個國家悄悄合作解決問題。然後我們兩國去找第三個國家（馬來西亞），問它是否願意和我們合作；果真搞定了，我們三國再去找第四個國家（汶萊）……然後再回過頭找柬埔寨說：『看，我們自己已經搞定了這些，但是身為主席，功勞可以歸你，你可以說這是東協的倡議。』我們實際上已經發動了這個倡議。」

換句話說，羅沙里歐希望在短短九個月之內協商好一份行為準則草案，草案將包含一個可以解決菲律賓、越南、馬來西亞和汶萊之間（最後亦及於中國）所有海上爭議的機制。它看來像是一個虛幻的空中閣樓——這套時間表在企業界或許辦得到，國與國之間的談判恐怕就難了。號稱「和平自由友好合作區」（Zone of Peace, Freedom, Friendship and Cooperation）的這套機制，所有各方要先協議好哪個地區有爭議，然後據以集中力量解決之。這套機制放在書面上還挺不錯（詳見本書第九章）。問題在於菲律賓的外交沒有能力促其實現。東協的辦事規則是全體十個會員國都要同意才能推行，可是沒有跡象顯示菲律賓已在幕後投入必要的折衝來爭取其他國家贊同。即使羅沙里歐也承認，一月間他在東協外交部長會議上提出此一計劃時，迴響並不熱烈，「基本上是因為東協沒有太多時間去消化這個概念。」

菲律賓這個方案有兩大根本缺陷。第一、它是向正式會議提出已經完全成型的計劃，未經過必須的準備工作；第二、馬尼拉想拿一套可執行的規則——「行為準則」——來約束北京當局，可是在東協全體十個會員國都同意之前，它又不準備邀中國參加談判。中國可以爭辯說，打從一開始，就該邀它參加談判，而且有好幾個東協會員國會同意這個說法。北京已經努力策劃其反制策略：集中全力向它最容易影響的國家下功夫。三月底，即東協領袖高峰會開會前四天，中國國家主席胡錦濤到柬埔寨進行國是訪問、會見洪森，宣布一批七千萬美元的新援助，也承諾五年之內兩國貿易額倍增為五十億美元。[25]胡韓會之後，洪森的顧問史里·坦隆（Sri Thamrong）告訴媒體記者說，胡錦濤表示，中國對訂定南海行為準則樂觀其成，但又不要「太快」。洪森回答說，他認同中國的想法，即南海問題不應「國際化」。[26]柬埔寨果真不把南海議題列入東協高峰會正式議程，經菲律賓等國家抗議後才又排進議程。五月底，中國又給柬埔寨二千萬美元軍事援助，[27]六月中旬再追加一筆高達四億三千萬美元的貸款。[28]當然還是跟過去一樣，雙方都堅稱沒有交換條件。

二〇一二年七月九日星期一，羅沙里歐又來到金邊，試圖說服東協同僚對北京採取強硬路線。自從他向我概述其策略以來的四個月期間，中國船隻已經控制了黃岩島，中海油已將越南專屬經濟區內的油氣田的開採權招標。五月底，菲律賓和越南要求東協同僚發表聲明譴責他們認為的違犯行為宣言之精神的行為。但是，柬埔寨外交部說，會員國對這件事沒有共識。

對馬尼拉來講，在行為準則方面終於傳來差堪告慰的好消息。羅沙里歐的草案在東協討論時被刪掉一部分精髓——決定哪個地區有爭議的微妙機制已經刪掉——但是解決爭議的程序保留住。[29]這算是還不壞的結果，尤其是外長們當天上午正式通過文字版本，同意把它交給中方做下一階段的談判。外長會議結束，大家移到比較不那麼正式的討論——所謂的「避靜討論」（retreat）。但是，這實際上一點都不是悄悄的閒話天下，這次的避靜討論使東協陷入它有史以來最大的危機。

東協將與澳大利亞、加拿大、中國、歐盟、印度、日本、紐西蘭、俄羅斯、南韓和美國在一個星期之內，個別地、或以不同組合的方式討論，然後合起來以東協區域論壇的名義發表一份公報。避靜討論負責協議好這份公報。起草公報的任務交付給羅沙里歐，以及印尼、馬來西亞和越南的外交部長，這些國家都直接涉及到南海利益。他們起草的文本有一百三十二段。第十四段至第十七段涉及到南海，而其中的第十六段更明確提到黃岩島以及越南的抱怨。聯合公報是這一類集會的重要表徵。通常它們事先就擬好，正式議事完畢就發表，也幾乎立刻就被忘掉。但是，這次金邊會議的狀況完全不一樣。

由於某個代表團的筆記外洩給了駐澳大利亞的學者卡爾．賽爾，我們得知接下來發生的某些狀況。[30]羅沙里歐慷慨激昂呼籲支持，追問東協同僚，菲律賓失去了對黃岩島的控制，為什麼大家還默不作聲？中國的行為難道不違反行為宣言所宣示的「需要推動和平、友好、和諧環境」嗎？他列舉多年來中國「擴張及侵略」的其他事例，指控北京「失信」、沒有從島礁撤走它的船隻。然後，羅沙里歐引述神學家馬丁．尼莫拉（Martin Niemöller）反納粹的名言：「起先他們（納粹）追殺共產黨人，我默不作聲，因為我不是共產黨。然後他們追殺工會分子，我默不作聲，因為我不是工會分子……當他們追殺我，再也沒有人替我說話了。」由於東協大多數會員國（包括菲律賓）過去曾經大力整肅共產黨，而其他會員國迄今仍取締獨立自主的工會分子，這個比方並不能打動他們的心。更重要的是，沒有什麼人覺得在菲律賓之後，中國會來找他們麻煩。事實上，還有人責備菲律賓處置不當，才一對峙就派出海軍旗艦戈里格里歐．狄爾．皮拉號，升高了黃岩島爭議。其他人則關切馬尼拉公開訴請美國支持，此舉違背東協珍視的中立性。

其他部長逐一發言。泰國外長蘇拉蓬（Surapong Tovichakchaikul）口若懸河，但是只說必須維持東協團結一致。越南外長范平明（Pham Binh Minh）要求大家支持，反對中國「嚴重侵犯主權」的行徑。印尼外長馬提・納塔列加瓦（Marty Natalegawa）堅持東協應該團結，並提及南海最新的發展。馬來西亞外長阿尼法・阿曼（Anifah Aman）也是如此。汶萊外長莫哈默德・波奇亞親王（Prince Mohamed Bolkiah）話不多，但表示他會支持聯合公報。跟在他後面的是寮國和緬甸的外交部長，並沒有發言反對公報的文字；然後是新加坡外長尚穆根（K. Shanmugam），他說「最近的發展特別引人關注」。

根據我們掌握的說法，直到這一刻，每位外交部長都發言了，不是表示支持文本、就是沒有表示反對。可是，柬埔寨外交部長賀南洪（Hor Namhong）拿起麥克風就宣布「沒有共識」，還說第十四段到第十七段，尤其是第十六段，應該暫時擱置、不應該立即通過。四位負責起草的外長大吃一驚，立刻要求當下、當場解決這個問題。但是賀南洪堅稱「現在，或近期內，我們不能預期會解決這些爭議。在東協，不行啦！」當下有人就起疑柬埔寨是不是被收買了？它是否預備撕裂東協，以便討好北京？

印尼外長馬提・納塔列加瓦旋即宣讀第十六段折衷版本——它提到「受影響的島礁／爭議地區、專屬經濟區和大陸棚」——但是賀南洪堅持沒有必要提到任何特定事件，然後就扯到另一邊去，大談有可能分辨得清楚「礁」與「島」的差別嗎？能夠辨別它屬於誰的嗎？他最後提議，把第十六段全文刪掉。羅沙里歐指出，文本根本沒提誰擁有島礁。

接下來，辯論轉到是否可以改用「爭議地區」這個字詞。納塔列加瓦和馬來西亞外長阿曼提出這個建議，但是范平明堅持越南的專屬經濟區不能被說是「爭議地區」，羅沙里歐對黃岩島也持相同立場。范平明建議暫時休會——我們的紀錄到此為止。但是關於聯合公報對最近南海事件究竟要精準到什麼地步的辯論又持續了四天，其他預定的雙邊和多邊會議也照舊進行了四天。

次日（二〇一二年七月十日星期二），在北京和金邊的記者會上，中國外交官繼續警告，這個會議不是「討論南海問題合適的地方」，又說：「中方感謝柬埔寨在關係中國核心利益的問題上長期以來對中國的堅定支持。」[31]雖然記者們被隔離在特設的媒體中心，安全地看不到部長們、官員們在起迴聲的走廊裡奔忙或交頭接耳的盛況，和平宮內議事不順的跡象還是紙包不住火。星期三上午召開的部長緊急會議被描述為「尖銳」、「緊張」。泰國籍的東協秘書長蘇林．皮祖望（Surin Pitsuwan）卻不忘為大家打氣，告訴記者們會議進行順利。

到了星期四，蘇林準備承認會議進行中出現了「波折」。同一時候，納塔列加瓦努力挽救——同時也宣稱某些同僚的行為「非常不負責任」。他對第十六段提出十八個版本的修正，卻一點用也沒有。這一天又召開緊急會議。有個柬埔寨外交官抱怨他的國家遭到「霸凌」。不願透露姓名的外交官告訴記者，賀南洪一再拿著公報文稿走出會議室與未現身的顧問商量。傳說，中方官員獲知這些文稿內容。[32]雖然後來柬埔寨外交官員批評這種指控（譬如，向《金邊時報》投書），但從來沒有真正否認過。[33]

現在輪到希拉蕊．柯林頓出場。這位美國國務卿抵達金邊時，笑逐顏開，但也承認討論相當「緊張」。她提醒大家，美國的政策是不在南海爭議中選邊站——不過她倒不吝批評發生在黃岩島的「對抗行為」、「令人擔心的經濟恫嚇」，以及「製造摩擦的國家措施」。[34]大家都不會聽不懂她指桑罵槐在影射誰。她呼籲東協「要以一個聲音講話」。聽起來她似乎在鼓勵東協的公報要顯示立場一致。

星期五上午，蘇林還在談和平宮的「波折」。尚穆根準備要登機回新加坡，卻接到賀南洪急電要他回頭：菲律賓和越南已經同意折衷的措詞。大家又開一次緊急會議。可是，討論進行中，蘇林話還沒說完，賀南洪就切斷他的麥克風。[35]儘管有人爭取再協商，賀南洪拿起文件、衝出會議室。[36]這不是好兆頭。東協四十五年史上，首次出現外長會議結束竟沒有發表聯合公報。納塔列加瓦表示「沉痛的失望」。蘇林改口把「波折」升級為「大波折」。與會其他部長也各自議論紛紛。各方問題在星期五紛紛湧現，柬埔寨外交部長卻提出一個怪異的解釋。他說：「東協外長會議不是法庭，不是裁判爭議的地方。」[37]可是，並沒有人要求外長會議做裁決啊！

柬埔寨會呼應中國立場行事，沒有人會覺得驚訝，但是它會如此厚顏無恥地做，而且不惜傷害東協蠻幹，倒是令大多數人嚇了一跳。柬埔寨政府可不在乎。畢竟，柬埔寨有什麼理由要依東協整體利益行事？洪森只在意一件事，那就是洪森自己的未來。封殺聯合公報，他既討好北京、又讓河內生氣，不是一箭雙鵰嗎？而且他也有恃無恐。美國不會跟他翻臉，事實上還會加碼討好他，以免他往中國陣營傾斜。這更是一箭三鵰了！

但是就重視區域團結的人而言，金邊會議後果不堪設想。只有納塔列加瓦主動積極設法彌補傷害。峰會之後五天，他從雅加達出發，拜會馬尼拉、河內、金邊、曼谷和新加坡當局。雖然他唯一的成就是促成東協重申不知已說過多少次的六點立場：東協支持行為宣言、支持執行準則、支持行為準則、支持國際法、自我節制與和平解決爭端，他的努力還是被稱讚為十分成功。「黃岩島」和「專屬經濟區」從頭到尾不見蹤影。可是，金邊會議失敗之後，大家所介意的唯一一件事就是有一紙文件、讓所有外交部長的名字都出現在上面。

但是問題並沒有平息下來，外交官們不顧外交禮儀在報紙上寫文章互罵。羅沙里歐的資深助理厄林達·巴西里歐（Erlinda Basilio）開第一槍，在兩家菲律賓報紙上發表長文揭露峰會秘辛。柬埔寨外交官情緒激動地反駁《曼谷郵報》（*Bangkok Post*）、《民族報》（*The Nation*）、《金邊郵報》（*Phnom Penh Post*）、《柬埔寨日報》（*Cambodia Daily*）、《日本時報》（*Japan Times*）和《菲律賓星辰報》（*Philippines Star*）刊出的報導。在反駁《菲律賓星辰報》的報導時，柬埔寨駐馬尼拉大使賀斯·瑟瑞東恩（Hos Sereythonh）指控菲律賓玩「骯髒的政治」。羅沙里歐的辦公室在大使館門口貼公告、在報紙頭版發新聞召見他。賀斯·瑟瑞東恩稱病不出，派副手代表出席。十天之後，柬埔寨駐菲大使館說是為了修補雙方關係，賀斯・瑟瑞東恩奉召回國，大使易人。後來，事情稍微安靜，但並沒有完全止歇。十二月，厄林達・巴西里歐奉派出任菲律賓駐北京大使——馬尼拉將堅持強硬立場的跡象。要怎麼收拾呢？截至本書截稿時間，金邊攤牌已經過了許久，行為準則還沒有取得協議的跡象，「和平自由友好合作區」的構想還擱在檔案櫃裡。

重返亞洲

二〇一一年，美國國務院的亞洲團隊，套句厄尼・鮑爾的話來說，「非常驚慌北京會把即將從伊拉克和阿富汗撤軍解讀為更加軟弱」。[38]他們想方設法要把此一發展描繪成正面意義。起先他們選擇的口號是「回到亞洲」（Return to Asia）。但是，主司戰略溝通的副國家安全顧問賓・羅德士（Ben Rhodes）另有高明意見。二〇一一年十一月，希拉蕊・柯林頓借《外交政策》（*Foreign Policy*）雜誌篇幅發表美國結束在伊拉克和阿富汗的泥淖之後的新方略。它不是撤退、它也不是「轉向」哪裡，而是「轉軸」（pivot）。她的文章列舉六個「關鍵行動路線」，其中四個取材自米德偉二〇〇九年在國際戰略研究中心撰寫的報告（復興同盟關係、培養與新興國家關係、開發與區域多邊機構的關係、與東南亞國家在經濟議題上密切合作），再加上另兩項：美國將擴大在亞洲的軍事存在（military presence）之基礎，以及促進民主和人權。

做為策略性的行銷，「轉軸」非常的成功。現在沒有人可以說美國不重視亞洲。仔細推敲過的字眼產生了預期的效果。問題是它只和宣示的六大「行動路線」之一扯得上邊。轉軸的第一個實際動作發生在希拉蕊文章刊出之後幾天。歐巴馬總統飛往澳大利亞，宣布美、澳協議好兩千五百名美軍陸戰隊將半永久性地駐在達爾文（Darwin）。然後他才飛往峇里島，成為第一位出席東亞高峰會的美國總統。剛離開國防部職務的米德偉也認為「初步訊息沒有推出得很好」。[39]轉軸變得太側重軍事部署。「轉軸」聽起來也不像永久性質。如果美國今天可以轉軸轉向亞洲，來日不無可能輕易轉向別處。華府需要有聽起來更具持久性的東西。不到六個月，「轉軸」被替換為「再平衡」（rebalance）。

東南亞大部分政府都歡迎美國的「再平衡」。這使得他們可以平衡與北京的關係，並享有更大的行動自由。有些國家，如柬埔寨，周旋於兩大之間而左右逢源。其他國家，主要是海洋國家，試圖利用再平衡強化他們的地位，特別是在南海的地位。美國也利用爭議增強和相關國家的關係。兩個議題形成共生關係：區域內各國對中國愈來愈強悍感到相當焦慮，美國則關切它的全球戰略角色。慢慢地，這兩套議題——區域性的領土爭議，以及美、中兩國的「全球」歧異——變成相互糾結。它使得南海變成潛在危險的地方。用米德偉的話說，出現了「尾巴搖狗」的危險。

米德偉和其他美國外交官每次提到「再平衡」都必須強調「這不是只針對中國」。這話沒錯

——它關係到的是重新活化、提振與日本、韓國、東協及南亞的關係。但是上述這些地方構成一個弧，而這個弧包圍著中國。希拉蕊的六條行動路線也環繞著中國形成言論的弧。每一條行動路線都有一個關鍵詞語凸顯它的重點。當她寫到結交新興國家時，她要求他們「加入我們一起打造並參與一個遵守規則的區域及全球秩序」。「遵守規則的秩序」是透過下列傳統支持美國全球霸業的國際體系：如聯合國安理會的否決權、布列敦森林體制、美元獨霸、自由貿易與自由航行的原則。未來美國的安全與繁榮要靠新的全球大國遵守現今國際體系的規範。從戰略的角度看，美國的霸業特別要依賴自由進出全世界海域。用美國「二〇一一年全國軍事戰略」的話來說，「確保進出『全球公域』（global commons）和網路空間，構成美國國家安全的核心部分……全球公域與全球聯通的網路世界構成了一個連綿的肌理，所有國家的安全和繁榮都要依賴它」。

南海是「全球公域」裡一個關鍵重大的連結，將太平洋與印度洋、波斯灣和歐洲連結起來。現在，南海和東海成為全世界爭執鬧得最兇的海域，也是大家對中國的動向感到焦慮不安的主要原因之一。有位前任五角大廈決策官員解釋說：「我們很高興有許多國家在附近出入。要不得的是獨占的行為，無論是以霸道武斷的方式，或是以慢性窒息的方式，將別人驅趕出去，都是不可取的。」[40]當美國人說中國應在國際體系內運作時，他們指的一件事是中國必須同意把南海開放給美國海軍。

目前美方煞費苦心鼓勵中國放下「獨占的行為」，全面參與現有體系，亦即，按照西方規則玩遊戲。從國是訪問到軍事會談、植物檢疫工作會議，北京受到外交官和謀士們殷切的關愛。坎貝爾二〇一三年在澳大利亞演講時說：「我們追求的是把中國整合進全球社會，讓我們一起合作來界定共同的規範、價值和程序，而且符合我們的最佳利益。」[41]他們的努力付出是因為這些外交官和戰略家認為，北京領導人還未被說服接受目前國際體系的好處，會在往後數十年內挑戰其遊戲規則。

希拉蕊對同盟的重視給了我們第二個關鍵詞。「轉軸」向全世界引介一個新的地理區：「印度—太平洋」（Indo-Pacific）。雖然人類學家和動物學家使用這個名詞已經許多年，支持「再平衡」的人士卻賦予它新的意思：一個關切中國崛起的國家的鬆散聯合。「印度—太平洋」現在是個戰略區域，就和二次大戰和冷戰期間的「東南亞」一樣。它形成一個巨大的四邊關係，從印度經由日本和澳大利亞延伸到美國——澳大利亞的海灘兼有印度洋和太平洋的沖刷，這個字詞正好起源於此。澳大利亞、日本和美國自二〇〇五年以來即有「三邊安全對話」。二〇〇六年，當時的日本首相安倍晉三提議邀請印度加入組成「四邊安全對話」，但是由於當時澳大利亞總理陸克文的態度模稜兩可，這個主張旋即被擱置。在這件事之後，於陸克文之前擔任工黨領袖的金·貝茲雷（Kim Beazley）在二〇〇九年十一月發表文章提醒未來中、美會較勁爭雄，他在文章中介紹「印度—太平洋」這個概念。[42]雪梨羅威國際政策研究中心（Lowy Institute for International Policy）的羅利·梅德卡夫（Rory Medcalf）也極力推動這個概念，直到希拉蕊於二〇一〇年十月在夏威夷演講時宣示了美國的贊同。印度—太平洋四邊關係的政治中心就是南海。

這個詞語描述的是一個戰略場景——把印度納入原本習稱的「亞洲太平洋」地區。希拉蕊在她揭示「轉軸」的文章中宣稱：「美國正將其戰略押寶在印度的未來，印度在世界舞台上發揮更大的影響力將有助於和平與安全。」用坎貝爾的話來說，「印度是這個體系的鎖鑰，將在東亞扮演巨大又關鍵的角色」。[43]印度長久以來迴避在美國領導的軍事連線中有任何角色，但是面對中國的崛起（以及巴基斯坦和阿富汗局勢的發展），它在二〇〇九年同意定期舉行「印、美戰略對話」（India-U.S. Dialogue）。從此以後，印度已經採購一百三十億美元左右的美國軍事器械，包括直升機、運輸機和大砲，這些武器大部分將用在支援其為了保衛喜馬拉雅山區中和中國的邊界而新建的山地作戰部隊。

澳大利亞一直積極要把「印度」嵌入「太平洋」。兩國在二〇〇九年協議發表「安全合作聯合宣言」（Joint Declaration on Security and Cooperation），而二〇一三年六月的交涉產生一份協議，將聯合舉行海軍演習並定期商討區域安全議題。[44]印度也正在積極開拓其他關係：與越南有「戰略夥伴關係」，與日本有「防務政策對話」，也和日本、韓國有「三邊對話」。它提供給越南一億美元的低利貸款，俾能購買巡邏艇以保護印度公司在越南外海所營運的油田；它還和馬來西亞、新加坡、泰國及日本舉行聯合演習。[45]可是印度的政治文化仍然鼓吹「戰略自主」，因此它不太可能加入和美國有關的任何正式同盟。

在這個四邊形之內，澳大利亞、紐西蘭、日本、韓國、台灣、菲律賓和泰國，過去數十年都曾有過防禦條約或協定。近年來，東協七個會員國已同意和華府有某種形式的軍事夥伴關係（緬甸、越南和內陸國寮國為例外——前兩國正在小心翼翼地調整方向）。另一方面，中國的軍事友人名單就短得多，只有北朝鮮、柬埔寨、寮國、緬甸、孟加拉、斯里蘭卡和巴基斯坦。他們沒有一個稱得上盟國，除了北朝鮮之外，全都在兩大之間企求漁翁之利。緬甸目前向西方開放，主要是它想降低對中國的依賴。寮國是為了以中國制衡越南，柬埔寨是只為自己、誰都想要，斯里蘭卡也一樣。如果說中、美兩大出現戰略競爭，美國起跑點有一面倒的優勢。但是在東南亞，問題在於它是否能維持此一優勢。

二〇一三年，美國光是花在情報上面的費用就超過五百億美元——比東協全體會員國加總起來的軍事費用還高。[46]除此之外，美國二〇一四年預定的正式軍事預算還有六千二百五十億美元。[47]國防占美國聯邦政府預算的五分之一以上，二〇一四年占率為百分之二十二。本書截稿時，美國國債高達十七兆美元[48]，削減開銷是勢在必行。大家擔心美國對本區域的承諾還能維繫多久，因此為了避險，紛紛與中國攀交情，進而替美國製造惡性循環：必須增加支出來扭轉此一印象；國內要求裁減預算的壓力又告上升；因此增加了它實際上必須降低駐軍的可能性；這一來在四邊形之內的國家更有理由要追隨北京的路線。這就是北京一直汲汲營營想要渲染的訊息——美國愈是顯得拚命努力支持對亞洲的承諾，亞洲國家就愈可能向別的地方尋求支援。

於是就出現第三個關鍵詞「分攤負擔」（burden sharing），它和轉軸強調區域多邊體制相互呼應。華府積極鼓勵「關切中國」的國家建立自己的同儕軍事關係。日本提供菲律賓十艘海岸巡邏隊船隻，每艘價值約一千一百萬美元，也負責訓練越南的海巡人員。南韓捐了一艘軍艦給菲律賓，澳大利亞提供器械和訓練。澳大利亞在二〇一二年也和鄰國印尼簽訂防務合作安排。澳大利亞亦開始與日本更緊密合作，譬如，二〇一二年六月舉行代號Nichi Gou Trident的聯合軍演。[49] 一九七一年協議妥當的「五國防務安排」迄今還串連起澳大利亞、紐西蘭、新加坡、馬來西亞和英國。

但是凡此種種活動加總起來會有效果嗎？韓國和日本仍然為竹島／獨島主權爭吵；越南不可能加入美國領導的防務安排，以免招致中國的重大威脅。東協其他國家樂於躲在美國軍事保護傘的庇護下——也的確利用它來壓住東協內部某些爭端——但是他們毫無興趣重建任何類似東南亞公約組織的東西。這不是同盟、聯合或甚至夥伴關係。或許可以從物理學借個字詞來盡可能接近地形容：這是一種「流動」（flux）——一系列的粒子和力量持續地重新排列組合。但是根據我們前面提到的五角大廈決策官員的話，這未必是壞事。「就外交意義而言，我們勝過中國的最大優勢，不是船堅砲利。而是中國人還沒搞清楚如何玩多邊的遊戲。我們曉得箇中訣竅。既然我們比以前弱，我們就必須把已經熟悉的事做得更好。我們剛重新找回我們許久以前，第二次世界大戰以前，就常做的事。我可以告訴你，當地有許多國家都希望我們留在當地。不是軍容壯盛留在那裡、不是霸道專橫地留在那裡，而是在戰術層面留在那裡。」[50]

因此，這些粒子要如何被說服奉華府為軸心而結合起來？簡單地說，透過第四條行動路線：擴大貿易與投資。這裡的關鍵詞是「跨太平洋夥伴關係」（Trans-Pacific Partnership，簡稱TPP）。這個轉軸背後的一個主要動機是美國擔心會被擠出東亞的市場。二〇〇四年，美國是東協最大的貿易夥伴。到了二〇一〇年已淪為第四大，遜於中國、日本和歐盟。中國—東協自由貿易區在這一年生效，中國還要推動更大的「東亞自由貿易區」，納入日本和南韓，它對東北亞和東南亞將有相當大的影響力。根據厄尼．鮑爾的話：「關於亞洲經濟整合出現了一個實際問題，中國人即將席捲一切。他們已經開始主導『東協加三』結果，彷彿他們就是決定議程的人。如果你和日本人、韓國人談話，你會發現他們憂心忡忡，而澳大利亞和紐西蘭人也惶惶不安，因為亞洲整合已經不等他們就開動了。因此，各方對美國人提出種種的警告。」

二〇〇八年一月，小布希還當家做總統時，他的政府湊合了四個怎麼看都格格不入的國家——汶萊、智利、紐西蘭和新加坡——自稱為TPP，把它推到美國在亞洲經濟規劃的前端。歐巴馬政府起先不是那麼熱衷。二〇〇九年十一月，歐巴馬坐上空軍一號專機，首次前往亞洲進行正式訪問時，他並沒有計劃要就貿易事項做任何聲明。但是在旅途中和希拉蕊、坎貝爾長談後，他被說服了，而在眾人大為意外之下，於日本宣布美國將加入推動TPP。此後，TPP成長為十二個國家，包括另兩個東協會員國（越南、馬來西亞）和日本。南韓也可能會加入。華府希望TPP將擴大成為「亞太自由貿易區」（Free Trade Area of the Asia-Pacific）；不過各方普遍懷疑TPP是否能夠達成它的第一批目標。這些目標包括，對勞工權利、環境保護、智慧財產權和政府合同等訂定規定——這些是富國的議題，在亞洲根本排不上優先議程。

東協在推它自己的計劃，即「區域廣泛經濟夥伴關係」（Regional Comprehensive Economic Partnership，簡稱RCEP）。它是一個標準低得多的框架，主要集中在統合東協會員國既有的自由貿易區，包括與中國的自由貿易區。傳說美國支持的TPP和包括中國的RCEP兩者互相角力，但是值得注意的是，東協刻意選擇推動RCEP（而不是東亞自由貿易區），因為它包括印度、澳大利亞、紐西蘭以及日本和南韓——使它比較不會太側重中國。但是其實全都一樣，東協以腳投票，向它最重要的市場整合。

然而，除了有個計劃協助東協國家走向吻合TPP的標準——即「擴大經濟交往」（Expanded Economic Engagement）倡議——之外，華府沒有提出太多的正式經濟激勵來把「印度—太平洋」往它的方向拉。這反映出國內遊說團體的力量，他們比較擔心來自亞洲製造業者的不公平競爭，而不是那麼重視美國在亞洲的戰略地位。民間部門因而被告知要和它善為相處。二〇一二年，美國—東協商業理事會（US-ASEAN Business Council）和美國總商會（US Chamber of Commerce）在柬埔寨共同主辦「美國—東協商業論壇」，這時候也是東協各國外長為聯合公報忙得不可開交的時候。可是，二〇一三年，論壇沒辦了。看來轉軸還是比較著重槍砲、而不是奶油。

但是，究竟是什麼樣的槍砲呢？中國官員曾經提出對國際法的詮釋，這種詮釋有潛在可能把美國海軍拒之於南海大門外。中國同時在發展可以「拒止」美國艦隊進入南海的武器。華府視此發展為根本性的威脅，不僅威脅它的海軍、更威脅到它的全球地位。希拉蕊所宣布的轉軸的第五個元素是「擴大軍事存在之基礎」，但是我們在下一章會看到，它成為和「空、海作戰」一詞連結在一起。會發生戰爭嗎？當然不必然。美國海軍過去有禮讓空間給新興國家的實例，未來也可以。一九六二年後幾十年，蘇聯發展出「藍水」海軍，它的遠東艦隊從海參崴航行到許多地方。但是當時的美、蘇兩大超強都是格勞秀斯的信徒。能夠隨意航經南海及各地，他們已經滿意。今天所不同的是，北京明顯盼望推翻好幾百年的習俗，不讓軍艦有此一權利。

轉軸的最後一個關鍵詞是在「普世價值」的大標題下「促進民主和人權」。這是開發得最不足的元素。本書撰寫時，米德偉已出任美國駐緬甸大使，緬甸號稱在民主與人權上很成功，但是對於人權的歧見卻阻礙了它與越南的關係。最後它們成了界定美、中歧見的因素，北京領導人認為宣揚個人自由會顛覆其政治制度，導致另一回合的帝國主義主宰。頗有可能人權考量將在未來的戰略競爭中扮演相對較小的角色。

南中國海成了兩套戰略原則與許多區域利益碰撞的戰線。爭議十分危險，因為它具體呈現出兩個大國對自身的認知。美利堅合眾國和中華人民共和國都奠基在強大的使命意識上，他們的菁英也深具這種強大的使命意識。就中國共產黨統治者而言，正當性來自於他們反帝國主義鬥爭的歷史，以及持續不懈要收復殖民者及漢奸從中國奪走的領土之努力。且不論這個說法有違史實，這些領土包括了南中國海。美國的菁英也對它的「明顯的命運」有個絕對的信念：美國是個與眾不同的「卓異的國家」（exceptional country），全世界「最後的最佳希望」，是個「不可缺少的大國」，維護國際體系規範和規則的國家。南海是這些規範和規則受到挑釁的第一個地方。如果美國失去自由進出這些水域的權利，它將喪失其全球地位，淪為一個可有可無的次等國家。對美國的身分認同、繁榮、與安全來說，這樣的改變將會是可怕且毀滅性的。美國會為了保衛它而不惜一戰。我們即將看到，有人已經擬定了計畫。

第八章　包圍與突破：方興未艾的軍備競賽

無瑕號風波

它長得像個巨型灰色箱子，時速只有十節，而且像個一流的間諜，躲在一個枯燥無味的名稱底下。做為一艘「探測船」，「無瑕號」（USNS *Impeccable*）通常很低調、躲開聚光燈。它深入海洋單獨作業，遊走在國際法的邊緣。它雖然是美國政府所有、歸國防部管控，卻委由知名的航運公司丹麥快桅集團（Maersk）底下名號響亮的「特殊任務部」（Special Mission Division）營運。「無瑕號」的工作，以及它為何是箱型的原因，即是在怒海中拖曳價值昂貴的纜線。它的「特殊任務」是用它拖在船尾的一千五百公尺長「拖曳傳感器陣列監視系統」（Surveillance Towed Array Sensor System）偵測中國的潛水艇。二〇〇九年三月五日星期四，無瑕號在海南島榆林潛水艇基地東南方約一百四十公里處默默地作業，突然一艘中國護衛艦從它船首駛過。兩小時之後，一架中國偵察機十一次低飛經過它，而護衛艦再次駛過它的船首。三月七日、星期六，另一艘中國「輔助綜合情報」艦（Auxiliary- General Intelligence，簡稱AGI，即間諜船的委婉稱呼）命令「無瑕號」離開，否則「後果自行負責」。「無瑕號」沒離開，次日後果就來了。

我們稍微知道經過，是因為美國國防部公布了「無瑕號」船員「巴比」（Bobby）拍的一段錄影。我們看到的現場是晴空萬里、水波不興。「無瑕號」已經被一群船隊包圍。兩艘民間拖網漁船湊近「無瑕號」船尾。另有一艘漁政船、一艘海監船和原本那艘間諜船跟在一旁。兩艘拖網漁船都沒有拖著漁網，但是它們船上插滿中國國旗。其中一艘船身已舊、但新漆了紅色油漆，它已經近到可以看到其船橋窗戶上貼著幾張臉在觀察。有兩個人站在船首，其中一人揮舞著旗子。然後這艘漁船突然有了行動：它的煙囪冒出黑煙，它想要衝過「無瑕號」的船尾，顯然有意切斷「拖曳傳感器陣列監視系統」。「無瑕號」船員已經準備好，如果有人企圖搶登船，要把他們驅退。不過，他們大體上把它當做中方在鬧笑話。巴比形容說：「盧和威爾森已經備好水管，但是老中讓我們笑得眼淚都掉下來。」

沒有辦法用船身撞斷纜線，紅色漁船船首那兩個人之一拿出一根長竹竿，伸向水中企圖勾絆纜線。由於「拖曳傳感器陣列監視系統」重達一百五十五噸，「無瑕號」船員更是笑歪了。有個船員說：「如果他勾到了，在甲板上就站不住了，他會跌到海裡灌水去。」影片上沒出現，但是盧和威爾森一度奉令打開「無瑕號」的消防栓，企圖利用水柱把兩名「漁民」沖走。但是他們不放棄，乾脆脫得只剩內褲，繼續勾絆纜線。試了一陣子沒有結果，漁船船長改變戰術。漁船加足馬力，搶過「無瑕號」右舷、停在它前方。藍色船身的另一艘漁船也從左舷搶進。政府的船隻還留在附近、保持一段距離，但是想必準備在漁船遭到「無瑕號」「威脅」時就要伸出援手。人人都靜止不動下，兩艘漁船逐漸相互靠攏——完全擋住「無瑕號」前進之路。這時候白色的漁政船靠上來，停在藍色漁船後面。「無瑕號」是前進不得，且船尾還拖著「拖曳傳感器陣列監視系統」，也轉身不得，船長只好向上級請示。

甲板上原本嘻嘻哈哈的船員現在全閉上嘴了。在影片的最後幾秒鐘，清楚傳出某人對同僚說：「我們奉命進行緊急銷毀。」五角大廈承擔不了「無瑕號」極其精密的情報蒐集設施落到中國人手中的風險。如果中方企圖搶登「無瑕號」，標準作業程序就是銷毀文件和器材。但是美方暫且按兵不動。「無瑕號」船長透過無線電宣稱他要離開，要求中方讓出安全通路。中方也不再為難它，「無瑕號」慢慢地撤退。

事後雙方政府激烈舌槍脣戰，都大聲指控對方違反國際法。中國外交部發言人馬朝旭指稱美國「在南中國海中國的專屬經濟區進行未經中國允許的活動」，他要求美國「採取有效措施防止再發生類似行為」。白宮發言人羅伯特・吉布斯（Robert Gibbs）也很強硬地宣稱：「我們將繼續在這些國際海域作業，我們期望中方在該地區遵守國際法。」但是吉布斯不夠嚴謹地用到「國際海域」一詞，正是直指問題的核心。它可能很幽晦，但是一個國家的軍艦能在別的國家的專屬經濟區做些什麼的這項法律辯論，已經使美國和中國走到衝突邊緣。這是美國要求可以自由進出的「全球公域」，以及中國追求的安全，這兩者之間的爭戰。這個鬥爭將會界定亞洲、甚至可能更大地區的未來前途。

自由航行權

關於專屬經濟區的規定載明於一九八二年各國議定的《聯合國海洋法公約》。（詳見本書第四章）聯合國一百六十三個會員國批准了《聯合國海洋法公約》，中國是其中之一。三十個會員國沒有簽署它（其中十六個是內陸國家），而美國是其中之一。美國參議院不肯批准公約是因為大多數參議員認為《聯合國海洋法公約》會有損美國主權——儘管美國政府任何相關部門都認為不會。美國沒批准它，因此每當華府力促其他國家要遵行《聯合國海洋法公約》時，是缺乏說服力的。縱使如此，美國歷任政府還是主張所有國家遵守公約，理由是它現在已構成「國際習慣法」的一部分。美國海軍也說，儘管美國沒有簽署《聯合國海洋法公約》，它的作業一向都吻合公約的規定。

《聯合國海洋法公約》數百條款內，有幾項條款規定在其他國家的專屬經濟區裡什麼可以做、什麼不能做。中國當局特別逮住其中三項，藉此主張「無瑕號」的行為不合法：第五十六條——它賦予沿岸國對其專屬經濟區內的「海洋科學研究」有管轄權；第五十八條——它規定其他國家「顧及沿岸國的權利和義務……並應遵守沿岸國所通過的法律與規章」；以及第二四六條——它規定「專屬經濟區內及大陸棚之海洋科學研究，應經沿海國同意」。根據北京的說法，美國沒有徵求同意、也沒獲得允許，它的研究活動肯定不合法。

然而，根據華府的說法，這一切說法完全沒道理。「無瑕號」及其姊妹船並沒有從事海洋科學研究——它們是在執行間諜任務。如果「無瑕號」是從事和平研究——例如調查石油開採的可行性——那麼依據《聯合國海洋法公約》規定，它的活動就不合法。但是由於它的工作不涉商業性質或科學性質，「無瑕號」可以享有既定的權利：任何船隻可以通過十二海里領海線之外的海域。而且由於按照《聯合國海洋法公約》，國家對超過十二海里領海以外海域並無主權，中國所通過的有關於其兩百海里專屬經濟區內能做什麼的規定，在華府看來它本身就是不合法的。

《聯合國海洋法公約》是沿岸國家（coastal states）和海上國家（maritime states）經過九年的法律辯論之結果。前者希望控制在它們外海發生的一切事，而後者希望有航行的自由。主持終結辯論的新加坡官員許通美（Tommy Koh）後來歸納出折衷方案：「公約文本的解決方法相當複雜。它一點兒也沒有明白表示第三國是否可以或不可以在一個沿岸國的專屬經濟區進行軍事活動。但一般的理解是我們談判、協議達成的文本允許進行類似活動。」[1]但是若干國家不同意這個「一般的理解」，積極尋求改變它。中國最著名，但是巴西、印度、馬來西亞、馬爾地夫、越南和少數其他國家都要求外國軍艦要經過其專屬經濟區之前，必須先徵求許可。對中國與全世界而言，問題在於以這種方法改變專屬經濟區的性質，會從根本上改變了全球制度的規則。它也會因為切斷了美國在太平洋和中東之間的直接通路，而對美國的軍事霸業構成全面挑戰。

在美國西岸和亞洲之間移動軍艦和部隊，需要有通行太平洋、南中國海、麻六甲海峽和印度洋的自由航行權。通過印尼的國內水域、或印尼與澳大利亞之間的水域，在航行上和政治上都是很大的挑戰，而再往南，繞過澳大利亞要到波斯灣去，還得再加上好幾個星期的行程，對一支大艦隊而言又得加上數千萬美元的燃料費用。如果專屬經濟區不准軍艦通行，美國就無法通往其亞洲基地及和盟國接觸。美國海軍若是袖手，台灣的防禦地位將嚴重減弱。東亞和東南亞其他國家可能也會覺得同樣受到威脅。美國在東南亞的影響力會流失。在五角大廈眼裡，甚至更令人擔憂的是，不能保證軍力往來東亞及東南亞也等於不能保證民間往來該地區。一個有敵意的國家可以切斷美國經濟所依賴的商品、貨物和能源的流動。這也是為什麼美國自一九七九年以來就推行外人不太知道的「自由航行計劃」（Freedom of Navigation Program），以積極對付任何企圖關閉專屬經濟區的企圖。[2]「自由航行計劃」結合了外交談判和赤裸裸的武力。有時候美國國務院只發一封抗議信。然而，美國海軍三不五時就直接出現在別的國家的專屬經濟區，以示它可以自由進出。這就是現代版的砲艦外交，但是華府說，由於美國努力維持海洋開放給全球貿易和安全，人人都會受惠。

華府同樣極力貶抑《聯合國海洋法公約》第三〇一條的效力；條文說：「締約國……應不對任何國家的領土完整或政治獨立進行任何武力威脅或使用武力。」華府主張，只是蒐集資料不足以稱為以武力威脅。另一方面，中國也很強硬。它認為蒐集資料是為未來可能的衝突做準備，而美國的軍事活動貼近到離其海岸只有十二海里是一種實質威脅。

從海南島看出去，中國的兩難很棘手。自從鄧小平下令一九八〇年在深圳設立中國第一個經濟特區以來，中國的繁榮就建立在沿海城市的發達之上，以及支撐它們的進出口活動。中國自二〇〇七年起成為糧食淨進口國，並且從二〇一三年九月起，中國超越美國成為世界最大的石油淨進口國，而此時頁岩油卻開始引導美國走向能源自給自足的方向。[3]對外貿易占中國GDP總值一半以上（僅占美國GDP不到三分之一），可是，中國要通往公海卻不容易。地球物理學的造化使中國沿海出現許多島嶼，可是地緣政治的力量又使它們全都成為潛在的敵國。從中國南海研究院院長吳士存的觀點來看，中國在南海立場的首要考量是，在有戰略需求時，確保中國能通過它通往世界海洋。而嚴肅看待維持此一通路的國家——同時還擔心美國的意向——肯定需要培養保護它的能力。這樣的邏輯難免會導致南海未來會發生衝突。

二〇一三年四月，北京的國防部發表白皮書表明它的目標。它說，「隨著中國經濟逐步融入世界經濟體系，海外利益已經成為中國國家利益的重要組成部分，海外能源資源、海上戰略通道以及海外公民、法人的安全問題日益凸顯。開展海上護航、撤離海外公民、應急救援等海外行動，成為人民解放軍維護國家利益和履行國際義務的重要方式。」[4]這裡頭的矛盾會影響到亞洲的未來：如果中國選擇以軍事手段保護它的沿海城市和漫長的供應線，它無可避免將發展能力以對抗目前的海上霸主。但是，美國這位海上霸主擔心的是中國的政策不是出於自衛，而是圖謀成為區域霸主，因此勢必出手制衡。在美國看來，「介入」（access）是一切的基礎。這也是為什麼華府智庫和軍事總部投入偌大努力與預算，以確保美國能持續通往全球海洋的每一個角落——尤其是南中國海。

空海整體戰

二〇一二年一月，美國國防部發表「聯合作戰介入概念」（Joint Operational Access Concept），直率地表明它的任務是：「身為有全球利益的全球大國，美國必須維持眾所信服的能力以投送軍事力量到世界任何地區，俾能支持這些利益。」[5]「聯合作戰介入概念」居於戰略文件層級的中間。在它底下是更詳盡的計劃，訂定如何贏得「介入」，而其中最重要的是「空海整體戰概念」（Air-Sea Battle Concept）。而「空海整體戰概念」實際上早於其他計劃就訂定：當前美國對中國的戰略大體上以其為中心。

「空海整體戰概念」的起源可以追溯到一九九六年三月「台海危機」期間，柯林頓總統派出兩個航空母艦戰鬥群馳往台灣海峽附近，迫使中國軍方停止在台灣總統大選之前發動的一系列恫嚇演習。美軍此一部署觸發了中國人民解放軍海軍開始研擬對策以防再次重演。在一九九六年之後，中國軍事經費大幅轉投向海軍、空軍和二砲部隊，而「殺手鐧」這個字詞也開始出現在軍方文件。「殺手鐧」指的是以相對廉價的武器突襲、摧毀敵人更尖端的武器系統的戰略。[6]在解放軍海軍能力大增之下，它獲得一項新使命。二〇〇一年，江澤民要求海軍強化其「遠洋防禦」能力，次年，胡錦濤接任國家主席後又重申此一指示。[7]後來中國軍方在二〇〇七年進行一次成功的試射，以一枚飛彈摧毀在軌道上運作的人造衛星。美國軍方有那麼多需要仰賴人造衛星的通訊系統和導引武器，對箇中意涵心知肚明。

簡單來講，「殺手鐧」就是制止位在西太平洋和南中國海的美國空軍基地和航空母艦啟動飛機、飛彈對付中國目標的一種能力。西方分析家認為，其主要目的在於遏止或延緩未來美軍介入支持台灣。如果台灣未來的政府做出任何踏向獨立的動作，中國海軍將會發動某種封鎖或入侵行動，並設法阻攔美國海軍。「殺手鐧」未必要寶刀出鞘，它只要在美國海軍將領心目中建立足夠的不確定心理，以制止他們派出最強大的武備即可。美國軍方對此戰術有個更平淡無奇的名字「反介入」（Anti –Access，簡稱Ａ２）。當同樣方法用在比較靠近目標區時，它稱為「區域拒止」（Area Denial），兩者合起來就是「A2/AD」。中國的A2/AD戰術或許會使用水雷、或配備魚雷和巡弋飛彈的潛艇、或網路攻擊，但目前大部分注意力都聚焦在一種新武器——東風21D反艦彈道飛彈上。東風21D射程超過一千五百公里，在目標上空落下時還有能力做最後的機動調整，至少理論上可從大陸基地襲擊大型船艦。

二〇〇七年中，這一新型飛彈的研發消息開始流出，到了二〇〇八年十月，美國太平洋空軍司令部已經兵棋推演如何對付它：美國太平洋空軍司令部發言人愛德華・湯瑪士（Edward

Thomas）中校形容它是「對水面船艦和陸上基地之長程傳統威脅的一種作戰概念」。[8]兩個桌上電腦模擬演習，名為「太平洋遠景一號」（Pacific Vision 1）和「太平洋遠景二號」，測試美國在二〇二八年如何回應亞太地區某個未指名的「近乎同儕的競爭者」所發動的挑戰。演習結束時，美方把兵棋推演過程所做的應對計畫稱之為「空海整體戰」。

「太平洋遠景」的部分經費來自五角大廈內部研究單位「淨評估辦公室」（Office of Net Assessments）。打從它在一九七三年成立以來，淨評估辦公室的職責就是想像美國會遭遇什麼最惡劣的狀況，然後設想以什麼方法避免它們。這個單位從頭到尾只有一個主管：安德魯·馬歇爾（Andrew Marshall），本書截稿時，他高齡九十有二。*馬歇爾活在一個非常神秘的世界，裡頭充滿著對美國安全種種潛在的威脅：有些威脅是具體、迫切的，有些則是未雨綢繆、且尚屬假設性質。但是他和絕大多數恐怖小說作家不同的是，他每年擁有一千三百萬美元以上的預算向華府的國防專家宣揚他的恐懼。[9]馬歇爾一再被決策圈及評論界形容為「非常有影響力」。他像聖人般的宣示導致別人稱譽他是「絕地大師」。

美國退役海軍上校詹·范·托爾（Jan van Tol）參與了此一演習。他曾在淨評估辦公室工作了幾年，然後轉到他喜好的智庫「戰略暨預算評估中心」（Center for Strategic and Budgetary

*譯注：已定於二〇一五年退休。

Assessments）任職。他說，模擬演習戲劇性地顯示中國的新科技會如何徹底扭轉東亞的權力平衡：「太平洋遠景所提出的重點是，如果中方朝向研發射程更遠的彈道飛彈，那麼西太平洋的既有基地就會變得岌岌可危。而我們要如何作戰的戰略又全是依據這些基地而擬定的。這令人如坐針氈，相當高層已經注意到這一點。」[10]

太平洋遠景演習過後幾星期，透過軍方指揮系統，其結果呈報到空軍參謀長（Air Force Chief of Staff）諾頓．史華澤（Norton Schwartz）和海軍作戰部部長（Chief of Naval Operation）葛瑞．勞黑德（Gary Roughead）辦公室。同時，這個智庫也把它的建議送呈華府決策官員。幾乎就在同一時期，中國海事當局選擇圍堵「無瑕號」，立下威脅南中國海航行自由的一個教科書範例。既然華府所有的國防思想家現在都警覺到這個議題，淨評估辦公室和戰略暨預算評估中心更是借助這個事件順利推廣他們的主張。空海整體戰的概念送到五角大廈時，得到排山倒海的支持。二〇〇九年七月，國防部長羅伯特．蓋茨指示海軍和空軍要針對挑戰提出對策；九月間，史華澤和勞黑德簽署了一份迄今仍保密的備忘錄，要把空海整體戰發展為可運作的概念。

討論延續到二〇一〇年十二月，從核動力潛艦退下來的海軍作戰部部長特別助理布萊安．克拉克（Bryan Clark），奉令將種種想法整理為完整的文件。他說：「整個構想就是要指導各軍種的發展活動。我們所採購的、我們所訓練的、我們所採行的理論，所做的一切就是在不久的將來把這些訓練好的部隊交給各軍種底下的作戰指揮官。」根據克拉克的說法，他所主筆的概念直接受惠於戰略暨預算評估中心的研究：「范．托爾和戰略暨預算評估中心其他人所做的研究非常有用，我把相當大部分納入國防部的機密概念中。」克拉克四十四頁的文件完成於二〇一一年二月，四月間就獲得各軍種首長的肯定。套用克拉克的話，到了當年秋天，國防部「有意將此一概念運用到美軍的建設……運用它來導引預算案、演習、日常訓練和準則的建立。」

可是，在五角大廈之外，空海整體戰概念卻變得相當有爭議。對它唯一的公開說明是由戰略暨預算評估中心在二〇一〇年五月所發表。儘管原先強調美國並不尋求對抗或圍堵中國，整份文件卻直率提出警告，認為中國的「殺手鐧」構成威脅。它說：「美國將會發現自己被阻擋在過去六十年歷屆政府都宣稱攸關重大安全利益的區域之外。」第三章描述美國可能如何反擊。它主張針對內陸的指揮中心、雷達系統及情報蒐集設施發動「動能」及「非動能」（kinetic與non-kinetic，也就是轟炸或電子作戰）的攻擊，針對飛彈製造及儲存設施攻擊，「弄瞎」中國的人造衛星。它也表示要「切斷中國的海上貿易流通，旨在對中國經濟施加強大壓力，甚至造成其國內壓力」。該文件希望能掀起討論，不料它的成績遠超過其作者預期——北京大為震怒。

一直要到二〇一三年五月，美國政府才公布一份非機密的空海整體戰概念摘要，克拉克原本的四十四頁文件只有十六頁准予發表。空海整體戰的精髓得到一個很笨拙的代號：NIA/D3 ——「能擾亂、消滅和擊敗敵軍的聯網、統合、深入打擊力量」（Networked, Intergrated forces capable of Attack-in-depth to Disrupt, Destroy, and Defeat adversary forces）。這裡的「深入打擊」引起各方關切。文件中沒有出現「中國」這個字眼，但是范．托爾文件的其他關鍵部分躍然紙上：為了克服A2/AD威脅——中國「殺手鐧」或其反艦彈道飛彈的「反介入」和「區域拒止」戰術——美國必須攻擊離戰場相當遙遠的指揮與控制系統。依照克拉克的解說：「你必須進去做外科手術，摧毀A2/AD網絡的特定元素。」但是他也強調「攻擊」並不必然代表死亡或毀滅：「它或許是電子作戰（non-kinetic）的打擊，讓某一器材設備失靈，或使它看不到我，或使他的通訊失去作用，這都是相當深層的打擊。」

克拉克堅稱這不是針對中國。克拉克在任職五角大廈的最後幾個星期，與來華府訪問的中國海軍司令員吳勝利談論到空海整體戰。「我們說明這比較適合於伊朗式的情況……或敘利亞的情況。這不光只是針對中國；我們在那裡已經看到這些能力的展現。其他國家都希望可以制止這些阻礙世界運作的國家幹壞事。」但是這些話中國人聽不進去。中國軍方領導人聽到的所有有關空海整體戰的概念都證實他們最壞的恐懼，對美國的意圖疑懼更加深切。

南中國海地區的問題癥結在於兩大強國的重大決定都立基在恐懼和偏見之上。彼此都互不信任。淨評估辦公室和它喜愛的智庫裡的預言家都很盡責，想像未來對美國全球霸業的威脅。他們不在意這些威脅是否有可能成真，重點是它有可能。詹．范．托爾在他二〇一〇年五月的文件中寫說：「對於那些聲稱中、美衝突是『不可想像』的人，應該再次強調的是，『從不可想像去思考』的目的是在於找出方法維持及強化西太平洋穩定的軍事平衡，因而把衝突囿限在『不可想像』的範圍。」換句話說，美國在南中國海及其周遭的軍事優勢必須維持超級強大，以至於別的國家不敢來挑戰它。一旦出現可能威脅美國的優勢，政治上唯一可接受的回應，就是找出新戰略和武器系統去擊敗它。

「中國威脅」的虛與實

中國對美國在南中國海等地域的進出構成的威脅有多麼真實呢？光從數字上看就很驚人。中國現在有全世界第二大的海軍艦隊，以及第二大的軍事預算。（美國當然在這兩方面都是第一名。）斯德哥爾摩國際和平研究所（Stockholm International Peace and Research Institute）估計中國二〇一二年的國防預算為一千六百六十億美元──比前一年增幅百分之十二。[11] 劉華清所開始的海軍現代化計劃，（詳見本書第三章）從一九九〇年代初期由進口俄製潛艇和驅逐艦著手，現在已進入中國可以自行設計和建造軍艦及武器系統的階段。根據五角大廈每年必須提交給國會的中國軍力報告，到了二〇一四年，中國海軍將擁有「七十七艘主力水面作戰艦，六十多艘潛水艇，五十五艘中型及大型兩棲作戰艦，以及約八十五艘配備飛彈的小型作戰艦」，加上二〇一二年九月下水的第一艘航空母艦遼寧號。[12]

拿軍艦數量與美國海軍相比，更讓人咋舌：美國有九十六艘大型作戰艦、七十二艘潛艇、三十艘大型兩棲作戰艦、二十六艘小型作戰艦，以及十艘航空母艦。[13]中國海軍艦艇集中在一個地區，美國海軍則不同，其艦艇分布在全球各地。但是光從這個數字，我們看不出兩軍相對力量的強弱虛實。蓋瑞．李（Gary Li）是最熟悉中國海軍的獨立觀察家之一。他原本是倫敦國際戰略研究中心分析師，現在是IHS Maritime*這家航運情報服務公司的駐北京代表。他密切檢視了目前在解放軍海軍服役的船隻，覺得沒什麼了不起。他說：「相較於美國人，中國人落後了兩、三個世代。美國的勃克級（Arleigh Burke）神盾驅逐艦**憑自己就可以對付一小支海軍。是的，中國人現在瘋狂般的造艦，但是他們勉強才趕上美軍在一九九〇年代的水平。它的海軍力量可能落後美國二十年之久，而美國雖然大幅削減預算，它還是向前慢慢前進。」[14]

即使是話題性十足的遼寧號航空母艦，並沒有彈射器可以幫助飛機起飛、必須以滑跳甲板離艦。這代表艦上的殲15噴射機當它滿載燃料起飛時只能攜帶較輕、較短程的飛彈，也不能吊掛電戰莢艙。[15]二〇一三年中國媒體上罕見地出現一篇批評文章，警告遼寧號及其艦載機恐怕連越南部隊的攻擊都擋不了。蓋瑞．李說：「海軍每添了些新裝備都讓它看起來更接近於現代海軍。但這並不代表它就是一支現代化海軍。」中國海軍艦隊一直無法徹底解除它的根本問題。二〇一三年十二月，《解放軍報》刊登一篇文章，它指出參與最近一次海軍演習的四艘軍艦彼此間通過通信系統溝通沒有問題，但無法建立戰術資料鏈連線，原因是它們的資料鏈並不相容。[16]海軍艦隊也缺乏無法吸引目光但攸關生死的後勤船隻，以致阻礙了航母及其他艦艇遠離母港作業。

實際要操作這些器械設備時又有其他問題。大部分士兵入伍時教育程度不高，基層士兵主要來自農民家庭，罕有小學以上學歷；不到三分之一軍官具備大學學歷。[17] 新兵仍然來自徵兵制，而充員兵服役年限只有兩年，使他們沒有機會學習先進技能。二〇一三年五月，解放軍總參謀長房峰輝在南京陸軍指揮學院講話特別提到軍事院校非常必要「培養實際作戰人才，這是戰場和作戰之所需」，這顯然是暗示直到講話的當下，它們還做不到這一點。[18] 解放軍海軍缺乏現代化作戰每一方面的經驗。蓋瑞・李說：「他們最後一次主要海戰是一九七四年的西沙群島戰役。英國和美國有將近一個世紀的航艦操作經驗。中方只有一年的經驗。他們根本沒有反潛作戰或長程飛彈進攻的經驗，他們甚至缺乏足夠的掃雷艦。美國人只要在渤海灣布雷就可以封鎖住整個北海艦隊。」甚且，萬一兩者爆發任何直接衝突，美軍很可能得到相當精悍的日本、南韓、台灣及其他國家的海軍之支持。

即使是「空海整體戰概念」之起草人布萊安・克拉克也承認中國海軍目前對美國構成的威

---

* 譯注：IHS Maritime與世界知名的《詹氏防務週刊》同屬一家母公司。

** 譯注：美國海軍旗下一種配備了神盾戰鬥系統和SPY-1 3D相位陣列雷達（SPY-1D multi-function Passive electronically scanned array radar）的多功能驅逐艦，是當今世界上性能最強大的驅逐艦。第一艘勃克級驅逐艦於一九九一年七月四日下水。

脅不大：「目前美國可以——透過電子戰或直接攻擊，或其他方式擊敗在當地的一切A2/AD能力。」[19]截至本書截稿時，東風—21D反艦彈道飛彈尚未測試對付移動中的海上目標之能力，有人懷疑解放軍是否有能力部署及整合非常複雜的聲納和導引系統——這是它需要依賴的「狙殺鏈」。[20]五角大廈很有信心它已經可以對付這些系統。時任美國空軍主管作戰的副參謀長赫伯特・卡利賽爾（Herbert Carlisle）中將二〇一一年九月告訴《航空週刊》（*Aviation Week*）所屬的《每日航太與防務報告電子報》（*Aerospace Daily & Defense Report*）說：「我們已經以最大程度把中國的擊殺鏈給支解掉。」[21]二〇一四年一月消息傳出，中國二〇〇七年將此一飛彈的另一型號出售給沙烏地阿拉伯時，美國情報分析人員把它全拆了，徹底地檢查了一遍。[22]

因此當外國首都聚焦在談論中國軍事實力日益上升時，中國軍方內部的討論卻是它的相對虛弱。有位接近決策者的中國學者在北京告訴我：「中國不希望看到美國堵住它的海上交通線，但是它沒有清楚的戰略要如何回應。它不知道能怎麼辦。」然而，中國領導人心知肚明他們太幸運了。他們準備不足的軍隊不須面臨致命威脅，中國還有時間去建設它的經濟和軍事實力以面對未來的挑戰。它享有其教條主義者所謂的「戰略機遇期」——目前世界相對和平、安定和繁榮的時期。

在中國領導人——無論是文職或軍人——眼裡，中國整個發展全繫於把這個戰略機遇期延伸得愈久愈好。北京不時會出現這一類的蛛絲馬跡。二〇一三年二月四日，中、日雙方為了釣魚台／尖閣群島劍拔弩張之際，這個訊息在一個大家意想不到的地方白紙黑字公開亮相。《環球時報》通常對美國、日本、菲律賓和越南不假辭色大肆抨擊，要求要對侵犯中國主權的國家採取強硬行動。因此當劉源將軍在《環球時報》發表評論，要求主戰派閉嘴時，引起各方譁然。他寫說：「中國的經濟發展過去已經兩度因對日戰爭而粉碎……絕對不能再因某些意外事件中斷。」他在電視上接受訪問時也同樣強調這個重點。

劉源可不是鴿派。他是中國前任國家主席、革命英雄（也是毛澤東文化大革命頭號受害人）劉少奇的兒子。大家都知道他和現任國家主席習近平關係很近，即將被擢升至中國最高軍事機關——中央軍委。某個西方通訊社報導，他最著名的是「發表講話和文章以鼓吹某種形式的好戰的中國民族主義，摒斥西方的政治開放和公民自由的概念」。換句話說，他顯然代表共產黨軍方真正的聲音。為什麼如此明顯鷹派立場的將領卻主張如此鴿派的作法呢？線索就在《環球日報》上這篇文章的標題：「確保戰略機遇期，戰爭是最後選項」。劉源的論據是，中國的敵人包藏禍心，想要引誘它發生衝突，以阻其坐大。在中國軍事領導人心中，他們很清楚，如果中國在未來十或二十年與美國作戰，它的武裝部隊一定會蒙羞受辱、它的經濟會被圍堵和扼殺。即使是小敗也會給亟需正當性的政府帶來大麻煩。依北京學界的看法「中國政府經不起在衝突中有小失敗」。

可是這又給中國帶來個大麻煩。如果南海周邊鄰國認為北京絕不會打仗，它的戰略影響力勢必大為降低。一定得讓那些也主張有領土主權的對手相信中國有可能發動戰爭——不論它顯得有多麼不理性。這就是中國「媒體鷹派」所扮演的戰略角色。除了提振國內民族主義（詳見本書第六章），他們在中國的戰略操縱上也擔任非常細膩、但十分重要的功能。澳大利亞研究人員安德魯・查布曾經深刻分析中國最著名的軍事分析家——如陸軍少將羅援、海軍少將張召忠、空軍大校戴旭——的好戰言論及發言時機。他相信他們有助於培養人民的「國防警覺」（二〇〇一年以來法律就規定必須這麼做），但是同樣重要的是他們也對中國的對手施加壓力。藉由創造出「強硬派」要求文人領導人要有強硬行動的印象，他們協助這些領導人強化談判地位。同時，他們的好戰言論能誇大中國的能力，給人中國已經準備好進攻的印象。整體思維來自孫子兵法：「不戰而屈人之兵。」

結果就出現一個互蒙其利的三角關係：一方是中國鷹派，張牙舞爪講些動刀動槍的話，成為解放軍政治作戰的一環；另一方是國際新聞機構，它們曉得窮兵黷武的強硬立場可以吸引讀者和觀眾；再者是美國鷹派，他們抓住「中國威脅」的每一片新證據來爭取增加經費投入建設軍備及防備中國。這一來解放軍鷹派又有證據可指控美國居心叵測，遂用以強化他們在國內聽眾心目中的地位。北京有位學者微笑地對我說：「中國有許多人相信陰謀論，我們就假設他們故意要誘我們進陷阱吧。」另一位中國學者、北京大學國際戰略研究中心教授查道炯告訴我，他最擔心的是「中國軍方相信美國的話，發動軍備競賽，步上蘇聯後塵。我試圖勸阻他們。危險的是軍方會變得尾大不掉、拿到太多預算、在中國境內有太大權力。」爭取航行於南中國海專屬經濟區之爭攸關到全球權力平衡。決定這個世界的未來安危的，可能是美、中政治圈中最鷹派的兩群人，他們為了爭取名垂千古、萬世基業的鬥爭，可能導致世界的毀滅。

在目前來講，中國不太可能故意尋求公開的軍事衝突：對它來講，後果的代價會高得無法承擔。敗給美國會使領導人的威信蕩然無存。中國可能有野心要趕走美國，但沒有軍事能力做得到——至少目前是如此。然而，逐漸地，雙方的差距會縮小，而衝突的機會會增長。與此同時，中、美兩軍都藉對方之威脅享有爭取預算之利。危險在於發生在南中國海的兩種衝突——一個是中、美為自由進出之權利起衝突、一個是中國及其鄰國為領土之爭起衝突——會以無法預料的方式交互影響。

另一方面，中國也不太可能會與一個東南亞軍隊公開作戰。即使中方打贏了，中國的外交正當性卻會毀了：它所宣示的和平共處政策將被證明是謊言。但是，除了衝突之外的所有的選項都還在檯面上。某些事件，如菲律賓失去黃岩島，或二〇一四年中期中國的鑽井平台進到西沙群島附近越南的專屬經濟區內，都成為矚目焦點。其他事件，比如涉及到印尼和馬來西亞者，則大事化小、小事化無。在每個個案中國都動用力量，但不是直接的軍事力量。新加坡國立大學李光耀公共政策學院底下的亞洲與全球化研究所所長　靖在二〇一三年告訴《紐約時報》（*New York Times*）說：「中國現在的作法是，雙手放在背後、用它的大肚子把你頂走，看你敢不敢先動手。」[23]但是結果還是一樣的：東南亞不預備信任北京的甜言蜜語。他們在做最壞的打算，以防萬一。

金色眼鏡蛇

一連的美軍陸戰隊員蜷曲在樹林裡，一則是為掩護，一則是為躲到樹蔭下。乾季的氣溫正在上升，能夠卸下一身裝備，他們很高興能有機會稍微喘息。泰國陸戰隊比較習慣東南亞此一地區的氣溫和塵土，則在附近休息。從上空看下來，河谷青綠，但是底下的地理景觀其實已經相當乾枯。少許幾棵大樹掩飾了這片乾枯景象。在它們樹幹下，上一季的青草已變得極易起火。稻田已經龜裂，苦候甘霖，農民早已離去。即使鳥兒也因為地面上有士兵在移動而躲開。一片寂靜。

兩架泰國F-16戰機呼嘯飛過陸戰隊員頭頂。它們的目標就在前方懸崖的底下。前進空中管制員指引它們進入，用雷射鎖定目標，然後等候五百磅的炸彈從機翼落下。河谷裡的每個人即將親身體會「衝擊」這個字詞的真正意思。短促的一道橘色火焰，頭幾秒鐘大家也不曉得投彈是否成功，但是爆炸聲一傳出，那可是驚天動地，即使在安全距離之外的人也覺得震耳欲聾。煙柱冒起時，第二架飛機又已投彈，這一次更靠近懸崖：另一道火光、另一聲巨響。兩架美軍陸戰隊F/A-18跟進，又投擲兩顆五百磅的炸彈。目標已經殲滅。

視線以外的地方，榴彈砲也響起。半分鐘後，砲彈打中懸崖下半山腰，落石紛飛。目標校正後，更多砲彈紛射而至，造成更多煙火。然後砲擊停止，陸戰隊員奉命出動。泰軍擔任前鋒，小心謹慎地在迫擊砲火力掩護下穿過樹林和田野。他們抵達預先設定的射擊陣地後，開動機關槍掃射。美軍在幾百公尺外的另一側前進，也加入戰鬥。兩輛裝甲車擋住他們前進，陸戰隊員把AT-4反坦克火箭筒架上肩膀。兩枚火箭命中目標，陸戰隊員經過起火的車身，往終極目標挺進。任務完成！後方山頭上，各級指揮官躲在觀測站蔭影下，還有冰冷的瓶裝水享用，他們鼓掌慶賀地面上弟兄們的表現。

這場戰鬥只缺一樣東西：敵人。沒有人開火反擊，懸崖那頭並沒有叛軍，「裝甲車」只是一對舊餐車。但是投擲的炸彈、打出的砲彈等等，全是可以奪人性命的真槍實彈。因為這是「聯兵實彈演習」（Combined Arms Live Fire Exercise，簡稱CALFEX），陸戰隊把這個演練機會稱之為「額頭上的彈頭」。根據定義，CALFEX是高度信任的展現。指揮官把弟兄們的性命交付到來自不同國家軍隊的飛行員和砲兵手中。炸彈或砲彈落點稍有閃失，可能就會出人命。在泰國華富里府郊區這幾個小時的演習，代表美、泰兩國軍方的緊密同盟。

這場聯合打擊操演是二〇一二年「金色眼鏡蛇」（Cobra Gold）演習的完結篇。金色眼鏡蛇是亞洲規模最大的多國軍事演習。七個國家派出九千多人參加：美國五千三百人、泰國三千六百人、南韓三百人。鑒於區域情勢趨於緊張，東南亞國家不能不加強戰備，雖然人數不多，馬來西亞和印尼第一次正式參加演習。他們和新加坡、日本各派出約七十名部隊。金色眼鏡蛇始於一九八二年，原本是美、泰兩國的聯合演習，但是逐漸吸引了本地區內外其他國家來參加。二〇一二年，遠方的斯里蘭卡和莫三比克都派觀察員參與。中國解放軍也接受邀請前來參觀。美國人希望他們來，是有用意的。

金色眼鏡蛇分成三部分：一是類似CALFEX的地面訓練；一是高階軍官的「指揮所演習」（Command Post Exercise，簡稱CPX）；最後是爭取當地社區認同的「貢獻」。金色眼鏡蛇最了不起的地方就是它不顯眼。每年數千名美軍來到泰國某地區，與盟國及夥伴練習作戰技能，炸了不少東西，可是卻沒有人眨眼。媒體會採訪每年的搶灘演習，會拍攝陸戰隊員在叢林受訓時喝蛇血的照片。美國大使館發布新聞稿，宣布心戰部隊新蓋或整修了幾所學校、孤兒院和醫院。然後大家都打道回府，等候明年二月再相逢。這究竟是為了什麼？

CPX在不顯眼的城市呵叻府（Nakhon Ratchasima）市郊的軍營蘇雷娜麗（Camp Suranaree）舒適得多的環境中舉行，離實彈射擊靶場有一百五十公里遠。我心理上有準備要吃點苦頭，不料卻發現這些戰士以電腦和電話作戰，住在旅館裡，吃在餐廳裡。共同語言是英語，意即人人可以社交話家常；而且在經過一整天的兵棋推演之後，還有許多其他方法可以繼續玩下去。有些老鳥把金色眼鏡蛇演習謔稱為「高爾夫眼鏡蛇」（Cobra Golf）不是沒有道理：陸軍基地裡有一座球場，鄰近的空軍基地還有另一座球場。

CPX在白色的兩層樓的軍官俱樂部進行。樓下的演講廳改成「作戰指揮中心」（Combat Operation Center），配置一百多個工作站：白色的塑膠椅和摺疊桌，擺上桌上型電腦，而電腦連接上支撐整個作業的「綜合作戰廣域網路」（Combined Operations Wide Area Network）。所有的軍事演習都會有想定，而金色眼鏡蛇的想定最繁複。演習假設發生在太平洋中央的一個想像的島嶼上——與美國西海岸同樣大小與形狀。城鎮的地點相同、甚至名字也相同。這個虛構的太平洋島嶼北起西雅圖北方、南迄聖地牙哥南方，往內陸延伸至鹽湖城和阿布奎基（Albuquerque）。差別在於這個太平洋島嶼分為北方的壞人國阿凱迪亞（Arcadia，即紅軍）和南方的好人國庫希斯坦（Kuhistan，藍軍），還有另四個小國：太陽島（Isla del Sol）、莫哈威（Mojave）、索諾拉（Sonora）和黃金國（Tierra del Oro）。讓情勢更加複雜的是，庫希斯坦裡住了不少阿凱迪亞族裔，再加上本地區其他一些問題。

每年的想定都不一樣。二〇一二年，阿凱迪亞進攻庫希斯坦，多國部隊要把前者趕走。以CPX副參謀長、美國陸軍上校戴夫·派克（Dave Parker）的話來說，「這是一場高端作戰想定——維持和平」。派克的談吐和他的小平頭一樣乾淨俐落。我拿中國記者已經問過的問題再追問：演習是不是針對中國？他說：「當他們來到聯合作戰中心，看到馬來西亞人和新加坡人並肩而坐，旁邊還有泰國人、印尼人、韓國人和美國人，他們當然會關心——他們會擔心我們大家交情不錯，我們有能力組成一支多國部隊——或許他們是應該擔心。但是我認為，我們能把這麼多國家湊在一起、組成一支多國部隊，這就已經表示得很明白了。」

金色眼鏡蛇的指揮部演習未必都是和戰爭有關。二〇一一年是有關人道援助和災變急救，二〇一三年也是。但是誠如派克的解釋，想定幾乎不重要。「我們依據一套標準作業程序來運作，一套在太平洋所發展出來的多國部隊標準作業程序。維持這套標準作業程序的組織——多國規劃擴編小組（Multinational Planning Augmentation Team）——就設在美軍太平洋司令部（US Pacific Command，簡稱PACOM），該小組負責協調參與這個組織套的三十四個國家。這是一個巨大的任務，而且持續不斷。」這套多國部隊標準作業程序能夠管理指揮團隊之內不同單元之間的資訊分享方式，以及它要如何傳遞到現場指揮官——從電腦系統的設計到會議舉行的程序無所不包。派克上校在美軍太平洋司令部的工作是負責演習與訓練，因此他十分嫻熟這套程序。

金色眼鏡蛇的重要性在於它讓本區域各個不同國家的軍隊，在太平洋司令部帶領之下使用「多國部隊標準作業程式」，練習如何以單一團體的方式處理共同的目標。他們學到的知識已經多次運用到現實情況：最明顯的是二〇〇四年發生在印度洋周遭的南亞大海嘯、二〇一一年的東日本大地震及海嘯，以及二〇一三年菲律賓的海燕颱風。根據派克的說法：「最重要的是美軍經由聯合演習與其他國家軍隊建立起的關係。假設美軍必須應對發生在印尼的一個災害。那麼，曾經參與過金色眼鏡蛇演習的幾個關鍵人物，因曾在這裡與我們建立關係，如此就可以協助我們更迅速啟動救援程式。」誠如派克所說的，想定並不重要——這些交情在未來的衝突局勢和天災中都會起重大作用。

美軍太平洋司令部其實非常特殊。它和美軍分管全世界其他區域的司令部不同，自從西貢淪陷以來，在它的轄區內幾乎就沒有發生過戰事。事實上，派克也費了一番勁才想起來它最後一次涉及的實質軍事行動：一九九九年溫和地介入東帝汶亂事。美軍太平洋司令部投入不少時間和努力在人道救援上面。派克說：「你也看見，在這個地區發生過多次地震、海嘯。這不是『如果』的問題，而是『什麼時候』的問題。」但是，美軍太平洋司令部絕不是一個資源豐富的救災機構。它花了極大部分時間準備萬一和北朝鮮，或愈來愈有可能和中國所發生的災禍性的對抗。救災和作戰是它任務的兩大方面，卻不是分別開來的功能；它們是太平洋司令部任務不可分割的一部分：做好面對衝突的準備，以嚇阻衝突之發生。這套戰略立基在三個支柱上：「建立緊密的關係」、「維持在本地區確定駐軍」，以及「有效地傳達意向和決心」。金色眼鏡蛇吻合這三大支柱。這也是為什麼要邀請中國參觀。二〇一四年，中國甚至正式參加演習——不過只參加人道救援行動、不參加其他作戰課目。

這套作法就是二〇一二年一月發表的「聯合作戰介入概念」的重心。它把「作戰介入」界定為「有能力以充分的行動自由，將軍事力量投送到作戰地區以完成任務」。這個概念的第一頁開宗明義就說，擊敗中國戰術性殺手鐧的戰爭提前許多年即已開始：

> 作戰介入的挑戰大多在戰鬥開始前即已存在。因此，戰鬥的成功經常取決於事先塑造有利的介入條件，這需要跨部門協調一致。聯合部隊將透過下列種種安全與接觸行動預先在衝突之前塑造你的作戰地區，如多國聯合演習、介入及支援協定、建立及改善海外基地、預先補給，以及部隊的前進部署。

換句話說，美軍太平洋司令部所做的一切——從演習和艦隊有好訪問、到救援行動、學術研討會，甚至高爾夫球賽——都是反制任何企圖對美軍封鎖海洋的戰略之一部分。它就是預先「塑造戰場」，而一切關鍵就在建立關係。

美軍太平洋司令部在海上也採取同樣的作法。一九九五年，它發起「海上戰備及訓練合作」（Cooperation Afloat Readiness And Training，簡稱CARAT）計劃，現在與東協十個會員國當中的七國每年進行海軍演習。只有內陸國家寮國、原本孤立的緬甸和戒心十足的越南還未參加。但是現在越南經常接待美國軍艦訪問，也開始參加分析家所稱之為「類CARAT」的活動。慢慢地，越南加深了和美軍太平洋司令部之間的交往。二〇一二年六月，美國國防部長潘內達（Leon Panetta）在參加完香格里拉對話（Shangri-La Dialogue）後直接飛到越南，於正在利用天然港金蘭灣修船設施的美國後勤補給艦「李查・布萊德號」（USNS *Richard E. Byrd*）上發表演講。金蘭灣的許多設施是美國工兵在越戰期間興建，當時金蘭灣是美國巨大的運補中心。潘內達在演講中誠摯希望美、越兩國未來更加合作。[24]

美軍太平洋司令部不需要大型基地來開始塑造戰場；它只需要能進出基地即可。美軍指揮官嚐盡苦頭才學懂，派駐大量軍事人員於亞洲社會會有許多麻煩。美軍陸戰隊在沖繩普天間（Futenma）航空基地製造的噪音引起地方民眾強烈反彈，迄今仍是難以解決的棘手問題。二〇〇二年美軍裝甲車在韓國壓死兩名女學童造成全面抗議。駐菲律賓美軍對待當地婦女的方式是蘇比克灣海軍基地被迫關閉的主要原因之一。這股記憶深鑄人心。二〇一三年十月，菲律賓巴拉望島牡蠣灣（Oyster Bay）一座即將提供美國海軍使用的新基地興建計劃公佈後，基地周邊五個村長中有四個立刻跳出來反對，理由即是擔心當地娼妓會增加。有些社區只要看到穿軍服的老美出現，反美情緒就大為上升。軍人「足跡」減少有助於意外事件降低，同時也可以省下好幾十億美元。

即使美軍會設置基地，它們也將是不同型態的駐軍。作為美軍「再平衡」的關鍵元素，同時也是CARAT年度演習重要樞紐的新加坡，是太平洋司令部底下的西太平洋後勤群（Logistics Group, Western Pacific）的駐地。該單位設置在三巴旺港（Sembawang）民用貨櫃碼頭，一處由紐西蘭部隊依據「五國防務協議」所管轄的管制區內。只有一百五十名軍職和同樣數目的民間委外人員常駐在這裡。[25]新加坡的樟宜海軍軍港是美國兩艘新一代LCS濱海作戰艦（Littoral

Combat Ships）在本區域的停靠港*，意在彰顯美國在東南亞海域的軍事實力。即使這些官兵休假時是准許離開基地的，但平時他們只能睡在艦上的臥鋪，而不能到營區內去留宿。美國可能再也不會在菲律賓設置主要基地，但是在「相互後勤支援協定」底下，菲國還是可以提供油料、補給、士兵外宿和交通等安排。澳大利亞北部達爾文港的兩千五百名美軍陸戰隊因為是每六個月輪調，所以就不能稱之為「常駐」。這個基地不會建設如過去在菲律賓，或今天仍在日本、韓國和關島基地般長久進駐的居住設施。不過，一旦出現危機，軍艦、飛機、彈藥、補給和人員將經由這些地點移動，俾便美軍把兵力直接投射到區域核心。這也是為什麼「介入」十分重要。

東南亞各國政府歡迎美軍在本區域此一輕微的「足跡」。它大到足以展示華府持續的政治承諾，但又小到足可降低政治尷尬的風險。後勤基地比起軍事基地比較不會吸引注意，也比較不會刺激外國的批評或國內的反對運動。但是輕微駐軍也造成心理壓力。數十年來，東南亞國家依賴美國維持周邊海上安全。菲律賓明顯依賴美國，其他國家則是隱性依賴美國——即使越南，在蘇聯解體後，也悄悄靠向美國。鑒於華府削減軍事預算，東南亞各國政府明白再也不能期許美國海軍像以前那樣做。他們必須做好備案——這代表軍火製造商可以大發利市。

香格里拉對話

當詹姆斯．希爾頓（James Hilton）一九三三年發表那喜馬拉雅山上的人間仙境小說時，一定料想不到它會成為亞洲軍事工業複合體大拜拜的名稱。但是在希爾頓的《失去的地平線》（*Lost Horizon*）首次介紹給我們那個碧茵的室外桃源六十九年之後，追尋文明之路的將領和外交官們，首次舉行了「香格里拉對話」論壇。

自從希爾頓從他的喜馬拉雅山山區旅行首創出這個名字以來，香格里拉已經走過一段歲月。它要從一九六〇年代末期馬來西亞華人郭鶴年（Robert Kuok）在全球糖業市場上大發利市說起。在馬來西亞的反華意識上升之下，郭鶴年亟思把部分資產轉移到比較安全的地方，遂來到鄰近的新加坡購買不動產。一九七一年，香格里拉首次以鋼筋水泥結構出現，它不是西藏的喇嘛教寺廟、而是一棟二十四層樓高的豪華大酒店。現在全亞洲已有七十二座香格里拉大酒店：商務之旅可以兼顧靈性昇華。

香格里拉轉型的下一步出自於英國安全事務智庫「國際戰略研究中心」（International Institute for Strategic Studies）和新加坡政府的一場討論。他們覺得亞洲需要有個場合，讓各國

---

* 譯注：目前只有固定一艘，最快要到二〇一八年會到四艘。

可以在舒適的環境下——譬如香格里拉大酒店——討論戰爭與和平。國際戰略研究中心負責邀請來賓，新加坡政府負責保安事務，贊助人支付一切費用。新加坡政府和國際戰略研究中心能贏得面子；部長們有幾分鐘在鎂光燈下；而贊助人有許多機會建立人脈關係。

因此，自從二〇〇二年以來，每年六月香格里拉對話在新加坡隆重舉行。它的作風非常細膩。沒有呼嘯而過的警笛或數十輛汽車的車隊，也幾乎不會封路、要求交通改道。唯一會讓人察覺國際會議正在進行的跡象是，人孔蓋和郵筒用塑膠包上——以防有心人在旅館的一個街廓之內把炸彈偷塞進去。酒店裡的保安也十分低調。一通過金屬偵測器之後，賓客可以自由地與穿西裝的部長們、穿軍裝的將領們自由攀談。一般人不容易注意到眼睛銳利的廓爾喀人（Gurkhas）*保安人員穿著褐色西裝混在人群之中。只有他們手持的公事包會洩漏他們的身分，這些公事包大小剛好可容他們的輕機關槍：這是保護紳士們的安全措施。這是二十一世紀的香格里拉，由來自喜馬拉雅山的保安人員負責緊密的保護。

如果想要找大槍大砲二〇一二年的對話可有不少，這要感謝以下贊助人：波音公司（它的產品有阿帕契直升機、F/A-18戰鬥機、C-17運輸機和魚叉反艦飛彈等等）、EADS（它的產品有美洲虎直升機、颱風式歐洲戰鬥機、A400M運輸機和飛魚反艦飛彈）、三菱（在日本政府放寬全面禁止軍品輸出的禁令之後五個月搶著來參加）、新加坡的新科工程公司（生產駿馬全地形履帶車、鬥牛士反裝甲飛彈和無畏級巡邏艇等軍品），以及另兩個與國防工業無關的贊助人：日本的《朝日新聞》（*Asahi Shimbun*）和財力雄厚的約翰暨凱薩琳・麥克阿瑟基金會（John D. and Catherine T. MacArthur Foundation）。鑒於六個贊助人平均分攤一切公關費用，而麥克阿瑟基金會宣布它的贊助達二十五萬美元，我們合理假設為期兩天的這場盛會整體預算超過一百五十萬美元。有個圈內人認為它可能接近四百萬美元。

波音公司一定覺得它的贊助相當值得，因為這是它連續第十一年贊助。我們不難看出來為什麼。聚集這麼多關鍵人物住在同一家酒店裡，這是攀親帶故、拓展人脈的天賜良機。二〇一二年的對話期間，波音防務、太空及安全部門（Boeing Defense, Space & Security）負責人丹尼斯・繆連保（Dennis Muilenburg）安排了和十三位國防部長會談：全都是潛在客戶。對他的公司而言，每場談話都價值連城。他在接受記者專訪時透露，海外業務現在占其部門營收的四分之一。美國和歐洲國家都在削減國防支出，亞洲成為重要市場。二〇一二年六月，波音防務在東南亞只有一位顧客：新加坡。但是在本地區所有國家日趨富有，且益加擔心國家的安危之下，威脅就意味著發達的機會。

這也正是為什麼每年有這麼多人來參加香格里拉對話的原因。公開的焦點或許是政軍領袖的演講，但是有個加拿大代表團團員在電梯裡說溜了嘴，雙邊談話才是「真正的重頭戲」。沒有太

---

* 譯注：來自尼泊爾、以驍勇善戰聞名的民族。

多人來參加二〇一二年對話是為了聽印度國防部長談論亞洲戰略思想的典範轉移，也沒有人關心柬埔寨國防部長在演說區域安全時，只花了六十個字談到柬埔寨和泰國的邊境糾紛（二〇一一年兩國差點為此兵戎相見）。不，就大多數出席者而言，香格里拉對話的重頭戲全在私底下進行。

美國國防部長里昂・潘內達的演講快要結束時的一幕就是最好的寫照。這場演講人人都想要聽。房裡高朋滿座，五百張座位座無虛席，四周還站滿了人，大家都注意聽他解釋美國「轉軸」到亞洲的意思。它將是各方都關心的頭條新聞。但是就在他即將講完之前，兩組身穿軍服的聽眾起身、退場。德國和越南代表團事先已排訂時間要進行雙邊會談，以討論軍事合作——這可比聽潘內達先生最後幾分鐘的結論更加重要。他們帶隊退出，要去進行不做紀錄的雙邊秘密會談。根據越南代表團某個團員的說法，這只是越南人那個週末安排的十二場正式雙邊會談中的一場。

二〇一二年對東亞各國軍方而言都是很重要的一年。近年來首度破天荒，它們的預算超過了北約組織的歐洲會員國。[26]主要是因為歐洲削減國防支出，另外也因亞洲國家花在武裝部隊上的經費較二〇一一年增加了百分之七點八：根據斯德哥爾摩國際和平研究所的估計，總數高達三千零一十億美元。中國就占總數的百分之五十五。日本、南韓和台灣合計又占了百分之三十三。比較而言，較小、較窮的東南亞經濟體花在本身防務上的費用不大。對南海提出主權主張的五個東南亞國家——汶萊、印尼、馬來西亞、菲律賓和越南——合計軍事預算僅占東亞總數的百分之六，即一百八十億美元左右。這個數字約相當於土耳其的國防支出。

本區域最先進的新加坡和泰國這兩支軍隊，大約就占了其他全部餘額。但是各國的支出快速增長。二〇一二年，越南增長百分之二十、菲律賓百分之十、印尼百分之十六、新加坡百分之五。馬來西亞和汶萊略有降低，但那是因為它們二〇一一年的基期數字較高的緣故。對於尋求彌補北約組織歐洲會員國二〇〇六年以來已削減百分之十一經費的軍火商而言，這裡是值得開發的市場。

晚間在香格里拉的酒吧間裡，軍火商的代表在聊天時開玩笑地說要向中國領導人敬酒，因為能夠達成銷售業績全靠他們幫忙。如果說美國對於介入的關切刺激了中國對安全的關切，那麼，中國力求鞏固自身的安全，卻導致人人都感到不安全。

一九九二年底，中國通過領土法主張對南海島礁擁有主權，也批准克瑞史東在越南外海海域探勘權之後不久（詳見本書第五章），印尼大張旗鼓地一口氣買下三十九艘前東德海軍遺留下來巡防艦、兩棲艦和掃雷艦等約佔後者原實力三分之一的船艦。[27]這些軍艦現在都老舊了，而且它最大的六艘軍艦是高齡六十歲的前荷蘭巡防艦。印尼海軍愈來愈沒有能力保護國土安全，而中國船隻又頻頻侵入其水域。印尼唯一稱得上現代化的軍艦是四艘荷蘭製小型護衛艦（corvette）和五艘南韓製兩棲登陸艦，剩下的就是約五十艘巡邏艇和四艘小型飛彈快艇。以一個由一萬三千個大小島嶼組成的國家而言，印尼似乎沒有太重視它的海上部隊。印尼沒有空中預警系統，由於缺乏空中加油能力，也無從延長軍機做海上巡邏，只有最基本的指揮及管制系統。[28]它之所以能夠擁有一套岸置及艦載雷達所組成的「整合式海域觀察監視系統」的唯一理由是，因為美國人負責支付維持費用，美國國務院端出來的表面理由是對付「海盜、非法捕魚、走私和恐怖主義」。[29]

印尼軍方是出了名的貪汙腐敗，它的武器採購需求與預估可能面對的挑戰似乎沒有太大的關聯。二〇一三年八月，它同意出價五億美元向波音公司購買八架阿帕契攻擊直升機。二〇一二年，它向德國買進一百零三輛封存的主戰車，外界搞不清楚這兩套武器系統對印尼的作用究竟何在，它們肯定無法在主張海上權利事幫上忙。大型的現代化海軍建設計劃，一再因預算困難遭到拖延或中止。印尼曾有意購買全新的俄羅斯建造的潛艦，但被迫改買較為便宜的南韓潛艇。本書截稿時已有三艘正在建造中，同時也討論再購買幾艘的可能。但原規劃向俄羅斯購買一艘退役驅逐艦，及汶萊購買三艘近海巡邏艦（OPV）的計劃業已取消。然而，懼於中國對海洋的野心，終於驅使印尼政府開始購買一些小型的船艦，它們諸如EADS的「飛魚」、俄國「寶石」，以及相當諷刺的由中國設計卻在印尼獲得授權本國製造的C-802等反艦飛彈。

菲律賓現在又舊調重彈說要現代化它的軍隊，就像過去每幾年都愛叫一叫，然後才發現錢已經被亂花掉了。菲律賓武裝部隊的現況比起一九九五年時還更糟，當時參議院國防及安全委員會主席奧蘭多・梅卡多（Orlando Mercado）告訴《遠東經濟評論》說：「我們有空軍，但是不能飛；我們也有海軍，但是不能出海。」[30]菲國海軍兩艘排水量最大的軍艦是從美國海岸防衛隊退役的巡邏艦移交過去的，排在後面的都是第二次世界大戰後留下的老古董，其他船隻大多是英國或南韓除役的小型巡邏船。對於是否採購兩棲作戰船艦和巡防艦的辯論已經持續多年，迄本書截稿之際尚無定論。日本借款一億八千四百萬美元給菲律賓購買十艘新的海巡艦，但它們是執法船隻，並非海軍軍艦。菲律賓空軍有幾架直升機和運輸機，最後一架噴射戰鬥機已在二〇〇五年除役。菲國空軍宣佈計劃斥資四億一千五百萬美元向南韓購買十二架新的FA-50噴射戰鬥機，但是飛行員要能飛利用這些飛機執行作戰任務，恐怕還需要等上好幾年。南韓在二〇一四年五月宣佈將捐贈一艘船齡三十年的小型護衛艦給菲律賓，以做為交易成功的贈品。

馬來西亞長期以來就懂得策略性地規劃預算，以為海巡和海軍分別建立一支巡邏艇隊，和購入大型軍艦。馬國海軍現在有兩艘法製潛艦，駐在婆羅洲的沙巴亞庇市的海軍基地，靠近馬國外海的油田。二〇一三年十月，當中國海軍在曾母暗沙附近進行大型海上操演之後的七個月，馬來西亞宣佈將在離潛艦基地不遠的民都魯（Bintulu）——離曾母暗沙最近的港口——派駐一支陸戰隊。這支部隊需要新裝備，如至少一艘新的兩棲作戰艦、登陸載具和直升機等。馬來西亞在本區域還面臨另一個潛在威脅：蘇祿蘇丹（Sultan of Sulu）後裔還咬定對沙巴擁有領土主權，他們在二〇一三年初發動一場迷你入侵，殺害十五名馬來西亞人，但這跟馬國購買潛水艇並沒有任何關係。

越南投下的軍事花費沒有馬來西亞多，但是集中在越南版的「殺手鐧」上：價錢較低的裝備，卻擁有足以對相當強大的對手構成傷害的潛力。二〇一四年初，越南接收了它向俄國購買的六艘新潛艦中的第一艘。它也採購了兩連俄製岸基反艦飛彈系統，和以色列製射程一百五十公里的彈道飛彈，同時也將在當地生產俄製的「天王星」（Uran）反艦飛彈。蓋瑞・李的觀點認為，倘若在爭議地區發生戰事的話，越南將處在較為有利的地位。「中國海軍贏不了。太危險了。如果他們派一支艦隊經過越南外海，基本上那是個活靶場。越南人已經有了全新的K-300P反艦飛彈、基洛級潛艦以及小型的攻擊船隻。如果越南船艦受損，它們在短時間之內就可以返航。如果中國船艦受傷，它可是離家一千英里；解放軍在那裡沒有任何的大型海軍基地。」[31]

東南亞相對小規模的武器採購稱不上「軍備競賽」。任何一個國家的軍事支出都不可能和中國競爭。但是它們顯然都設法透過取得可以傷害強大艦隊的武器來嚇阻不受歡迎的海軍活動。東南亞各國想在南海對具備聯合作戰能力的解放軍海軍實施對抗的話，這些國家的能力是不足的。但是在沒有任何一方願意先開火的情況下，光是部署足以威脅的軍力，或許就可以打翻掉中國海監船在「U形線」內阻止鑽油船作業的均勢。當然有一個未知的因素，我們不清楚中國海監船受到挑戰時，中國海軍會有什麼樣的反應，這很可能是導致雙方從對峙狀態快速演變成公開衝突的起火點。

美國官方對領土爭議不持任何立場。它認同英國參謀首長一九五〇年對這些島嶼的看法。「南沙群島沒有絲毫的戰略價值……只要我們維持住對南中國海的控制，敵人在戰爭中占領它們也不會是嚴重的戰略威脅。」[32]一旦發生衝突，孤零零的營舍會成為從遠處發射的導引飛彈的活靶子。美國的問題是它還能有多久「維持住對南中國海的控制」。目前儘管對中國兵力增長討論沸沸揚揚，美國的陣腳似仍穩定。然而，總有一天，中國的能力將羽翼漸豐，屆時北京領導人將會希望把帝國主義侵略者趕出它的後院，就和一個世紀以前美國把英國趕出加勒比海一模一樣。

在此同時，衝突倒是比較可能是由於中國和其中一個鄰國，因為主權爭議事件中的誤判情勢而爆發。中國當局會對在越南、印尼、馬來西亞、汶萊和菲律賓外海鑽油和捕魚行動採以實質的軍事力量去制止嗎？這些國家會動用武力維護他們的權利主張嗎？中國政府和百姓打從小學起就被灌輸認為九段線是中國不容爭議的國土疆界線，言論上已被鎖定誓死保衛國土，他們會覺得別無選擇、必須開火嗎？東南亞國家會試圖拉美國下水嗎？美國會認為情勢發展已威脅到它的「航行自由」而介入嗎？各國仍然有許多選擇，但是南中國海的戰場已經形成。

第九章　合作與對抗：如何解決紛爭？

鮪魚的國界

據說「布鳥」（Sarimanok）*會應許信徒的願望，但是這趟航行牠並沒有太照料艾瑞克．帕洛邦（Eric Palobon）。通常運氣好的話，他的漁船可以捕獲三十隻鮪魚，最大的有一百公斤重。這次他只捕獲六隻，最大的只有六十公斤重。船首畫的這隻神鳥幫不了忙，無法讓海上苦缺的鮪魚增多。艾瑞克是南島民族生活方式的現代傳人，他的漁船充其量只是一艘高舷的獨木舟，兩側伸出長竹竿支架以求在南中國海的怒濤保持平衡。輪機房看來可容三個人，但是艾瑞克說，過去兩星期船上共有十二人，大家靠些米飯和捕來的魚勉強餬口。頭頂上一根船桅撐起帆布，而帆布可以降下、像個大帳篷遮蔽整艘破船遮蔽烈日、擋風遮雨。但是船隻緩緩開進馬尼拉灣時，船員已收起帆布，掛上了洗過的衣褲。

船慢慢滑靠向碼頭，已經有幾個小男孩跳進汙水中希望能幫忙卸貨賺幾文小費。魚販也湊上來，預備討價還價。船員往岸上拋出一條纜繩，慢慢地把鮪魚往岸上送。小男孩們幫忙把巨大的黃魚往納沃塔斯（Navotas）漁港的大堂送進去。馬尼拉都會區一千兩百萬居民所吃的魚，有百分之八十來自這個魚市湯。這是這個以魚為主食之一的國家最大的漁港。[1]艾瑞克預期他捕到的每條六十公斤重的鮪魚，每公斤可賣到兩、三百披索：換句話說，十二個人忙了兩星期一共可賺到一千六百至兩千美元左右，平分下來每人每天所得十美元。不錯了——大約是全國平均所得的兩倍。

菲律賓是捕捉黃魚、鮪魚的好地方。牠們每年六月至八月，從南中國海游入蘇祿海，然後在八月至十月又從島鏈的一些相當狹窄的空間穿過。美國超級市場貨架上的鮪魚有四分之一來自菲律賓。[2]這個漁港的確常有大魚販售。離開艾瑞克的破船不遠處，是一個非常不同的鮪魚事業。「洛札達湖號」（*Lake Lozada*）比它大了許多，現在卻無法出海。我們看得出來，它的船身原本是藍色，但是現在已經全鏽蝕了。就在吃水線上方，鏽蝕甚至已經在金屬上穿了大洞。從船首的魚叉平台判斷，這艘船原本是日本人的捕鯨船，但是現在看來什麼魚也打不到了。據它的船員說，洛札達湖號曾經有過光輝的一頁歷史，它曾經出海一年，每天可捕到三百至五百隻鮪魚。順利的時候，還曾經高達兩千隻！每隔一天，接運船開來和它會合，載走漁獲、送到岸上的罐裝工廠，以免阻滯它的捕魚作業。

沒有人曉得南中國鮪魚存量的確切狀況，因為周邊國家一直不能取得協議進行適當的調查。在他們眼裡，允許別的國家共同管理魚存量，會有增強對手聲張主權的風險。在此同時，危機卻迫在眼前。東南亞漁業發展中心（Southeast Asian Fisheries Development Center）這個跨政府組織成立於一九六七年，宗旨正是試圖解決這類問題，它提出了最可靠的估計。它只能計算漁獲，

＊譯注：菲律賓民答那峨島馬拉瑙（Maranao）人傳說中的神鳥。

沒辦法估算海裡還有多少魚。二〇〇一年，本地區漁民捕獲鮪魚的總數量是八十七萬噸。到了二〇〇八年，數字激增到一百九十萬噸。這代表東南亞整體漁獲量的百分之十四。[3]但是到了二〇一〇年，鮪魚漁源漸枯，漁獲量降到一百六十萬噸。

不僅是鮪魚漁獲量降低，其他魚種也都一樣。南中國海沿岸有五億人口，當農村人口移入城市、變得更加富裕之下，他們對魚的需求急劇攀升。愈來愈多魚從海中捕獲之後，要再捕仍在海中的魚卻愈來愈難。一九八〇年，菲律賓註冊登記的捕魚業者有五十八萬四千人，到了二〇〇二年，增加為一百八十萬人。同一時期，小型內河漁民平均漁獲量從二十公斤降低至二公斤——勉強僅堪餬口。[4]中國的國民所得從一九七〇年往二〇一〇年一路攀升，每人每年吃的魚增為五倍，達到二十五公斤。國家日益富裕，魚的消費數量有增無已：印尼是三十五公斤、台灣是四十五公斤、日本更高達六十五公斤。令問題更加惡化的是，在同一時期中國成為主要的漁產出口國。雖然中國供應的魚百分之七十是水產養殖，它的海洋漁獲量卻增為四倍，從一九七八年的三百萬噸增加至一九九八年的一千二百萬噸，而根據中國官方統計自後即維持在此一水平。[5]數字會持平，加上每年漁獲量吻合宣布的目標，令一些專家懷疑這些數字的真實性，特別是二〇〇八年國家海洋局一份報告估計可永續的漁獲量只有八百萬噸。漁獲量增加，存量當然該下降。

新加坡拉加惹南國際研究學院（S. Rajaratnam School of International Studies）的張洪洲（Zhang Hongzhou，音譯）對這個問題的發展有研究。他發現官方試圖透過立法與補貼來降低中國漁船船隊的規模，卻告失敗。現在不僅船隻的數量比一九九八年政策實施時來得多，它們還更大型、更有力。一九八八年時，中國九成的漁船在內河捕魚。到了二〇〇二年，比例已降到百分之六十四，有三分之一以上的漁船出海捕魚。這個趨勢一直持續下來。到了二〇〇六年，廣東省六成漁獲來自外海。根據官方統計，整體來講，中國的漁獲總量沒有增加——但是中國從遠洋的漁獲量增為三倍。當中國漁船愈來愈往遠洋捕魚，他們愈來愈會遭遇到其他國家的海巡船隻和船員。中國傳媒在過去二十年報導數千起中國漁船遭到騷擾的案例。[6]

其他國家的漁民情況也一樣。自從一九九九年以來，中國為了讓魚群能休養生息，規定在南沙群島以北地區（即北緯十二度以北）每年五月至八月禁止捕魚十個星期。固然禁令本身吻合保育意識，由於它是中國單方面宣布的，導致其他國家無意配合，因為他們擔心默認會被解釋成承認中國的主權權利。結果是每年有許多越南和菲律賓漁民闖入禁區捕魚，中國海事當局決定基於主權及保育魚群而要執行規定，以致衝突日益增多。中國當局大聲宣傳這套禁令對本國漁民衝擊甚大。根據官方傳媒報導，二〇一三年它影響到海南省註冊登記的九千艘漁船和廣東省註冊登記的一萬四千艘漁船。遵守規定留在港內不出海作業的漁船，因為損失收入，政府發給補償金；當然其他國家漁民沒有份。[7]

可是，禁令並不適用於取得官方特許可以在南沙有爭議海域作業的中國漁船。這個訊息很清楚——開到有爭議的地區去，升起國旗，盡情捕獵鮪魚吧！中國漁民若是將漁船升級，可以走得更遠、開到南沙群島，他們將得到政府補助款——引擎愈大、補助金愈多——而且船東每到南沙群島作業，還另有補助。[8]二〇一二年八月新加坡《海峽時報》（*Straits Times*）一則報導形容中國官員如何到海南島的潭門港鼓勵漁民前進南沙群島。[9]二〇一二年禁漁期間，海南省海洋與漁業廳組織一支規模空前的漁船隊到南沙群島：共有三十艘船，其中之一是三千噸重的補給船。記者們獲准隨隊採訪，俾便把消息報導出去。二〇一三年禁漁期間，又有三十艘船組隊浩浩蕩蕩而下，漁業廳長黃文輝告訴新華通訊社說：最終目標是「找出方法有系統地開發公海資源」。南沙群島周邊因捕魚而起衝突，是在中國沿海地區漁捕過度的結果，何況又有刻意開發新供應來源的政策。

然而，這個政策忽視了一個明顯的現實，那就是其他國家漁船隊為了餵飽本國日益增加的人口，在南沙群島已經過度漁捕。早在一九九四年，研究人員發現在馬來西亞和菲律賓海岸外某些島礁，已經很難捕到成熟的大魚。[10]即使漁獲量穩定的地區，捕魚花費的勁道比以前要更多。一九九五年至二〇〇五年之間，沙巴外海的魚存量下降百分之七十。暹羅灣已經發出警訊。早在一九九〇年，經過二十年的過度漁捕之後，漁民們已經說他們捕的魚有百分之八十五是「廢物魚」。在本國海域無法賺到可靠的收入，泰國漁民開始成為東南亞地區最出名的越境捕魚者，每年有數千人闖入其他國家專屬經濟區捕魚而遭到逮捕。[11]南中國海正在走向同樣的命運，有五億人口的糧食供應會受到威脅。宏觀規模的統計模式顯示，一九六〇年至二〇〇〇年之間，大型魚的存量下降超過一半。以前除了在非常深的地區，南中國海到處都是魚。現在大片大片地區已經無法進行商業性打撈。本區域唯一漁源仍豐富的地區是在汶萊外海——這裡有許多鑽油平台，阻止了大規模毀滅性的捕魚作業。我們能做些什麼？海上爭議能先解決，以免魚群絕種嗎？

約翰．麥克馬努斯（John McManus）教授研究南中國海水族生物已有二十年之久，現任邁阿密大學全國珊瑚礁研究中心主任。麥克馬努斯相信繫爭諸島扮演極重要角色讓整個南中國海還活著。魚群在這裡下卵，然後洋流把牠們的幼苗送到各地方。他告訴我說：「南沙群島的珊瑚礁地區有全世界最多樣化的各種魚類。周遭的海岸線已經高度的過分漁捕，很可能某些魚類沒有滅絕是因為從南沙群島和從南中國海其他偏遠島礁偶有幼魚湧入的緣故。」多年來麥克馬努斯教授力主為了全區域福祉，應該把南沙群島劃為海洋生態保護公園。如果能打造一個巨型的「魚類復育場」，這個「和平公園」可以提供足夠魚苗，幫助其他地區的魚類復育，前提當然是其他地區必須「永續性質」的捕魚，不過度捕撈。

近年曾有人試圖建立類似的東西。二〇〇一年三月，南中國海全體主張國家同意擱置爭議，共同參加耗資三千二百萬美元、由聯合國環境計劃（United Nations Environment Programme）領導的「扭轉南中國海及暹羅灣環境惡化趨勢」（Reversing Environmental Degradation Trends in the South China Sea and Gulf of Thailand）計劃。這個計劃由二〇〇二年持續到二〇〇八年，做出相當成績。可是它的最後評估卻很哀傷地得出一個結論：「最後還是沒有辦法讓中國和馬來西亞參加需要多邊協定的議題，尤其是跨國界的魚存量問題。」[12]麥克馬努斯證實這件事。他告訴我說：「中華人民共和國的參加使得南沙群島的問題不會在這項計劃中正式提起。」聯合國人員發現幾乎不可能發展出涉及一國以上的計劃項目，在南中國海爭議地區更是一事無成。原本計畫的目標——在海上建立「避難區」以保護魚群下卵、繁殖——功敗垂成。

國際自然保護同盟（International Union for the Conservation of Nature）表決贊同「和平公園」的構想，而依照麥克馬努斯的說法：「在所有主張國家有許多科學家和環保人士非常支持，尤其是菲律賓、台灣和越南。」問題在於官方層面。雖然菲律賓總統羅慕斯曾經一度表示支持，但是只有台灣政府正式贊成。麥克馬努斯歎息說：「大部分政治領袖不願意就此和中華人民共和國展開對話。地底下可能有石油也使得問題更加複雜，不過大家也都曉得沿南中國海大陸棚地區的石油，比起在南沙群島深水地區的石油更豐富，要取得的代價也更便宜。」最後的結果是我們很難樂觀各國會合作以防止南中國海魚群完全滅絕。

理論上，魚群存量應該比石油和天然氣更容易管理，理由有二：牠們可以生生不息，而且牠們會移動。一個國家沒有道理去想要管控會移動的魚群。全世界各地區都有成立區域性質的漁業管理組織，以便各國合作監督大家都依賴的魚群存量。在東南亞地區，有最優秀的研究及保護魚群存量的記錄之組織是東南亞漁業發展中心。中國很容易可以加入，但是它選擇不加入。鑒於它過去不願加入類似的區域倡議，在未來它似乎也不太可能參加。北京在原則上並不反對漁業協定。它在一九九七年與日本簽訂漁業協定，在二〇〇〇年亦分別與南韓、越南簽署漁業協定。二〇〇五年，它在「菲、中漁業共同委員會」中也舉行一輪談判，但是後來沒了下文。[13]重點在於涉及南中國海的任何議題，中國都不願進行多邊談判。越、中協定只適用於東京灣，因為這一水域的爭執只涉及中、越兩國。但是鮪魚哪裡懂得尊重國際疆界？因此雙邊協定解決不了問題。南中國海周邊所有國家都靠價廉物美的魚鮮來餵養人民。沒有任何協定來保護魚存量，大家又爭相進行短期漁捕，使本地區所有國家都有陷入爆發重大糧食危機之虞，窮人更會餓肚子。如果中國及其鄰國沒辦法就避免老百姓餓肚子的必要之舉取得協議，又怎能期待他們就主權和領土等大問題取得協議呢？

和平自由友好合作區

南海周邊各國若能就主權與領土達成持久性的協議，可以解決本區域許多爭執，受惠者可不只是菲律賓。亨利．班蘇托（Henry Bensurto）身為海上及海洋事務委員會（Commission on Maritime and Ocean Affairs）秘書長，是菲律賓對南中國爭議政策背後的主腦。他的文質彬彬和黑色眼珠掩蓋了其堅強的決心。他努力爭取、好不容易說服菲律賓當局修訂吻合國際法規則的海上權利主張，然後在無數次的國際論壇為這些主張辯護，已經使他原本一頭烏黑的頭髮隱現斑白。班蘇托對國際法有信心：他認為它可以恢復南中國海和平的機會。在他的引導下，馬尼拉把它的領土主張的根據改了，捨棄原來說是菲律賓承繼托瑪士．柯洛馬「發現」島礁（見本書第三章）的前提，改為根據《聯合國海洋法公約》的原則。二〇〇九年，他促使菲律賓訂定一部新的「基線法」（Baseline Law），終結菲律賓對柯洛馬巨大的多邊形「卡拉揚島群」的主張，回歸到《聯合國海洋法公約》的原則。二〇一一年，班蘇托提出一個新希望，倡議成立「和平自由友好合作區」。

這一倡議的精髓是各個主張國先澄清哪一部分海域有爭議、哪一部分沒爭議，然後才設法解決爭議。爭議可分為兩種。第一種是「領土爭議」——即南中國海每一陸地地貌合法「所有權」的問題。第二種是「海上疆界爭議」——依據《聯合國海洋法公約》每個地貌能產生多大的「區域」。如果國際法院裁定某個島嶼可以支持人類居住或經濟生活，它可以取得最高兩百海里的專屬經濟區；如果法院裁定它只是「岩塊」，不能支持人類居住或經濟生活，那它只能有十二海里的領海、不能有專屬經濟區；如果該地貌依其自然狀況，在漲潮時被淹沒在水下，它就根本不能有領海或專屬經濟區。班蘇托和前人不一樣，他決定先處理第二個問題。他提議先把有爭議地區「圈圍」起來，也就是先確認哪個地貌或許可能產生十二海里的領海，然後圍著它們劃出相關疆界。接下來他試圖劃出可能的專屬經濟區界線。援用國際法院二〇一二年就哥倫比亞和尼加拉瓜之間島嶼爭議做出裁判的先例，他假定法院非常不可能給予繫爭島嶼「向外」的專屬經濟區——

換句話說，朝向周圍國家的海岸。這會把「爭議地區」縮小到僅限於島礁附近的海域。它就可以「圈圍」起來——等候日後討論——因此菲律賓和所有其他島礁國家就可以先開發他們外海的石油和天然氣田。繫爭國家稍後可以就「圈圍」起來的地區試圖達成某種解決或合作方案。假如法院裁定任何島嶼可有完整的專屬經濟區，那它就吞下大部分的圈圍地區。

從表面上看，「和平自由友好合作區」的方案提出了一條十分合理、理性的路可供依循。唯一的問題出在——它是由菲律賓所倡議的。貝尼格諾．艾奎諾出任總統之後，菲、中關係逐漸生變，二〇一二年中，為了黃岩島事件而撕破了臉，到了二〇一三年一月二十二日，馬尼拉宣布它要把班蘇托的計劃提到國際法庭，更是沉到谷底。菲律賓已要求常設仲裁法庭就班蘇托計劃的重要部分做裁示：「九段線」是否符合《聯合國海洋法公約》；中國占領的八個地貌之中的五個，應否被認為淹沒在水底，因此就不能產生領海或專屬經濟區；中國占領的另三個地貌是否只是岩塊，因此不能主張有專屬經濟區；以及不問外海存在其他被占領的地貌，菲律賓是否享有完整的兩百海里專屬經濟區。

中國拒絕參加仲裁，但是法庭還是展開法律程序，而且可望在二〇一五年做出裁判。然而，法院沒有力量執行其裁定。代表菲律賓的美國華府律師保羅．芮克勒（Paul Reichler）也很清楚這一點。一九八六年，他代表尼加拉瓜政府在國際法院告贏美國。國際法院裁定，美國支持尼加拉瓜游擊隊（Contra）叛軍和左翼政府作戰，並且在其港灣布放反艦水雷，是非法行為。美國根本不理會這項裁定。它資助右翼政治聯盟在一九九〇年贏得尼加拉瓜大選、重掌政權，兩年後，右翼政府取消對美國的求償。菲律賓在這個案子上若是贏了，恐怕也是空歡喜一場，只不過班蘇托將來和中方代表談判時，至少還有一把新劍可以揮舞。然而，就在菲律賓方面試圖透過法院澄清其國際法理情勢之同時，在南中國海的另一頭，中國思想家也在設法改變問題。

U形線的意義

在海南島海口市東方，車程約半個小時的一座紅磚大樓園區裡，有人正在為南海問題傷神。園區既像一所大學、又像是海濱度假村；事實上它距離南中國海海岸一些真正的海濱度假村也不遠。它的周遭環境或許可以用來隱喻中國對南海的態度。處女地經過丈量、開發，變成渴望發達致富的新貴的華廈。豪華公寓、有錢闊佬的度假別墅，從沙丘和水田中冒出。就在這片國家推動的房地產開發榮景中，中國南海研究院矗立其中，院長吳士存就在兩棟大樓之一辦公。

近年來，吳士存博士已經成為中國南海外交的代表人物。他那整齊的髮式、燦爛的笑容，是華府的工作坊、新加坡的研討會會場一景。他提出堅定的路線來護衛中國在南海「不容爭議的」主權，但是他的言談也透露官方思維中的細膩含意。他有無懈可擊的政治背景擔任這份工作。他從南京大學共青團副書記出身，後轉調海南省黨委，擔任海南省外事辦公室新聞處副處長，逐步晉升。他顯然獲得充分授權，可把黨的官方觀點介紹給海外訪客。一九九六年，海南省成立新組織「海南南海研究中心」，吳士存出任主任。二〇〇四年，北京的外交部決定善用吳博士的技能，提撥額外經費及官方贊助，把這個單位升格為國家級智庫南海研究院。二〇一一年，它從海口市一個不起眼的辦公室遷入海濱的新園區。

南海研究院並不是中國關注南中國海問題的唯一機構。海洋發展戰略研究所（主管中國海警局的國家海洋局之下轄單位）也鑽研中國主權主張的法律與歷史依據，以及更廣泛的海上發展。中國現代國際關係研究院（歸屬國家安全部管轄）則專注其他國家對南海議題的作法。不過，這兩個單位都比較不為人知。南海研究院則十分好客。它寬敞的園區致力於以舒適的環境向外界傳達中國的訊息。它有一個可容兩百人的大禮堂、一個可容一百人的會議室，加上幾間小型研討室、教室、貴賓室、接待室和一間出版室、幾間展示室。頂樓是設備齊全的辦公室供來訪的學人及作家使用。另一座副樓有大、小餐廳，十三間來賓臥室（配備液晶電視、浴袍和高檔的衛浴用具），而它的頂樓是國賓套房，有自己的出入口供正室或情婦進出。研究院的四十名研究人員則在三間大辦公室上班，每天有接駁巴士接送上下班。

吳士存的辦公室位於四樓，但是由於中國文化忌諱「四」和「死」同音、認為「六」代表「祿」比較吉利，因此大樓沒有四樓、五樓，吳博士是在六樓辦公。這個迷信的共產黨員享有半獨立的地位。他受外交部重視，可是他不是外交部官員。實質上，他得到特許可以測試新點子，或尋找能夠化解紛爭、卻不須北京政府做出任何承諾的新方案。他的意見可能只是各家爭鳴中的一個聲音，卻能讓我們理解到北京領導人考量的一些選項。吳士存的臉上始終掛著笑容，但是他的行為舉止堅定的意義大過樂觀。他坦率表示：「在近期的未來，不可能解決主權問題。」——承認其他國家不為中國的歷史說或法律說所動。

二〇〇九年五月七日，中國在提交給聯合國大陸棚劃界委員會的文件，把「U形線」地圖做為附件之後，即承受各方壓力要它澄清「U形線」究竟是什麼意思。中國不同的機關對它有不同的處理方式。二〇一一年四月，中國外交部遞交給聯合國的另一封官方信函，只提中國對「南中國海各島及其鄰近海域有不容爭議的主權」。它沒有提到「U形線」。可是，原先的中國海監總隊和中國漁政指揮中心（它們在二〇一三年合併為中國海警局），二〇一一年、二〇一二年和二〇一三年在菲律賓、越南、馬來西亞及印尼的納土納群島附近海域的行為，以及中海油二〇一二年六月在越南外海批給開採權的決定，都表示這些機關把「U形線」解釋為對整個區域具有領土主張。

中國其他機關的公開聲明使得情勢益加難以解決：「U形線」益發受到中國人重視。譬如，在中國印製的每一份地圖都必須經由國家測繪地理信息局核定。即使一個小型非政府組織想要標出它在中國哪個地方工作，除非印出「U形線」，否則它的地圖也不准印行。[14] 二〇一二年四月起，中國發放的每一份護照都印上「U形線」。雖然「U形線」的確切意義未經公開澄清，許多中國人就是認定它描述的是領土主張。若是從這個立場退卻，必會激起國內強烈批評。然而，南海研究院似乎想要測試外國組織和政府的水溫，看看海外對不同方式會有什麼反應。目前的起點是堅守《聯合國海洋法公約》的文字、聲明中國的主張，有如亨利．班蘇托在菲律賓的作法一樣。吳士存博士說：「依我的看法，九段線應該是代表在這條線之內所有地貌及鄰近水域所有權的一條線。我在國際會議上也說明過，中國從來沒有主張在線內的整個南中國海都是它自古以來的水域。」

外國觀察家一直關切，認為中國決策者可能達成一個結論：如果中國不能在國際法的規範中成功保衛它的權利主張，它可能會退出《聯合國海洋法公約》。但是，中國決策者也不敢貿然破壞遊戲規則。它會摧毀數十年來以「和平崛起」論述為基礎建立起來的審慎外交。南海研究院似乎與國家協調一致的作為同步，試圖把南中國海的權利主張擺在國際法框架內。它是吳士存博士現在公開講話時的言論。這是很艱難的一項工作，目前有相當的風險，萬一菲律賓向常設仲裁法庭的投訴成功，中國依據《聯合國海洋法公約》被裁示其主張權利極小或不存在，它的策略會完全毀掉。

因此南海研究院開始研究更細緻、但也更深奧複雜的法律備案。二〇一三年十月，南海研究院召開一項國際會議，調查中國是否可以即使不提出主權主張，就利用「歷史權利」（historic rights）的法律概念來主張九段線內的資源。吳士存博士承認這裡頭仍有爭議。「它還有爭議。

很難就這個問題得出共識。有些學者說，歷史權利只是在這些地區捕魚活動的權利。它需要再進一步研究，這個地區的捕魚權、航行權和天然資源的開發。中國應該對這些島嶼擁有主權，並且也以累積的基礎享有歷史權利。」《聯合國海洋法公約》根本沒提到「歷史權利」。這個概念被刻意排除在公約條文之外。為了強化它的論述，中國政府必須在國際法中另闢蹊徑。

在這方面努力的並不只有南海研究院。二〇一三年一月，國家海洋局海洋發展戰略研究所所長高之國（他也是國際海洋法法庭〔International Tribunal on the Law of the Sea〕法官）和清華大學國際法教授賈兵兵發表一篇冗長的學術論文，主張「U形線」在國際法上的確有基礎。[15] 他們不像南海研究院的研究集中在「歷史權利」（historic rights）上，改用不同的論據主張中國對此一水域有「歷史性權源」（historic title）*。用兩位作者的話來說：「九段線並不牴觸中國依據《聯合國海洋法公約》承擔的責任；它反而補足了公約的規定。」——換句話說，即使「U形線」被裁決不吻合《聯合國海洋法公約》，它仍然在國際法的其他方面有根據。北京有位法學專家不願被提名道姓，他對此做出解釋。「《聯合國海洋法公約》的前言表明，公約無意包羅網盡。習慣法和國家實務仍然必須被參考。」對於菲律賓提出的案子，這可能就會有問題了。「菲律賓案子的前提是國際海洋法只有《聯合國海洋法公約》。但是不論對島嶼是怎麼下定義，總是先有權源（title）的問題。」這位專家的觀點是，常設仲裁法庭在它能就地貌的地位做裁決之前，需要決定是否需要另一個法庭裁示主權的問題。這會完全打亂亨利·班蘇托的策略。

這些論述其實還是有爭議。它們還是依據對歷史的了解，而且基於民族主義的感情更甚於歷史的證據。例如，高之國的文章有一段話：「南中國海自從遠古以來即為中國漁民和航海家所知。」可是他並沒有進一步解釋。可是，中國會做出努力，就足證中國政府十分努力，固然要留在現有的國際法框架裡，但同時也要審慎思考如何保衛國家在南中國海的權益。

廣泛地講，中國的權益可分為四大部分：一種對南中國海「歷史性權源」的意識、又加上民族榮耀的需求；需要有「戰略縱深」以保護中國沿海城市；渴望戰略進出印度洋和太平洋公海有保障；以及希望取得南中國海的資源——尤其是魚群及碳氫化合物。這四大議題在中國國內各有不同的權力山頭在背後撐腰。例如，儘管中國外交部或許願意承認反對中方主張的法律論述的力量，但解放軍、國家海洋局、中海油和有大型漁業的各省很有可能不同意。在中國政治體系內，外交部地位並不高。有位專家評斷，在五十個最重要的國家機構中，外交部只名列第四十位。[16] 就實務上而言，外交部在北京最高層的決策機關中，其影響力明顯小於它的官僚對手。

* 譯注：一般來說，title指財產權或擁有權的基礎，故譯為權源。國家對於領土，有了權源的基礎，才衍生出主權（sovereignty）；有了主權的基礎，才更進一步衍生出其他權利（rights）。在南海主權爭議中，各方為支持自己對島礁的主權主張，各自提出源於不同基礎的權源。

這些部會和國家機關透過持續的遊說行動，不論是爭取國家經費、賺取更多的利益，或是促進地方就業，拚命維持他們在中國政治體系內的權力。他們全都善於編纂他們的論述以贏取中央領導人的青睞。要把他們的主張契合中國爭取南中國海資源的「迫切性」，一點都不難。當中海油二〇一二年五月啟用它極度深海鑽井平台「海洋石油981」（HS981）時，公司董事長王宜林宣稱它是「中國移動國土的一部分，也是推動國家外海石油產業發展的戰略武器」。[17]他沒有提到這個鑽井平台將近八億四千萬美元成本，國家補貼了多少，也沒有提到它對公司獲利可能的影響——其實對他來講，這恐怕才是更重要的事情。中國的政策往往不是經過審慎的理性討論後的總結，而是各方勢力遊說之後難以預測的結果。當它們結合在一起的時候，這些利益團體的力量大得不得了。不論是基於民族主義、安全、利益或工作的原因，有一點是他們意見都一致的，那就是中國必須能取得南中國海的資源。在他們本身的沿海地區，不論是魚群或是碳氫化合物，都已經被徹底開發，因此國內遊說力量堅持往更遠處看。中國領導人很早就很務實地理解到，這會引起仇視和反對。中國對東南亞國家的「提議」歷四分之一個世紀都沒有改變。用吳士存博士的話說，「合理、務實的方法就是共同開發。」

自從鄧小平一九八〇年代最先向本區域其他領導人提出之後，中國在這一點的政策持續不變，國務院總理李鵬一九九〇年八月十三日在新加坡也向全世界宣示：「中國準備和東南亞國家合作開發南沙群島，暫時擱置主權問題。」（見本書第五章）[18]可是，多年來，此一政策仍只是空口白話。例如，全國人大委員長吳邦國二○○三年在菲律賓提出來，二○○五年在馬來西亞又重彈此調。同年，胡錦濤在汶萊再度倡議。在菲律賓，這個提議產生「海洋地震聯合作業」，不幸卻以政治醜聞畫下句點，斷送了開發工作的一切機會。其他國家都沒有再接受這個提議，這個主意也就沉寂下去。但是在二○一一年九月，或許是因為當年發生多起「切斷纜線」事件，引起國際批評，中國國務院新聞辦發表「中國和平發展白皮書」，強調鄧小平對共同開發的指示。[19]二○一二年十二月，國立南海研究院也助予一臂之力，就這個主題召開一項國際會議。此後，北京比以前更加努力推動，其中顯然有公共外交的意味。

二○一三年十月，中國傳媒大肆宣揚汶萊和越南已同意合作在南中國海「共同開發」，社論也力促「其他國家」——想必是指菲律賓、馬來西亞和印尼——也要「拿起魔杖」。[20]但是如此大肆宣揚的協定根本不是這麼一回事。中國和汶萊的協議實際上只是中海油和汶萊國家石油公司提供油田服務的商業合資合約。它和分享南中國爭議地區的碳氫化合物資源八竿子打不著邊。[21]中國和越南的協議更不具體。它只是成立研究海上合作的工作小組，可是中國官方通訊社新華社已經把它形容為「突破」。[22]同一篇報導引述吳士存博士的話說，這項協議「毫無疑問向其他主張國發出清晰的信息，擱置主權爭議、坐上桌子商討共同開發是務實的選擇」。

共同開發的確聽起來很合理，就在東南亞地區即有許多可行的案例。但是南中國海的棘手處永遠是要決定在哪裡進行。吳士存博士和我談話時強調只有兩個地區：「菲律賓所主張的禮樂灘地區，以及越南人聲稱他們管轄的萬安灘。因此，從中國的角度看，整個南沙地區都可能共同開發。某些外國學者甚至建議西沙或黃岩島地區也是另一個共同開發的可能性。」禮樂灘和萬安灘近年都經過勘察，也都被認為有能開發的石油或天然氣田，但兩者都離中國很遠，而菲律賓或越南似乎都不願放棄對其資源的主權權利。我問吳士存博士，在南沙群島之北、爭議較小，共同開發是否可能比較容易。「我不確定南沙以北地區是否有豐富的石油。這不是一個政治問題，這是一個商業或技術的問題。」這是他冷峻的答覆。雖然或許有人原則上支持共同開發，但是問題在於沒有人願意接受中國的提議。要跳探戈總得有兩個人才行，而目前中國還沒有任何舞伴。

共同開發的阻礙

厄尼·鮑爾和那些可能接納中國提議的人士熟得幾乎可以稱兄道弟。他是華府戰略暨國際研究中心東南亞研究舒米特洛講座的主任（Sumitro Chair for Southeast Asia Studies）。政府官員經常為美國政策向他請教，企業界也透過他個人的顧問公司「鮑爾亞洲集團」（Bower Group Asia）登門求教。他的研究使他得到馬來西亞國王和菲律賓總統的褒揚，也得到在南中國海有直接利益的重要人物的讚許。舒米特洛講座的顧問委員會名流雲集，包括理查·阿米塔吉（Richard Armitage，前任副國務卿、現任康納可菲力浦石油公司董事）、威廉·柯恩（William

Cohen，前任國防部長，現在主持自己的防務顧問公司）、哈辛姆・狄卓卓哈迪古索莫（Hashim Djojohadikusomo，印尼國家石油天然氣礦業公司〔PT Pertamina〕前任董事長）、海軍上將提摩太・基亭（Timothy Keating，美軍太平洋司令部總司令）、米洛迪・梅耶（Melody Meyer，雪佛龍石油公司亞太區總裁）、愛德華・托托里希（Edward Tortorici，第一太平公司〔First Pacific Corporation〕副董事長——第一太平公司擁有論壇能源公司的控股權，它就是想在禮樂灘開發天然氣的業者）、詹姆斯・布萊克維爾（James Blackwell，雪佛龍石油公司執行副總裁）、史基普・波伊士（Skip Boyce，波音公司東南亞業務總裁），以及喬治・大衛（George David，太空工程業者聯合科技公司〔United Technologies Corporation〕前任董事長）。

鮑爾和太多關鍵人物交換過意見，因此他有關解決南海爭議的觀點，說不定反映著華府決策圈最新的共識。他說：「美國對於要怎麼促成一個安定的亞太的理解，其要旨是，除非中國覺得在能源、水源和糧食方面安全無虞，你不會有穩定與安全可言。無論我們如何在文字遊戲上下功夫，但是本質上就是，除非中國和它的鄰國找出方法，或是在美國鼓勵下找出方法，共同開發南海，否則不會有穩定、安全的亞洲可言。到頭來，終究非得如此不可。」這實屬難能可貴，美國和中國都同意這是一條走出爭端的路子。可是問題並不容易解決。

除了吳士存在海口苦思對策之外，西方智庫也在研究解決之道。譬如，約翰暨凱薩琳・麥克阿瑟基金會贊助一項為期三年、由「全國亞洲研究局」主持的計劃，[23]新加坡國立大學國際法中心也在研究可能的法律架構。所有研究人員一般都得到相同的結論：唯有在領土及海洋權利主張上得到共識，才有可能展開共同開發。但這不就又回到原點了嗎？對於中國來講很諷刺的是「擱置爭議、共同開發」唯有在將權利主張正式化後才可能——偏偏這就是它要避免的，因為這將在國家官僚不同部門之間產生內部爭議。

印尼外交官哈斯金・狄加拉（Hasjim Djalal）親歷這些辯論已經超過四分之一個世紀。他採取鴨子划水的方式，耐心地設法協助立場互異的各方找到共同點。他是一九七〇和一九八〇年代《聯合國海洋法公約》得以擬訂的談判代表之一，曾經擔任印尼駐聯合國大使。一九八八年當他聽到赤瓜礁戰役（詳見本書第三章）消息時，他很明白這對東南亞會產生什麼樣的影響。「當南海在中國、美國、日本、東協國家，甚至印度和俄羅斯的眼裡，繼續獲得更大的戰略注意時，我感到相當的不安。」[24]狄加拉認為最重要的是，該區域應該自行解決爭議，不要讓外界大國介入。他擔心在各國競逐海洋資源下，區域內的緊張和敵對會阻礙經濟成長的可能性。

他得到的結論是，正式談判不會有任何結果，即使是中程結果也不可能，另外，繫爭各國不希望外人介入調停。他在《聯合國海洋法公約》裡看到機會，尤其是公約中有關密閉與半密閉海洋周邊國家有義務合作的規定。狄加拉曾經是「太平洋經濟合作理事會」漁業專案小組（Fisheries Taskforce of the Pacific Economic Cooperation Council）的主要成員，這個組織成功地把東南亞、太平洋諸島和拉丁美洲太平洋濱國家集合在一起，完成原先官方倡議做不到的事。一九八九年初，狄加拉參加一項有關共同開發東南亞石油資源的研討會時，結識了加拿大卑詩大學（University of British Columbia）法學教授伊安・湯生—高爾特（Ian Townsend-Gault）。兩人發現彼此英雄所見略同：南海也需要一個非正式的場合來培養實務上的合作。湯生—高爾特向加拿大外交部提案、推銷這個觀念，爭取到它同意贊助經費以五年期限推動此一構想。[25]

一九八九年底，狄加拉說服印尼外交部長阿里・阿拉塔斯（Ali Alatas）派他和湯生—高爾特遍訪東協各國使領館和部會首長。他們得到的結論是：大家都希望拿出辦法來化解爭議，且非正式的方法是上策，此外，東協國家應該先協調好立場、再找別人擴大參與。狄加拉和湯生—高爾特給自己訂下兩個目標：一是藉由找出一個人人可以合作的地區以妥善管理潛在的衝突；二是培養可以幫助衝突各方互相信任的機制。印尼手上有兩張王牌：它在爭議地區之內沒有對任何地貌提出權利主張；而且它在寧靜的海濱有許多豪華度假勝地，可供各國代表幽靜地集會、對話。第一屆「管理南中國海潛在衝突研討會」（Workshop on Managing Potential Conflicts in the South China Sea）不久之後即在一九九〇年一月於峇里島召開，當時東協六個會員國都派出代表與會。次年，其他國家也獲邀出席。由於是非官方性質，許多棘手問題可以迴避：譬如，中國和台灣都可以出席，領土議題可以列入議程，政策選項可以拿出來討論。根據狄加拉的說法，由於不願讓議題「區域化」，中國起先不願參加，但是後來勉強出席。

起初討論相當順利。某些想法甚至直接被篩選進入正式領域，促成東協各國一九九二年簽訂南海「馬尼拉宣言」（它本身也是為了回應中國在前幾個月所宣布的領海法）。這一年的非正式研討會同意成立「技術工作小組」研究特定議題。這些議題後來包括了資源、科學研究、環境保護、航行安全及其他法律事項。進展很慢，但是到了一九九五年，他們批准了兩項科學研究項目：一是海平面的改變，一是有關數據分享。加拿大也同意繼續贊助五年的經費。可是據狄加拉說，此時問題開始浮現：「中國只希望由國家機關來執行」，不希望由區域體制來做。譬如，一九九八年，北京反對印尼提議研究碳氫化合物，以及泰國提議研究漁群存量，甚至連成立地質學的區域資料庫的計劃也遭反對。[26]

一九九三年，狄加拉建議劃出一塊地區進行真正的初步共同開發。地點刻意秘而不宣，以防民眾負面反應。大多數國家支持這個構想，但也有人有所保留，但有一個國家「根本不想談論劃出一區」這件事。這個構想就這麼拖著，直到一九九八年狄加拉提出修訂方案。研討會成立「合作區研究小組」推動構想。小組提出四個必須先克服的問題：要在什麼地點開發、要開發什麼資源、用什麼樣的組織來管理開發，以及哪些國家參加。各國一討論就又拖了三年，但是達不成具體結論。雖然討論的本身就是建立信心的措施，但是到頭來南海研討會唯一一個實作的項目是二〇〇二年三月共同組隊調查生物多樣性，而進行的地區都挑在沒有爭議的印尼阿南巴斯群島（Anambas）附近。這時候加拿大政府已決定不再贊助，研討會就逐漸沉寂了。

在狄加拉看來，這是北京的勝利，因為「中國似乎覺得整個過程走得太超前、太快，也討論了太多題目。因此它似乎希望研討會的步調慢下來」。回顧這十年討論共同開發的點點滴滴，狄加拉說：「顯然中國所謂的共同開發，指的是中國要在其他國家和中國都主張有權利的地區，共同地、雙邊地與其他主張國開發南海的資源。」[27]換句話說，除非是在其他國家主張的專屬經濟區，中國沒興趣搞共同開發。

直到今天這仍是阻礙共同開發的根本爭議。當吳士存提到共同開發時，他公開表示這只適用在其他國家的專屬經濟區之內的地區，不是中國的地區。華府戰略暨國際研究中心的厄尼・鮑爾說，其他國家沒有人會參加這樣的倡議。「關鍵在於除了中國之外，每個國家都不會接受奉中國為本地區的老大，並由它來界定條件所進行的共同開發。最大的問題在於中國是否、何時才會有足夠的信心，以關鍵夥伴的身分與他國共同針對合作條件進行溝通，而不是由它獨斷獨行。」

二〇一一年十一月，中國國務院總理溫家寶在峇里島舉行的東協—中國峰會（ASEAN-China Summit）上宣布，啟動人民幣三十億元的「中國—東協海上合作基金」（China-ASEAN Maritime Cooperation Fund）。此後中國高級官員在許多場合鼓吹這個基金。二〇一三年九月，中國新任總理李克強在東協—中國博覽會開幕式宣稱：「我們正在研究推動一系列的合作項目，優先重視建設漁業基地、海上生態的環境保護、海產的生產和貿易、航行安全及搜尋與救援，以及海上交通的便捷。」這些幾乎就是北京在狄加拉的研討會上所否決的合作項目。李克強說：「我們期許東協國家的積極參與。」[28]但是東協國家不肯參與——他們認定背後一定有政治圈套，會危害到他們的領土主張。本書截稿時，還沒有任何一塊錢投入涉及到東協的項目。只有一個項目被大肆渲染——而它的受益人是中國國有企業廣西北部灣國際港務集團有限公司，它將在二〇一四年買下馬來西亞關丹（Kuantan）港股權，然後將其設施升級。它看起來很像是國家政策和中國國企利益又一次的一拍即合。[29]

從「聖約翰殖民王國」到「南沙群島特許區」

倫敦有一間公寓俯瞰著泰晤士河，它位於理查·史普瑞特利船長出生地上游幾英里、位於他埋骨之處下游幾公里。在這棟公寓裡，正在醞釀另外一個可行的方案。這是一間相當富麗堂皇的公寓，位於英國政府所在地白廳（Whitehall）的核心，室內裝飾著來自東南亞各地的藝術品、骨董和奇珍異寶。它經常接待跨大西洋、穿梭往來於新、舊英格蘭的菁英，它也是自認為可以解決南中國爭議的一個組織之總部。「聖約翰殖民王國」（Kingdom of the Colonia of Saint John）或許讓人聽來像是小說中的奇幻王國，但是它的支持者聲稱它是菲律賓「海軍上將」托瑪士·柯洛馬帝國、以及柯洛馬對南中國海權利主張的繼承人。這項權利主張的管理人化名湯瑪士·狄·列斯（Thomas de Leys）：他是個銀行家，從前追隨過馬可仕家族，也一度擔任過蔣夫人宋美齡的財務顧問。

狄・列斯出示一份文件「自由邦最高國務會議敕令」給我看，它顯然是由托瑪士・柯洛馬在一九七四年八月二十四日所簽署；敕令中，自由邦更名為「殖民王國」，托瑪士・柯洛馬辭去國家元首職位，轉讓予美國不動產開發商約翰・貝爾納斯（John Barnes）——此人後來改名為約翰・狄・馬利維勒斯（John de Mariveles）。文件有兩個見證人：一個是托瑪士的弟弟費勒蒙・柯洛馬，一個是貝爾納斯的部屬，海軍潛艇艇長退役的艾瑞克・施洛卡（Eric Sroka）。它後來並由馬尼拉律師魯飛諾・桑尼克（Rufino A. Sanic）公證。根據狄・列斯的說法，知情人士向托瑪士・柯洛馬警告，指稱馬可仕總統即將強迫他把權利轉交給菲律賓政府，因此他試圖耍過他們。一九七四年十二月四日，柯洛馬被關坐牢近兩個月、不得不簽署文件讓渡給政府時，他的遣詞用字「無論他們從那群叫做自由邦的島嶼獲取的任何權利或利益」已暗示事實上已經不剩任何權益，只是馬可仕不察而已。

湯瑪士・狄・列斯的論據基本上如下：根據一九五一年舊金山和約，日本國放棄它對南沙群島的權利主張。因此，用法律術語來講，它們成為「無主之地」（terra nullius）——因此柯洛馬可以合法地主張它們歸屬於他。讀者諸君如果從頭讀到這裡，就會曉得，法國自一九三三年起就對六個島嶼提出權利主張，後來又於一九四六年十月重申權利主張，而中華民國自一九四六年十二月起也主張太平島歸其所有。但是，依據狄・列斯的說法，托瑪士・柯洛馬已經避免掉這些問題。「為示尊重法國的權利主張，柯洛馬割出包括南威島在內的西南角，它的作用讓柯洛馬可對目前多角形的地區提出主張。至於中華民國的主張，可以視為『消滅』，因為中華民國在國際法上可謂已不是『國家』。至於中華人民共和國的主張，迄今除了所謂的『九段線』之外，中國還未提議或澄清。越南的主張是以它是法國主張的繼承者這個論據做基礎，可是法國對此有異議。」

長年以來有許多人士曾經企圖建立自己的國家，譬如，布洛克家族就管治過砂勞越。然而，大部分人的誠信頗有疑問。美國當局處理過許多件騙案，這些騙子號稱代表某些島礁國家，希望在國際金融體系開戶、往來。其中就有好幾件涉及南中國海。一九七一年，有個老美莫頓．佛瑞德里克．米德斯（Morton Frederick Meads）自稱是「米德斯群島」的「莫拉克—宋賀拉蒂—米德斯人道共和王國」（Kingdom of Humanity- Republic of Morac-Songhrati- Meads）統治者，一度把馬來西亞政府唬住。對於這個共和王國不幸的是，它的支持者據說在一九七二年六月一場颱風中溺死。一九七四年，有個法國騙子宣布建立「自由邦公國」（Principality of Freedomland），但與托瑪士．柯洛馬並沒有關聯。二〇〇四年，號稱首都設在南通礁（Louisa Reef）的「陶馬土吉共和國」（Republic of Thaumaturgy）企圖出售政府公債給易受騙的投資人。事實上，國際間是有一群團體和個人的次文化，號稱代表島礁小國、騎士團，或已經下台的王室貴族。

然而，聖約翰殖民王國顯然不一樣。它有真實的地址，有真正的主事者，也有真實的文件支持它的權利主張。更重要的是，它的確可以接觸一些權貴要人，也有真正的資金在幕後支持它。

湯瑪士・狄・列斯是美國東岸某一世家子弟，家族靠在亞洲興建發電廠致富，後來還出了一個美國財政部長，也捐建幾棟新大樓給耶魯大學。湯瑪士・狄・列斯的好友有許多人熟悉政壇生態──從大肆掠奪的資本家，到大牌律師都有。

維琴妮雅・葛瑞曼（Virginia Greiman）擅長為陳年老問題設計新解決方案。她是波士頓龐大的地下隧道系統之律師，現在任教於哈佛大學法學院。她替聖約翰殖民王國提出的辯護，正好吻合高之國和賈兵兵論文的論據──《聯合國海洋法公約》不能涵蓋一切，一個國家可以對領土提出「歷史性權源」，因此聖約翰殖民王國可以主張它是自由邦領土權利主張的繼承人。她和我在倫敦吃午飯時說明她提議的開發模式，即根據她在巨型計劃方面的經驗所研擬出的「混合機構」（hybrid institution）。她的方法試圖解答狄加拉和湯生─高爾特提出的四個問題，但是要透過民間部門，而不是跨政府的模式。她提議由全體主張國成立「共同研究小組」（Joint Study Group），發展對話架構及談判協定。這個協定將界定一個「南沙群島特許區」（Spratly Island Concession Area），並分配區內的資產。它對所有的主張國開放，爭議交給區內自己的仲裁法庭處理。特許區要設置自己的管理當局，它可以批准開採資源的特許權。[30]

她認為：「它可以做為中國和菲律賓之間的橋梁。關鍵在於確保它為民間部門，且不讓各國走上國際法庭。」她深信中國和菲律賓都可以從這項安排中受惠。那麼聖約翰殖民王國呢？根據南沙群島特許區模式，聖約翰殖民王國將分配到一部分收入，至於收入要怎麼花，要由其「統治者」決定。她說，一部分收入會撥入公益事業。「殖民王國希望為世界福利而分享資源，因此它和教會等組織可能成立信託，以幫助消滅貧窮或其他善事。」對於這項宏偉計劃最明顯的挑戰是，一般都相當懷疑任何一個主張國會拿殖民王國當真嗎？其次是，主張國在葛瑞曼的「共同研究小組」中，就會比目前已有的非正式研討會和國際仲裁的架構，更容易達成協議嗎？它或許有點瘋狂，但是它會比期待中國放棄它對南中國海「不容爭議的權利主張」更不切實際嗎？

台灣是化解紛爭的關鍵

讀者讀到這裡恐怕也累了，說不定還希望出現重大氣候變遷，讓海平面上升，把南中國海這些地貌統統淹到水底下算了。確實，即使保守預測到二一〇〇年，全球海平面只會上升三十九公分至五十八公分之間，也會使某些地貌淹沒到水底下。遺憾的是，它不太可能緩和問題，反而可能導致另一波緊張不安。擬訂《聯合國海洋法公約》時，未來的海平面上升並不是關切的重點，因此公約並沒有明白指示應該如何處理它。假設性的論證已經開始了，有學者主張要不就是修正對國際法的詮釋，維持陸地地貌在一九八二年即已存在的地位，要不就是國界可以移動。即使它們都已淹沒在水底下，各國可能還是會繼續主張主權。日本已花費巨額經費試圖防止遠在太平洋中的島礁沖之鳥島（Okinotorishima）被海水侵蝕，以便維護它的礁是個島嶼，因此應有完整的專屬經濟區。

既然「解決」不可得，那麼還有什麼有可能？二〇〇九年五月，好消息、壞消息一起出現。馬來西亞和越南聯名向聯合國大陸棚界線委員會提報時，他們只從他們的大陸量起，而不是從任何一個爭議島礁量起。[31]但是中國也因此在幾天後發表「U形線」地圖——顯然變更了論據的條件。除了中國之外，所有的國家都逐漸把他們的主張大體調整到吻合《聯合國海洋法公約》了。東南亞國家或許不承認其他各國權利主張的有效性，但是他們已開始同意解決其歧異的基礎。慢慢地，南中國海的某些爭議正在解套。

越南、馬來西亞和印尼已經解決三國海床接壤地區的權利主張，三國也正在協商劃定各專屬經濟區的界線限制。與此同時，他們也在推動於重疊地區共同開發。馬來西亞和汶萊之間的國界，早期由英國殖民政府在一九五八年解決，後來經二〇〇九年三月十六日雙邊協定延長其效期。對於汶萊延伸的大陸棚（它延伸到馬來西亞和越南的共同開發區）仍有潛在的爭議，但是它似乎不會引爆衝突。迄至本書截稿時，越南、菲律賓、馬來西亞和汶萊還未釐清他們對大陸棚的全部權利主張。

東協各會員國內部之間最大的問題是，菲律賓持續對馬來西亞的沙巴提出權利主張——源自於英國北婆羅洲特許公司於一八七八年和蘇祿蘇丹所簽的協定究竟是割讓、還是租賃（確切的翻譯攸關此一爭議）。二〇一三年二月，支持蘇丹的人士「入侵」沙巴，此舉證明這一權利主張還是非常敏感的議題。雖然蘇丹於二〇一三年十月去世，他的遺言是要後人堅持其權利主張。[32]因此，菲律賓甚至連同意和馬來西亞從哪裡開始劃定界線都無從談起，因為有一方得先承認另一方對沙巴主張的合法性。當菲律賓的亨利．班蘇托於二〇一一年十二月向馬來西亞政府的海事研究院提出「和平自由友好合作區」的構想時，他用的一張幻燈片顯示菲律賓的國界始自馬來西亞和汶萊之間的邊界。這或許不是最合宜外交的方式去提出他的計劃。難怪馬來西亞不肯支持其提案。

法律大概不可能徹底解決爭議。即使常設仲裁法庭裁決有利於菲律賓，又有哪個國際警察來執行裁決？然而，假設中國試圖限制美軍進出南中國海，我們可以肯定國際法會被用來正當化美國的回應。與此同時，威脅動用武力會有反效果。菲律賓政府聲稱，如果它可以開發禮樂灘的碳氫化合物，數以百萬計的人民之生活水準將大為改善。把這個論述反轉過來說，或許也可以聲稱，正因為菲律賓政府沒有能力開發這些資源，才使得菲律賓的營養不足水平及嬰兒夭折率高居不下：人民瀕於死亡，是因為南中國海爭議無法解決。如果論壇能源公司或其他公司沒有取得北京同意，企圖在禮樂灘勘察或鑽油，中國船隻會擋住它。長期而言，馬尼拉或許可以建立充分的海軍力量以保護石油鑽探平台，但是恐怕還是遙遙無期。與此同時，菲律賓沒有軍事力量能確保國防安全，因此它除了延遲開發，就得屈服於中國的要求。馬尼拉會走投無路，只好急著和中國協議嗎？中國會在常設仲裁法庭做出裁決之前或之後同意和菲律賓有某種安排嗎？

除了在南中國海繼續吵之外，並沒有容易的替代方案。沒有一方希望擦槍走火，但也沒有人願意退讓一步來降低緊張。每一個島礁現在不是被占領、就是被控制，壓力已轉移到它們之間的空間，以及底下不知道有沒有的資源上。不幸的是，有相當多的機會導致衝突的出現和升高。領土爭議，再加上美、中之間為進出南中國及安全議題而角力，只會使情勢更加危險。鑒於各國政府連在糧食供應這種性命交關的議題上都不肯合作，我們很難想像區域合作會有任何進展。共同開發似乎是個好主意，但是在中國澄清其立場之前，恐怕並不實際。這一來我們又回到了歷史性的領土主張這個問題上了。

中國官員私底下承認中國政府對曾母暗沙這樣位於海平面之下、又在其他國家專屬經濟區之內的地方主張主權，法理上相當荒謬。印尼的納土納群島雖然有一部分位於「U形線」之內，據報導說，中國外交官向印尼擔保，北京對此一海域不會提出主權主張。但是同樣的官員說，基於政治理由，他們無法正式調整「U形線」——國內的反彈會太大——因此他們必須繼續維持主張。這裡頭有一部分是政治宣傳的盤算：刻意渲染它在國內承受重大壓力，以強化政府在國外的立場。但是這些風險真確存在也是事實。從中國目前的立場棄守會干犯眾怒。中國老百姓要怎麼被說服接受對南中國海不同的歷史解讀呢？

或許解答落在台灣。在台灣，更加自由地辯論中國歷史的機會，要比在大陸大得多。台灣已經有一些持異議見解的學者在重新思考二十世紀歷史的各個面向。台灣也是中華民國政府檔案儲存之所在，而最先劃出「U形線」者正是中華民國政府。公開、徹底檢視當年草率劃出「U形線」的過程，或許可以說服意見領袖重新檢視某些早被宣布為真理的民族主義迷思。此外，從台灣著手的最堅強理由或許是，北京當局深怕他們若有些許讓步，會被台北方面痛加撻伐。北京大學教授查道炯解釋說：「很簡單嘛，這是共產黨和國民黨的角力。」如果台灣的統治者，亦即國民黨或國民黨政府，願意降低南海史料編纂的衝突，北京政府才方便跟進。唯有誠實、批判性地檢視過去的歷史，才是未來和平之鎖鑰。

尾聲

二〇一四年三月，緊接著馬航MH370班機失蹤之後，越南、中國、菲律賓、新加坡、印尼、泰國和美國船艦紛紛出動，在部分南海海域搜尋生還者。這是史無前例的海上合作範例。然而，如果推定的墜機地點再偏向南邊或東邊，全世界可能就會出現一場國際爭議：中國會堅持它必須領導在「九段線」之內的任何搜索、救援行動，其他國家則拒絕配合，深怕會讓中國的主權主張合法化。好在在這片領土主張大多已解決的海域，各國都可以和諧地合作。

樂觀者或許會希望這事件能導致在南中國海新的共存共榮時代：一個互信互賴的良性循環。實務上的合作永遠值得歡迎，也是正確的努力方向，但是只要根本的爭議得不到解決，領土問題還是會繼續威脅到和平。馬航MH370班機失蹤之後不到兩個月，合作轉變成衝突，越南針對中國試圖在西沙群島鑽探石油展開抗爭。南海地區似乎再度山雨欲來風滿樓。威脅來自兩種可能性：一是某一主張國可能動用武力將另一個主張國從遙遠的島礁驅離；一是中、美之間的戰略拉鋸可能產生摩擦，引爆預料不到的火焰。一個領域的大火之後果會迅速延燒到另一個領域，把良性循環變成惡性循環。

如果南中國海沒有島礁，就不會有這些問題。既不會有陸地領土要占領，也不會有這塊陸地屬於誰的問題，大家將失去對大片水域提出權利主張的依據，也不會有封鎖重要國際航線的潛在危機，或引爆對戰略要道之通行權利的爭執。然而，過去的爭議與當代的海上區域都是因為這些小島而生，今天各國也紛紛為了它們而明爭暗鬥。國際社會，以及更重要的是國內的民眾，都睜大眼睛在看。國家的榮辱、政治人物的聲望。將由這場競賽來一決高下。我們已進入一個世界，心理因素和感受遠比擁有這些海上地貌的實際效益和代價來得重要。

有些觀察家認為中國對南中國海的權利主張只是在一場戰略牌局中的巨大咋唬，目的在於讓中國坐上牌桌、吸引各方注目。我認為問題沒有這麼單純。從小學到中央政治局，「九段線」已成為神聖的宗教。這個神話根源在於中國從帝制過渡到共和國的複雜歷程，很難被澄清。遠方島礁的命運可以做為領導人在國內分散人民注意力的利器，政府愈是在言談上唱高調，他們就愈難找到下台階以達成妥協。「九段線」將會繼續危害東南亞關係的和諧發展。過去一個世紀來被民族主義繪圖師為了政治目的而繪製的地圖，已經威脅到「亞洲世紀」的機遇，而它是可以為數十億人帶來繁榮福祉的。

中國領導圈內明顯也有人希望扭轉爭議的本質，改由根據《聯合國海洋法公約》的原則達成和解。但是更強大的遊說勢力，為了聲譽或利益，堅持在權利主張上絕不讓步。這些國內的利益，尤其是解放軍、石油公司和少數沿海省份，追求的行動對東南亞的糧食、能源和政治安全構成嚴重威脅。這些行動也威脅到北京所宣示的「和平崛起」政策的可信度，但是中央領導人似乎並不願意克制部屬的主張。就目前而言，共產黨領導的正當性依賴這些遊說力量的支持，遠勝過依賴國外的贊同。可是，這些遊說力量愈把中國政策推向此一方向，鄰國的「中國威脅論」感受勢必更加深刻，他們就會更希望採取反制措施——不論是透過全力建軍、或與美國關係走得更親近、或是雙管齊下。中國的整體戰略利益正受到它黨國體制內某些次要角色的破壞。

一切都還有機會好轉：中國可以和平崛起，東南亞可以不必心懷恐懼望向東北方，而美國和中國也可以就海上航行權達成妥協——只要中國可以放棄對「九段線」的完全要求。然而，如果解放軍開始相信自己的宣傳，企圖在「九段線」內執行領土主權，結果將會是和美國正面衝突。就目前來講，鑒於相對實力差距過大，中、美正面衝突還是高度不可能。但是要過多久，中國軍方領導人會開始認為它可能有勝算呢？為了世界和平著想，南中國海的爭議需要在那時之前解決。

在國際舞台上，中國還是相當新的演員。數十年來，它曾選擇了孤立而非交往，它的外交政策也經常是國內權力鬥爭的延伸，而與國際社會的觀念未必契合。可是，在鄧小平領導下，這一切有了改變，讓許多懷疑論者感到訝異的是，中國領導人自從一九八〇年代以來能以從前會被認為是帝國主義、或至少是資產階級的作風，去和廣大的世界交流互動。中國還在學習如何扮演這個新角色，而南中國海正是它必須在國內及國際優先之間的相對重要性做出艱鉅抉擇的地方。調整它視為固有權利的心態，以吻合現代規範，不會是輕鬆容易的事。

我之所以動筆寫這本書，是因為我和其他許多人一樣，相信在南中國海周邊某種衝突迫在眉睫。到了我研究的相當後期，我的看法變了。我變得相信中國領導人明白，若是發生戰爭，對他們有害無益，雖然它還是認為除了戰爭之外，一切都是有用的政策工具。我預期在未來數十年，三不五時小規模的衝突將會升高到外交和軍事的危機，或許甚至爆發超級大國之間的對抗。在我研究的過程中，我發現南中國海周遭正在出現一個新世界。中國正在崛起，美國正在刪減軍費，而東南亞正在設法適應新現實。有許許多多的類比旨在描述此一新世界。特別是有許多人拿古代的地中海做比擬，當時的斯巴達逐漸式微而雅典正在興起，兩者之間無可避免發生衝突。今天南中國海的新情勢或許就是如此。

然而，南中國海歷史的下一階段沒有什麼無可避免這一回事。儘管太平洋兩岸眾聲喧囂，大談中國兵力日益強盛，但若冷靜地從實際經驗分析中、美兩國軍隊的相對力量，以及它們背後的社會，在可預見的未來美國還是占上風的大國。我要提出另一個地中海的類比：一個有著美好未來的地中海。這是一個半封閉的大海，分享著共同的歷史，也有休戚與共的現在，其整體大於每一個部分的加總。它將是根據普世原則議定疆界的海域，會依共同責任治理以求最明智地運用其資源，這片海域的漁群將由所有成員以全體利益為宗旨來管理，這裡的石油開採和國際航線造成的污染將被減輕，搜索和救援任務也可以順暢地進行。這一切都有可能——只要重新劃定好疆界。

注釋

序幕

1. United Nations Convention on the Law of the Sea, Article 121.

第一章　沉船與真相：從史前到一五〇〇年

1. Atholl Anderson, 'Slow Boats from China: Issues in the Prehistory of Indo- Pacific Seafaring', in Sue O'Connor and Peter Veth (eds), *East of Wallace's Line: Studies of Past and Present Maritime Cultures of the Indo- Pacific Region* (Rotterdam, 2000) (*Modern Quaternary Research in Southeast Asia*, vol. 16), 13–50, plus personal communication.
2. 'Historical Evidence to Support China's Sovereignty over Nansha Islands', Ministry of Foreign Affairs, People's Republic of China, 17 November 2000. Available at <http://www. coi.gov.cn/scs/article/z.htm
3. Pierre- Yves Manguin, 'Trading Ships of the South China Sea', *Journal of the Economic and Social History of the Orient*, vol. 36, no. 3 (1993), 253–80.
4. Michael Churchman, 'Before Chinese and Vietnamese in the Red River Plain: The Han– Tang Period', *Chinese Southern Diaspora Studies*, vol. 4 (2010), 25–37.
5. Pye, Lucian W. "China: Erratic State, Frustrated Society." *Foreign Affairs*. 1 Sept. 1990. Web. 17 July 2014. <http://

www.foreignaffairs.com/articles/45998/lucian-w-pye/chinaerratic-state-frustrated-society>.
6. Wilhelm Solheim, *Archaeology and Culture in Southeast Asia: Unraveling the Nusantao* (Quezon City 2007), 74.
7. Derek Heng, *Sino- Malay Trade and Diplomacy from the Tenth Through the Fourteenth Century* (Athens, Ohio, 2007).
8. 個人採訪。Singapore 1 June 2012.
9. Kate Taylor, 'Treasures Pose Ethics Issues for Smithsonian', *New York Times*, 24 April 2011.
10. 個人採訪。Singapore 1 June 2012.
11. 「中國」(China)一詞的起源有可能來自於東南亞。See Chapter 3 of Anthony Reid, *Imperial Alchemy: Nationalism and Political Identity in Southeast Asia* (Cambridge, 2011), and Geoff Wade, 'The Polity of Yelang and the Origins of the Name "China" ', *Sino- Platonic Papers*, no. 188 (May 2009). Available at <http://www.sino- platonic.org>.
12. Geoff Wade, 'An Early Age of Commerce in Southeast Asia, 900–1300 ce', *Journal of Southeast Asian Studies*, vol. 40 (2009), 221–65.
13. 個人電子郵件通信。12 December 2013.
14. Quoted in Geoff Wade, 'The Zheng He Voyages: A Reassessment', *ARI Working* Paper, no. 31 (October 2004). Available at <http://www.ari.nus.edu.sg/docs/wps/wps04_031.pdf>.
15. Ibid.
16. Zhang Wei, 'The Problems Encounter [*sic*] in the Protection of UCH [underwater cultural heritages]', paper delivered at the 15th ICOMOS General Assembly and Scientific Symposium in Xi'an, China, 17–21 October 2005. Available at <http://www.international.icomos.org/xian2005/papers/4- 45.pdf>.
17. Jeff Adams, 'The Role of Underwater Archaeology in Framing and Facilitating the Chinese National Strategic Agenda', in Tami Blumenfield and Helaine Silverman (eds), *Cultural Heritage Politics in China* (New York, 2013), 261–82.
18. 'China Starts Building Base for Researching Underwater Relics', *Xinhua*, 17 March 2012.

19. 'On China's Sovereignty over Xisha and Nansha Islands', *Beijing Review*, 24 August 1979, 24.
20. Chi- Kin Lo, *China's Policy Towards Territorial Disputes: The Case of the South China Sea Islands* (London, 1989), 94.

第一章　地圖與航線：一五〇〇年至一九四八年

1. Robert Batchelor, 'The Selden Map Rediscovered: A Chinese Map of East Asian Shipping Routes, *c.*1619', *Imago Mundi*, vol. 65 (2013), 37–63. For an alternative account of how the map might have reached England, see Timothy Brook's *Mr Selden's Map of China: The Spice Trade, a Lost Chart and the South China Sea* (Rotterdam, 2014).
2. David Sandler Berkowitz, *John Selden's Formative Years: Politics and Society in Early Seventeenth- Century England* (Cranbury, New Jersey, 1988).
3. Roderich Ptak, 'Ming Maritime Trade to Southeast Asia 1368–1567: Visions of a "System" ', in Claude Guillot, Denys Lombard and Roderich Ptak (eds), *From the Mediterranean to the China Sea* (Wiesbaden, 1998), 157–92.
4. Roderich Ptak, 'Portugal and China: An Anatomy of Harmonious Coexistence (Sixteenth and Seventeenth Centuries)', in Laura Jarnagin, *Culture and Identity in the Luso- Asian World: Tenacities & Plasticities* (Singapore, 2012) (*Portuguese and Luso- Asian Legacies in Southeast Asia, 1511–2011*, vol. 2), 225–44.
5. Léonard Blussé, 'No Boats to China. The Dutch East India Company and the Changing Pattern of the China Sea Trade 1635–1690', *Modern Asian Studies*, vol. 30 (1996), 51–76.
6. Ibid.
7. Angela Schottenhammer, 'The Sea as Barrier and Contact Zone: Maritime Space and Sea Routes in Traditional China', in Angela Schottenhammer and Roderich Ptak (eds), *The Perception of Maritime Space in Traditional Chinese Sources* (Wiesbaden, 2006), 3–13.
8. Dennis O. Flynn and Arturo Giráldez, 'Born with a "Silver Spoon": The Origin of World Trade in 1571', *Journal of*

World History, vol. 6 (1995), 201–21.

9. Léonard Blussé, 'Chinese Century. The Eighteenth Century in the China Sea Region', *Archipel*, vol. 58 (1999), 107–29.
10. Cornelis Koeman, *Jan Huygen van Linschoten* (Coimbra, 1984).
11. Peter Borschberg, 'The Seizure of the *Sta Catarina* Revisited: The Portuguese Empire in Asia, VOC Politics and the Origins of the Dutch–Johor Alliance (1602–*c.*1616)', *Journal of Southeast Asian Studies*, vol. 33, no. 1 (2002), 31–62; Peter Borschberg, *Hugo Grotius, the Portuguese and Free Trade in the East Indies* (Singapore, 2011); Martine Julia van Ittersum, *Profit and Principle: Hugo Grotius, Natural Rights Theories and the Rise of Dutch Power in the East Indies, 1595–1615* (Leiden, 2006).
12. Bardo Fassbender *et al.* (eds), *The Oxford Handbook of the History of International Law* (Oxford, 2012), 369.
13. Edward Gordon, online notes for the exhibition curated by Edward Gordon and Mike Widener, *Freedom of the Seas, 1609: Grotius and the Emergence of International Law*, at Yale Law School in autumn 2009.
14. Roderich Ptak, 'The Sino- European Map (*Shanhai yudi quantu*) in the Encyclopaedia *Sancai Tuhui*', in Angela Schottenhammer and Roderich Ptak (eds), *The Perception of Maritime Space in Traditional Chinese Sources* (Wiesbaden, 2006), 191–207.
15. Léonard Blussé, 'No Boats to China. The Dutch East India Company and the Changing Pattern of the China Sea Trade 1635–1690', *Modern Asian Studies*, vol. 30 (1996), 51–76.
16. Hydrographic Office, The Admiralty, *The China Sea Directory* (London, 1889), vol. 2, 108.
17. David Hancox and Victor Prescott, *Secret Hydrographic Surveys in the Spratly Islands* (London, 1999). 西班牙製圖師已經知道黃岩島了，並把它稱呼作Maroona Shoal，隨後改名為Bajo de Masingloc。
18. Edyta Roszko, 'Commemoration and the State: Memory and Legitimacy in Vietnam', *Sojourn: Journal of Social Issues*

in Southeast Asia, vol. 25, no. 1 (2010), 1–28.

19. David Hancox and Victor Prescott, 'A Geographical Description of the Spratly Islands and an Account of Hydrographic Surveys Amongst those Islands', *Maritime Briefings*, vol. 1, no. 6 (1995). Available at <https://www.dur.ac.uk/ibru/publications/view/?id=229>.
20. Wang Wen Tai, *Hong mao fan ying ji li kao lue* [*To Study the Foreigners*], 1843, quoted in Han Zhen Hua, Lin Jin Zhi and Hu Feng Bin (eds), *Wo guo nan hai shi liao hui bian* [*Compilations of Historical Documents on our Nanhai Islands*], Dong fang chu ban she, 1988, 163, quoted in François- Xavier Bonnet, 'Geopolitics of Scarborough Shoal', Irasec's Discussion Papers, no. 14 (November 2012), 13. Available at <http://www.irasec.com>.
21. Ibid.
22. James Horsburgh, *The India Directory Or, Directions for Sailing to and from the East Indies, China, Australia, and the Interjacent Ports of Africa and South America*, 6th edn (London, 1852), vol. 2, 346.
23. Dennis Owen Flynn and Arturo Giráldez, 'Cycles of Silver: Global Economic Unity through the Mid- Eighteenth Century', *Journal of World History*, vol. 13 (2002), 391–427.
24. David P. Chandler *et al.*, *In Search of Southeast Asia: A Modern History*, rev. edn (Honolulu, 1987).
25. Carl A. Trocki, *Prince of Pirates: The Temenggongs and the Development of Johor and Singapore, 1784–1885* (Singapore, 2007).
26. Hydrographic Office, The Admiralty, *The China Sea Directory* (London, 1889), vol. 2, 103, quoted in François- Xavier Bonnet, 'Geopolitics of Scarborough Shoal', Irasec's Discussion Papers, no. 14 (November 2012). Available at <http://www.irasec.com>.
27. Eric Tagliacozzo, 'Tropical Spaces, Frozen Frontiers: The Evolution of Border Enforcement in Nineteenth- Century Insular Southeast Asia', in Paul H. Kratoska, Remco Raben and Henk Schulte Nordholt (eds), *Locating Southeast Asia:*

Geographies of Knowledge and Politics of Space (Singapore, 2005).

28. Edward J. M. Rhoad, *China's Republican Revolution: The Case of Kwangtung, 1895–1913* (Cambridge, Massachusetts, 1975).
29. *Straits Times*, 21 October 1907, 5.
30. *Straits Times*, 23 July 1909, 3.
31. *Straits Times*, 29 March 1909, 7.
32. *Straits Times*, 28 October 1909, 7.
33. *Straits Times*, 23 December 1910, 7.
34. Guangdong dong tu [General map of Guangdong Province], 1866, in Wan- Ru Cao and Zheng Xihuang (eds), *An Atlas of Ancient Maps in China* (Beijing, 1997), vol. 3, no. 196; Guangdong Yudi Quantu [Atlas of Guangdong Province], 1897, in Ping Yan, *China in Ancient and Modern Maps* (London, 1998), 247.
35. P. A. Lapicque, *A propos des Iles Paracels* (Saigon, 1929), quoted in Monique Chemillier- Gendreau, *Sovereignty over the Paracel and Spratly Islands* (Leiden, 2000), 101.
36. Guangdong yu di quan tu [New map of Guangdong Province], 1909, in François- Xavier Bonnet, 'Geopolitics of Scarborough Shoal', Irasec's Discussion Papers, no. 14 (November 2012), 15. Available at <http://www.irasec.com>.
37. William A. Callahan, 'The Cartography of National Humiliation and the Emergence of China's Geobody', *Public Culture*, vol. 21, no. 1 (2009), 141–73.
38. Han Zhenhua (ed.), *A Compilation of Historical Materials on China's South China Sea Islands* (Beijing, 1988), quoted in Zou Keyuan, *Law of the Sea in East Asia: Issues and prospects* (Abingdon, 2005), 28.
39. Han Zhenhua (ed.), *A Compilation of Historical Materials on China's South China Sea Islands* (Beijing, 1988), quoted in Zou Keyuan, 'The Chinese Traditional Maritime Boundary Line in the South China Sea and its Legal Consequences

for the Resolution of the Dispute over the Spratly Islands', *International Journal of Marine and Coastal Law*, vol. 14, no. 1 (1999), 27–55.

40. William Callahan, 'Historical Legacies and Non/Traditional Security: Commemorating National Humiliation Day in China', paper presented at Renmin University, Beijing, April 2004. Available at <https://www.dur.ac.uk/resources/china.studies/Commemorating%20 National%20Humiliation%20Day%20in%20China.pdf>.
41. Stein Tønnesson, 'The South China Sea in the Age of European Decline', *Modern Asian Studies*, vol. 40 (2006), 1–57.
42. François- Xavier Bonnet, 'Geopolitics of Scarborough Shoal', Irasec's Discussion Papers, no. 14 (November 2012), 15. Available at <http://www.irasec.com>.
43. Stein Tønnesson, 'The South China Sea in the Age of European Decline', *Modern Asian Studies*, vol. 40 (2006), 24.
44. *Wai Jiao bu nan hai zhu dao dang an hui bian* [*Compilation by the Department of Foreign Affairs of all the records concerning the islands in the South Sea*] (Taipei, 1995), vol. 1, 47–9, quoted in François- Xavier Bonnet, 'Geopolitics of Scarborough Shoal', Irasec's Discussion Papers, no. 14 (November 2012), 15. Available at <http://www.irasec.com>.
45. Zou Keyuan, 'The Chinese Traditional Maritime Boundary Line in the South China Sea and its Legal Consequences for the Resolution of the Dispute over the Spratly Islands', *International Journal of Marine and Coastal Law*, vol. 14, no. 1 (1999), 27–55.
46. François- Xavier Bonnet, 'Geopolitics of Scarborough Shoal', Irasec's Discussion Papers, no. 14 (November 2012), 18. Available at <http://www.irasec.com>.
47. Li Jinming and Li Dexia, 'The Dotted Line on the Chinese Map of the South China Sea: a Note', *Ocean Development and International Law*, vol. 34 (2003), 287–95.
48. William A. Callahan, *China: The Pessoptimist Nation* (Oxford, 2009).
49. Wu Feng- ming, 'On the New Geographic Perspectives and Sentiment of High Moral Character of Geographer Bai

Meichu in Modern China', *Geographical Research*, vol. 30 (2011), 2109–14.

50. Han Zhen Hua, Lin Jin Zhi and Hu Feng Bin (eds), *Wo guo nan hai shi liao hui bian* [*Compilations of Historical Documents on our Nanhai Islands*], Dong fang chu ban she, 1988, 353, quoted in François- Xavier Bonnet, 'Geopolitics of Scarborough Shoal', Irasec's Discussion Papers, no. 14 (November 2012), 22. Available at <http://www.irasec.com>.
51. United States Pacific Fleet, Patrol Bombing Squadron 128, Action report 3 May 1945, available at <http://www.fold3.com/image/#295881925>. United States Pacific Fleet Commander Submarines, Philippines Sea Frontier War Diary, 11/1–30/45. Available at <http://www.fold3.com/image/#301980047>.
52. A.B. Feuer, *Australian Commandos: Their Secret War Against the Japanese in World War II* (Mechanicsburg, Pennsylvania, 2006), Chapter 6.
53. US Navy Patrol Bombing Squadron 117 (VPB–117), Aircraft Action Report No. 92, available at <http://www.fold3.com/image/#302109453>.
54. US Navy, USS Cabrilla Report of 8th War Patrol. Available at <http://www.fold3.com/ image/#300365402>.
55. Quoted in Kimie Hara, *Cold War Frontiers in the Asia- Pacific: Divided Territories in the San Francisco System* (Abingdon, 2006), 146.
56. Ibid., 147.
57. Ulises Granados, 'Chinese Ocean Policies Towards the South China Sea in a Transitional Period, 1946–1952', *The China Review*, vol. 6, no. 1 (2006), 153–81, esp. 161.
58. Yann- Huei Song and Peter Kien- hong Yu, 'China's "historic waters" in the South China Sea: An Analysis from Taiwan, R.O.C.', *American Asian Review*, vol. 12, no. 4 (1994), 83–101.
59. Zou Keyuan, 'The Chinese Traditional Maritime Boundary Line in the South China Sea and its Legal Consequences for the Resolution of the Dispute over the Spratly Islands', *International Journal of Marine and Coastal Law*, vol. 14, no.

1 (1999), 27–55, esp. 33.

60. Li Jinming and Li Dexia, 'The Dotted Line on the Chinese Map of the South China Sea: a Note', *Ocean Development and International Law*, vol. 34 (2003), 287–95, esp. 290.
61. *Wai Jiao bu nan hai zhu dao dang an hui bian* [*Compilation by the Department of Foreign Affairs of all the records concerning the islands in the South Sea*] (Taipei, 1995), vol. 2, 784–88, quoted in François- Xavier Bonnet, 'Geopolitics of Scarborough Shoal', Irasec's Discussion Papers, no. 14 (November 2012), 22. Available at <http://www.irasec.com>.
62. Zou Keyuan, *Law of the Sea in East Asia: Issues and Prospects* (Abingdon, 2005), 83.
63. Euan Graham, 'China's New Map: Just Another Dash?', *Newsbrief of the Royal United Services Institute*, 3 September 2013. Available at <https://www.rusi.org/downloads/ assets/201309_NB_Graham.pdf>.

第三章　征戰與奇襲：一九四六年到一九九五年

1. Spencer Tucker, 'D'Argenlieu, Georges Thierry', in Spencer Tucker (ed.), *The Encyclopedia of the Vietnam War: A Political, Social and Military History*, 2nd edn (Santa Barbara, California, 2011).
2. Quoted in Stein Tønnesson, *Vietnam 1946: How the War Began* (Berkeley, 2010).
3. Stein Tønnesson, 'The South China Sea in the Age of European Decline', *Modern Asian Studies*, vol. 40 (2006), 1–57.
4. Michael Sullivan, *The Meeting of Eastern and Western Art*, rev. edn (Berkeley, 1997), 99.
5. Ulises Granados, 'Chinese Ocean Policies Towards the South China Sea in a Transitional Period, 1946–1952', *The China Review*, vol. 6, no. 1 (2006), 153–81.
6. Stein Tønnesson, 'The South China Sea in the Age of European Decline', *Modern Asian Studies*, vol. 40 (2006), 1–57, esp. 33.
7. Ibid., 21.

8. Daniel J. Dzurek, 'The Spratly Islands Dispute: Who's On First?', *Maritime Briefings*, vol. 2, no. 1 (1996), 15. Available at <https://www.dur.ac.uk/ibru/publications/view/?id=232>.
9. 對費勒蒙・柯洛馬之子Ramir Cloma的個人採訪・on 22 July 2012.
10. Ibid.
11. A.V.H. Hartendorp, *History of Industry and Trade of the Philippines: The Magsaysay Administration* (Manila, 1958), 209–30; Jose V. Abueva, Arnold P. Alamon and Ma. Oliva Z. Domingo, *Admiral Tomas Cloma: Father of Maritime Education and Discoverer of Freedomland/ Kalayaan Islands* (Quezon City, National College of Public Administration and Governance, (University of the Philippines, 1999), 36–7.
12. Monique Chemillier- Gendreau, *Sovereignty over the Paracel and Spratly Islands* (Leiden, 2000), 42.
13. Stein Tønnesson, 'The South China Sea in the Age of European Decline', *Modern Asian Studies*, vol. 40 (2006), 1–57, esp. 50.
14. Monique Chemillier- Gendreau, *Sovereignty over the Paracel and Spratly Islands* (Leiden, 2000).
15. Stein Tønnesson, 'The South China Sea in the Age of European Decline', *Modern Asian Studies*, vol. 40 (2006), 1–57, esp. 50.
16. Rodolfo Severino, *Where in the World is the Philippines?* (Singapore, 2010).
17. A.V.H. Hartendorp, *History of Industry and Trade of the Philippines: The Magsaysay Administration* (Manila, 1958).
18. Rodolfo Severino, *Where in the World is the Philippines?* (Singapore, 2010).
19. Daniel J. Dzurek, 'The Spratly Islands Dispute: Who's On First?', *Maritime Briefings*, vol. 2, no. 1 (1996), 19. Available at <https://www.dur.ac.uk/ibru/publications/view/?id=232>.
20. Marwyn S. Samuels, *Contest for the South China Sea* (London, 1982).
21. Robert S. Ross, *The Indochina Tangle: China's Vietnam Policy 1975–1979* (New York, 1988).

22. 中國對西沙群島的兩棲攻擊SRD- SR–44–74. US Army Special Research Detachment, Fort Meade, January 1974. Available from US Army Military History Institute.
23. US Embassy Saigon, Weekly Roundup January 10–16 1974 US Embassy Saigon. Available at http://aad.archives.gov/aad/createpdf?rid=10696&dt=2474&dl=1345. See also RVN Captain Ha Van Ngac, *The January 19, 1974 Naval Battle for the Paracels against the People's Republic of China's Navy In the East Sea* (Austin, Texas, 1999), 40.
24. Ho Van Ky Thoai, *Valor in Defeat: A Sailor's Journey* [*Can Truong Trong Chien Bai: Hanh Trinh Cua Mot Thuy Thu*] (Centreville, Virginia, 2007, self- published).
25. US Embassy, Saigon, telegram GVN/PRC DISPUTE OVER PARACEL ISLANDS, 17 January 1974. Available at http://aad.archives.gov/aad/createpdf?rid=4752&dt=247 4&dl=1345.
26. Kiem Do and Julie Kane, *Counterpart: A South Vietnamese Naval Officer's War* (Annapolis, Maryland, 1998).
27. *Foreign Relations of the United States 1969–1976*, vol. 18, China, 1973–1976, Document 66. Available at <http://history.state.gov/historicaldocuments/frus1969–76v18/d66>.
28. *China: People's Liberation Army* (Washington, JPRS Report, Foreign Broadcast Information Service, JPRS- CAR–90–005, 22 January 1990).
29. Garver, John W., 'China's Push through the South China Sea: The Intersection of Bureaucratic and National Interests', *China Quarterly* 132 (December 1992) 999–1028.
30. You Ji, 'The Evolution of China's Maritime Combat Doctrines and Models: 1949–2001', *RSIS Working Papers*, no. 22 (Singapore, May 2002). Available at <http://dr.ntu.edu.sg/ handle/10220/4422>.
31. Yang Guoyu (ed.), *Dangdai Zhongguo Haijun* [*The Modern Chinese Navy*] (Beijing, 1987), cited by John W. Garver, 'China's Push through the South China Sea: The Interaction of Bureaucratic and National Interests', *The China Quarterly*, no. 132 (1992), 999–1028.

32. 針對這個主題，想知道更多的讀者請看我的書的第九章：*Vietnam: Rising Dragon* (New Haven, Connecticut, and London, 2010).
33. M. Taylor Fravel, *Strong Borders, Secure Nation: Cooperation and Conflict in China's Territorial Disputes* (Princeton, New Jersey, 2008), 292.
34. Chen Hurng- Yu, 'The PRC's South China Sea Policy and Strategies of Occupation in the Paracel and Spratly Islands', *Issues & Studies*, vol. 36, no. 4 (2000), 95–131.
35. John W. Garver, 'China's Push through the South China Sea: the Interaction of Bureaucratic and National Interests', *The China Quarterly*, no. 132 (1992), 999–1028.
36. David Hancox and Victor Prescott, 'A Geographical Description of the Spratly Islands and an Account of Hydrographic Surveys Amongst those Islands', *Maritime Briefings*, vol. 1, no. 6 (1995). Available at <https://www.dur.ac.uk/ibru/publications/view/?id=229>.
37. 這些船中有兩艘是美軍在二次世界大戰時建造的坦克登陸艇，越戰後留了下來。HQ–505先前是USS *Bulloch County*，建造於一九四三年。第三艘是貨船。
38. 'Chinese Navy Detains Filipino Fishermen in Spratlys: Report', *Agence France Presse*, Manila, 24 January 1995; *Lianhe zaobao* [*United Morning Post*], Singapore, 25 January 1995, 34, quoted in Chen Hurng- Yu, 'The PRC's South China Sea Policy and Strategies of Occupation in the Paracel and Spratly Islands', *Issues & Studies*, vol. 36, no. 4 (2000), 95–131.
39. Liselotte Odgaard, 'Between Deterrence and Cooperation: Eastern Asian Security after the "Cold War" ', *IBRU Boundary and Security Bulletin*, vol. 6, no. 2 (1998), 73 (map). Available at <https://www.dur.ac.uk/ibru/publications/view/?id=131>.
40. 'Philippines Orders Forces Strengthened in Spratlys', Reuters News Service, 15 February 1995, quoted in Ian James

Storey, 'Creeping Assertiveness: China, the Philippines and the South China Sea Dispute', *Contemporary Southeast Asia*, vol. 21 (1999), 95–118.

41. 'Dragon Flexes its Muscles in Islands Dispute', *Independent on Sunday*, 19 March 1995, quoted ibid.
42. 'Spratlys Tension Helps Push Forces Upgrade', *Jane's Defence Weekly*, 25 February 1995, quoted ibid.
43. Renato Cruz de Castro, 'The Aquino Administration's 2011 Decision to Shift Philippine Defense Policy from Internal Security to Territorial Defense: The Impact of the South China Sea Dispute', *Korean Journal of Defense Analysis*, vol. 24 (2012), 67–87.
44. *East Asia Today*, BBC, Interview with Lee Kuan Yew, broadcast 6 June 1995.
45. Ian James Storey, 'Creeping Assertiveness: China, the Philippines and the South China Sea Dispute', *Contemporary Southeast Asia*, vol. 21 (1999), 95–118.
46. 'China Accepts Natunas Drill, Says Indonesia', AFP report, *Straits Times*, 12 September 1996, 21.

第四章　島與礁：從國際法看南海主權爭議

1. Geoffrey Marston, 'Abandonment of Territorial Claims: the Cases of Bouvet and Spratly Islands', *The British Yearbook of International Law 1986* (Oxford, 1986), 337–56.
2. Letter of 16 June 1955 from General Jacquot, General Commissioner of France and Acting Commander- in- Chief in Indochina, quoted in Monique Chemillier- Gendreau, *Sovereignty over the Paracel and Spratly Islands* (Leiden, 2000), Annex 40.
3. Ulises Granados, 'As China Meets the Southern Sea Frontier: Ocean Identity in the Making, 1902–1937', *Pacific Affairs*, vol. 78 (2005), 443–61.
4. 'Truong Sa Lon: Growing Town at Sea', Vietnam News Agency, 18 May 2011.

5. 'Spratlys to Become Self- sufficient in Food', *Viet Nam News*, 19 July 2011.
6. 'Vietnam Navy Commemorates Soldiers Killed in 1988 Clash with China', *VoV* [*The Voice of Vietnam*], 8 January 2012.
7. Rommel C. Banlaoi, *Philippines–China Security Relations: Current Issues and Emerging Concerns* (Manila, 2012).
8. 一八六〇年英國海軍的一名二副Thomas Henry Tizard探勘過之後，這個環礁就以之命名堤閘灘（Tizard Bank）。David Hancox and Victor Prescott, 'A Geographical Description of the Spratly Islands and an Account of Hydrographic Surveys Amongst those Islands', *Maritime Briefings*, vol. 1, no. 6 (1995). Available at <https://www.dur.ac.uk/ibru/publications/view/?id=229>.
9. General Juancho Sabban, personal interview on 5 March 2012 in Puerto Princesa, Philippines.
10. 'Notification and Statement of Claim', Republic of the Philippines, Department of Foreign Affairs, 22 January 2013. Available at <http://www.dfa.gov.ph/index.php/ component/docman/doc_download/56- notification- and- statement- of- claim- on- westphilippine- sea>.
11. The full judgment is available at <http://www.icj- cij.org/docket/files/124/17164.pdf>.

第五章　石油與天然氣：南海能源藏量的虛與實

1. Nayan Chanda and Tai Ming Cheung, 'Reef Knots: China Seeks ASEAN Support for Spratly Plan', *Far Eastern Economic Review*, August 1990, 11.
2. 'Oil Discovered on Nansha Islands', *Xinhua*, 24 July 1987.
3. *China Daily*, 24 December 1989.
4. John W. Garver, 'China's Push through the South China Sea: the Interaction of Bureaucratic and National Interests', *The China Quarterly*, no. 132 (1992), 999–1028.
5. Knut Snildal, *Petroleum in the South China Sea – a Chinese National Interest?*, Thesis, Department of Political Science,

University of Oslo, 2000.

6. 個人電話採訪。2 December 2013.
7. 'Benton, Successful in 2 International Ventures, Plunges into Disputed China Play', *Oilgram News*, 13 December 1996. See also John R. Engen, 'Where Hope and Risk Go Hand in Hand', *World Trade Magazine*, February 1996.
8. *World Trade Magazine*, February 1996.
9. 'British Gas, Arco Begin Drilling in Area Claimed by Vietnam', *The Oil Daily*, 7 June 1994.
10. 'Crestone Begins Project in South China Sea Despite Dispute over Sovereignty of Area', *The Oil Daily*, 20 April 1994.
11. R. Thomas Collins, *Blue Dragon: Reckoning in the South China Sea* (Vienna, Virginia, 2002), 116.
12. 'Heat Builds and Vietnam and China Begin to Drill', *Offshore*, August 1994.
13. Chan Wai- fong, 'PLA Flexes its Muscles for Vietnam's Benefit', *South China Morning Post*, 3 August 1994.
14. 'Benton Oil And Gas Company Completes Acquisition of Crestone Energy Corporation', PR Newswire, 5 December 1996.
15. 'North Rail Project Launched; RP, China Start Building Rail Project from Manila to Ilocos', *Manila Bulletin*, 6 April 2004.
16. See <http://www.asean- china- center.org/english/2010–07/12/c_13395670.htm>.
17. 'RP, China to Push Formation of Asian Anti- Terror Alliance', *Philippines Star*, 1 September 2003.
18. 'Oil Giants to tap Ocean Resources', *Xinhua*, 13 November 2003.
19. Maria Eloise Calderon, 'Government Mulls Oil Search at Spratlys with China', *Business World*, 24 August 2004.
20. Aileen S.P. Baviera, 'The Influence of Domestic Politics on Philippine Foreign Policy: The Case of Philippines–China Relations since 2004', *RSIS Working Papers*, no. 241 (Singapore, June 2012). Available at <http://www.rsis.edu.sg/publications/WorkingPapers/WP241.pdf>.

21. 'China, Philippines, Vietnam Get Seismic Data from South China Sea', *Xinhua*, 19 November 2005.
22. Barry Wain, 'Manila's Bungle in the South China Sea', *Far Eastern Economic Review*, January/February 2008.
23. US State Department Cable 07HANOI1119, 'Conoco Phillips and BP Concerns About Projects in the South China Sea', 15 June 2007. Available at <http://www.wikileaks.org/ plusd/cables/07HANOI1119_a.html>.
24. US State Department Cable 08TOKYO544, 'Japan Plans No Action in South China Sea Dispute', 29 February 2008. Available at <https://www.wikileaks.org/plusd/cables/ 08TOKYO544_a.html>.
25. US State Department Cable 07HANOI1599, 'Sino- Vietnam Territorial Dispute Entangles Multiple Multinational Energy Firms', 7 September 2007. Available at <https://www. wikileaks.org/plusd/cables/07HANOI1599_a.html>.
26. 'Fu Ying Visits Wytch Farm Oilfield of the [sic] British Petroleum', Chinese Embassy, London, 25 September 2007. Available at <http://www.chinese- embassy.org.uk/eng/ EmbassyNews/2007/t377632.htm>.
27. US Embassy Cable 08 HANOI579, 'BP Transfers Operatorship of South China Sea Blocks to Petrovietnam; Exploration Work Resumes', 16 May 2008. Available at <https:// www.wikileaks.org/plusd/cables/08HANOI579_a.html>.
28. 'Petrovietnam Surveying Oil Block Eyed by China- BP', Reuters, 22 July 2008.
29. US State Department Cable 07GUANGZHOU317, 'The Tiger Sprints Ahead: Exxonmobil First Western Oil Major to Launch Fully Integrated Joint Venture in China', 9 March 2007. Available at <https://www.wikileaks.org/plusd/cables/07GUANGZHOU317_a.html>.
30. Greg Torode, 'Oil Giant Is Warned over Vietnam Deal', *South China Morning Post*, 20 July 2008.
31. US State Department Cable 08HANOI1241, 'Vietnam Negotiates Deal with Gazprom, Bypasses ExxonMobil', 6 November 2008. Available at <https://www.wikileaks.org/plusd/ cables/08HANOI1241_a.html>.
32. US State Department Cable 08HANOI897, 'Russian Concern about Chinese Pressure on ExxonMobil', 4 August

2008. Available at <http://wikileaks.org/cable/2008/08/ 08HANOI897.html>.

33. Chevron Corporation, *2010 Supplement to the Annual Report*, March 2011. Available at <http://www.chevron.com/documents/pdf/chevron2010annualreportsupplement.pdf>.

34. Buku Bertemu Ruas, 'The RMN Against China Maritime Surveillance Agency', Malaysia Flying Herald blog, 16 April 2013. Available at <http://malaysiaflyingherald.wordpress. com/2013/04/16/buku- bertemu- ruas- the- rmn- against-china- maritime- surveillance- agency/>.

35. Jon Savage, 'Oil and Gas Potential of the Area, Seismic Activities to Date and the Delays to Hydrocarbon Exploration Caused by Disputes'. Copy of presentation available at <http:// cil.nus.edu.sg/wp/wp- content/uploads/2011/06/Session–1- Jon- Savage- South- China- Sea- Conference- June–20111- pdf.pdf>.

36. 'Minister Reveals Spratly Islands' Oil Potential', *Xinhua*, 5 September 1994.

37. US Energy Information Administration, 'South China Sea Energy Brief', 7 February 2013. Available at <http://www.eia.gov/countries/regions- topics.cfm?fips=scs>.

38. US Geological Survey, 'Assessment of Undiscovered Oil and Gas Resources of Southeast Asia', Fact Sheet 2010–3015, June 2010. Available at <http://pubs.usgs.gov/fs/2010/3015/ pdf/FS10–3015.pdf>.

39. 個人採訪。Singapore 4 June 2013.

40. Japanese energy imports, 2012 figures: liquefied natural gas: 108.87m3 / 365 days / average LNG carrier size of 200,000 m3; oil: 3.65 million barrels a day / average VLCC of 2- million- barrel capacity. See <http://www.reuters.com/article/2013/04/04/lng- gas- japan- idUSL5N0CR3XZ20130404>.

41. Jian Zhang, 'China's Energy Security: Prospects, Challenges and Opportunities', *Working Papers by CEAP Visiting Fellows*, Brookings Institution Center for East Asia Policy Studies, no. 54, July 2011.

第六章　殖民與民族：誰是朋友？誰是敵人？

1. 我曾經寫過一本書完整地探討越南的政治與社會概況：*Vietnam: Rising Dragon* (New Haven, Connecticut, and London, 2010).
2. David Brown, 'State Secrets Revealed in Vietnam', *Asia Times*, 22 December 2012.
3. 'Police Caught Napping while Vandals Attack US Embassy', *Philippine Daily Inquirer*, 17 April 2012.
4. 關於美國對菲律賓的經濟政策，請參考David Joel Steinberg's *The Philippines: A Singular and a Plural Place*, 4th edn (Boulder, Colorado, 2000), 22.
5. 個人採訪。Manila 23 February 2012.
6. Benedict Anderson, 'Cacique Democracy in the Philippines: Origins and Dreams', *New Left Review*, 169 (May–June 1988), 3–31.
7. Michael Cullinane, *Ilustrado Politics: Filipino Elite Responses to American Rule, 1898–1908* (Manila, 2003), 53.
8. Caroline Sy Hau, ' "Patria é intereses": Reflections on the Origins and Changing Meanings of Ilustrado', *Philippine Studies*, vol. 59 (2011), 3–54.
9. Lisandro E. Claudio, 'Postcolonial Fissures and the Contingent Nation: An Antinationalist Critique of Philippine Historiography', *Philippine Studies*, vol. 61 (2013), 45–75.
10. 'America's Global Image Remains More Positive than China's', PewResearch Global Attitudes Project, 18 July 2013.
11. ' "West PH Sea" Now Official: So What?', 12 September 2012, <http://www.rappler.com/ nation/12277- west- ph-sea- now- official- so- what>.
12. 個人採訪。Manila 24 February 2012.
13. See <http://www.forbes.com/philippines- billionaires/list/>.
14. Caroline S. Hau, 'Conditions of Visibility: Resignifying the "Chinese"/"Filipino" in *Mano Po* and *Crying Ladies*',

Philippine Studies, vol. 53 (2005), 491–531.

15. Caroline S. Hau, 'Blood, Land, and Conversion: "Chinese" Mestizoness and the Politics of Belonging in Jose Angliongto's *The Sultanate*', *Philippine Studies*, vol. 57 (2009), 3–48.
16. Ibid.
17. 馬來西亞在一九八三年占領了彈丸礁（Swallow Reef），一九八六年占領了南海礁（Mariveles Bank）與光星仔礁（Ardasier Reef），一九九九年占領了榆亞暗沙（Investigator Shoal）與簸箕礁（Erica Reef）。馬國至今還沒有占領南通礁（Louisa Reef），汶萊也主張對它的主權。
18. 'China–Malaysia Trade to Touch US$100b', *The Star*, 16 March 2012.
19. Cheng- Chwee Kuik, 'Making Sense of Malaysia's China Policy: Asymmetry, Proximity, and Elite's Domestic Authority', *Chinese Journal of International Politics*, vol. 6 (2013), 429–67.
20. See <http://www.china.org.cn/china/2012- 05/12/content_25367605.htm>.
21. <http://www.fmprc.gov.cn/eng/wjb/zzjg/yzs/gjlb/2762/2764/t929748.shtml>.
22. Bill Bishop, 'Today's China Readings May 10, 2012', *The Sinocism China Newsletter* (website), available at <http://sinocism.com/?p=4684.
23. See <http://news.sohu.com/20120426/n341700751.shtml> (in Chinese).
24. David Lague, 'Special Report: China's Military Hawks Take the Offensive', 17 January 2013, <http://www.reuters.com/article/2013/01/17/us- china- hawks- idUSBRE90G00C20130117>.
25. Long Tao, 'The Present is a Golden Opportunity to Use Force in the South Sea', *Global Times* (Chinese edition), 27 September 2011. Note that the phrase was changed to, 'Everything will be burned to the ground should a military conflict break out. Who'll suffer most when Western oil giants withdraw?' when the republished article was republished in the English edition on 29 September 2011 as 'Time to teach those around South China Sea a lesson', http://www.

globaltimes.cn/content/677717.shtml.

26. Zhang Jianfeng, 'Luo Yuan the "Hawk" ', *Southern Weekend*, 9 April 2012. Translation at <http://southseaconversations.wordpress.com/2012/05/03/luo- yuan- a- profile/>.
27. Mark Stokes and Russell Hsiao, 'The People's Liberation Army General Political Department: Political Warfare with Chinese Characteristics', *Project 2049 Institute Occasional Paper*, 14 October 2013. Available at <http://project2049.net/publications.html>.
28. See <http://southseaconversations.wordpress.com/2013/06/07/the- enigma- of- cefcs- chairman ye/>.
29. Andrew Chubb, 'Propaganda, Not Policy: Explaining the PLA's "Hawkish Faction" (Part One)', *China Brief* (Jamestown Foundation), vol. 13, issue 15, 26 July 2013.
30. <http://www.news.xinhuanet.com/ziliao/2005- 03/16/content_2705546.htm>. Translation in Zheng Wang, 'National Humiliation, History Education, and the Politics of Historical Memory: Patriotic Education Campaign in China', *International Studies Quarterly*, vol. 52 (2008), 783–806.
31. See <http://english.cntv.cn/program/cultureexpress/20110304/106181.shtml>.
32. Leni Stenseth, *Nationalism and Foreign Policy: The Case of China's Nansha Rhetoric*, thesis, Department of Political Science, University of Oslo (1998), 92.
33. David Bandurski, 'How Should We Read China's "Discourse of Greatness"?', 23 February 2010. Available at <http://cmp.hku.hk/2010/02/23/4565/>.
34. Yuan Weishi, 'Nationalism in a Transforming China', *Global Asia*, vol. 2, no. 1 (2007), 21–7.

第七章　中美對峙：兩強爭霸難為小

1. US Embassy, Beijing, Cable 09BEIJING3276, 'MFA Press Briefing', 8 December 2009. Available at <http://wikileaks.

org/cable/2009/12/09BEIJING3276.html>.

2. US Embassy, Beijing, Cable 09BEIJING3338, 'MFA Press Briefing', 15 December 2009. Available at <http://wikileaks.org/cable/2009/12/09BEIJING3338.html>.
3. US Embassy, Phnom Penh, cable 09PHNOMPENH925_a, 'Update On Uighur Asylum- Seekers in Cambodia', 16 December 2009. Available at <https://search.wikileaks.org/ plusd/cables/09PHNOMPENH925_a.html >.
4. US Embassy, Phnom Penh, Cable 09PHNOMPENH954, 'Corrected Copy – Deportation Scenario For 20 Uighur Asylum- Seekers', 21 December 2009. Available at <http:// wikileaks.org/cable/2009/12/09PHNOMPENH954.html>.
5. 'Two More Uyghurs Get Life Sentences', *Radio Free Asia*, 27 January 2012. Available at <http://www.rfa.org/english/news/uyghur/life- 01272012201754.html>.
6. US Embassy, Beijing, Cable 09BEIJING3507, 'PRC: Vice President Xi Jinping Strengthens Relations with Cambodia during December 20–22 Visit', 31 December 2009. Available at <http://wikileaks.org/cable/2009/12/09BEIJING3507.html>.
7. 'Selected Comments during the Visit to New Bridge Prek Kadam', Cambodian Prime Minister's Office, 14 September 2009. Available at <http://cnv.org.kh/en/?p=1438>.
8. 我必須同時指出，美國當時同樣也為維族的人權問題纏身。二十二名在阿富汗或巴基斯坦被逮捕的維族男性被錯誤地指控為恐怖份子，並被囚禁在關塔那摩灣（Guantanamo Bay），被「釋放」後被強迫驅逐出境。
9. 'U.S. Suspends Some Aid to Cambodia over Uighur Case', Reuters, 1 April 2010.
10. See <http://www.army.mil/article/42598/soldiers- jump- into- history- with- cambodians- during- angkor- sentinel- 2010/>.
11. Carlyle A. Thayer, 'The Tug of War Over Cambodia', *USNI News*, 19 February 2013.
12. Craig Whitlock, 'U.S. expands counterterrorism assistance in Cambodia in spite of human rights concerns', *Washington*

Post, 15 November 2012. Available at <http://articles. washingtonpost.com/2012- 11- 15/world/35503439_1_human-rights- asia- advocacy-director- cambodia>.

13. Saing Soenthrith and Paul Vrieze, 'Hun Sen's Second Son in Meteoric Rise Through RCAF Ranks', *Cambodia Daily*, 30 January 2012.
14. Vong Sokheng, 'China Steps up Military Aid', *Phnom Penh Post*, 24 January 2013.
15. US Embassy, Beijing, Cable 09BEIJING3507, 'PRC: Vice President Xi Jinping Strengthens Relations with Cambodia during December 20–22 Visit', 31 December 2009. Available at <http://wikileaks.org/cable/2009/12/09BEIJING3507.html>.
16. Deborah Brautigam, 'Chinese Aid in Cambodia: How Much?', *China in Africa: The Real Story*, 17 May 2010. Available at <http://www.chinaafricarealstory.com/2010/05/chinese- aid- in- cambodia- how- much.html>.
17. 'Cambodia: An Ant Dodging Elephants', *Eugene Register- Guard*, 22 October 1964.
18. Donald K. Emmerson, ' "Southeast Asia": What's in a Name?', *Journal of Southeast Asian Studies*, vol. 15 (1984), 1–21.
19. Nicholas Tarling, 'From SEAFET and ASA: Precursors of ASEAN', *International Journal of Asia Pacific Studies*, vol. 3, no. 1 (2007), 1–14.
20. Robert Gates, 'Challenges to Stability in the Asia- Pacific', Shangri- La Dialogue 2008, 31 May 2008. Available at <https://www.iiss.org/en/events/shangri%20la%20dialogue/archive/ shangri- la- dialogue- 2008- 2906/first- plenary-session- 1921/dr- robert- m- gates- bce8>.
21. Kurt M. Campbell, 'The United States, China and Australia', Address to United States Studies Centre's Alliance 21 project, Emerging Asia, Customs House, Sydney, 14 March 2013.
22. 個人電話採訪。6 November 2013.
23. Hillary Rodham Clinton, Remarks at Press Availability, Hanoi, 23 July 2010. Available at <http://m.state.gov/

md145095.htm>.

24. Ian Storey, 'China's Missteps in Southeast Asia: Less Charm, More Offensive', *China Brief* (Jamestown Foundation), vol. 10, issue 25 (17 December 2010). Available at <http:// www.jamestown.org/uploads/media/cb_010_07d25e.pdf>.
25. 'China Pledges US$ 70m Aid to Cambodia', 1 April 2012. Available at <https://sg.news. yahoo.com/china- pledges-us- 70m- aid- cambodia- 075004737.html>.
26. 'Hu Wants Cambodia Help on China Sea Dispute, Pledges Aid', Reuters, 31 March 2012. Available at <http://www.reuters.com/article/2012/03/31/us- cambodia- chinaidUSBRE82U04Y20120331>.
27. 'China Offers $20 Million in Military Aid Ahead of Asean Meeting', *Voice of America, Khmer Service*, 29 May 2012. Available at <http://www.voacambodia.com/ content/china- offers- 20- million- in- military- aid- ahead- of- asean-meeting- 155432515/ 1356122.html>.
28. 'Cambodia Takes $430m China Loan', *Phnom Penh Post*, 14 June 2012. Available at <http://www.phnompenhpost.com/business/cambodia- takes- 430m- china- loan>.
29. Carlyle Thayer, 'Securing Maritime Security in the South China Sea: Norms, Legal Regimes and Realpolitik', paper presented to the International Studies Association Annual Convention, San Francisco, 6 April 2013.
30. Carlyle A. Thayer, 'ASEAN'S Code of Conduct in the South China Sea: A Litmus Test for Community- Building?', *The Asia- Pacific Journal: Japan Focus*, vol. 10, issue 34, no. 4 (20 August 2012).
31. 'Cambodian Prime Minister Hun Sen Meets Yang Jiechi', *Xinhua*, 10 July 2012.
32. Ernest Z. Bower, 'Southeast Asia from the Corner of 18th and K Streets: China Reveals Its Hand on ASEAN in Phnom Penh', *CSIS Newsletter*, vol. 3, no. 14 (19 July 2012). Available at <http://csis.org/publication/southeast- asia- corner-18th- and- k- streets- china- reveals- its- hand- asean- phnom- penh>.
33. 'Setting the Record Straight' (letter from Koy Kuong, Cambodian government spokesperson), *Phnom Penh Post*, 25 July

2012.

34. 'US, China Square off over the South China Sea', *Associated Press*, 12 July 2012.
35. 'Cambodia Rejects ASEAN Ministers' Plea to Issue Joint Communiqué', *Japan Economic Newswire*, 13 July 2012.
36. Jane Perlez, 'Asian Leaders at Regional Meeting Fail to Resolve Disputes Over South China Sea', *New York Times*, 12 July 2012.
37. 'South China Sea: ASEAN Talks Fail; No Joint Statement', *Zeenews*, 13 July 2012.
38. 個人電話採訪。6 November 2013.
39. 個人採訪。Yangon 20 November 2013.
40. 個人電話採訪。4 August 2013.
41. Kurt M. Campbell, 'The United States, China and Australia', Address to United States Studies Centre's Alliance 21 project, Emerging Asia, Customs House, Sydney, 14 March 2013.
42. Kim Beazley, 'A Shift in Thinking Is Needed to Clear Indo- Pacific Hurdles', Special Issue: In the Zone: Crisis, Opportunity and the New World Order, *The Australian*, 7–8 November 2009.
43. Kurt Campbell and Brian Andrews, 'Explaining the US "Pivot" to Asia', Programme paper, Chatham House, August 2013, available at <http://www.chathamhouse.org/publications/ papers/view/194019>.
44. Vinay Kumar, 'India, Australia Raise the Pitch on Maritime Cooperation', *The Times of India*, 5 June 2013.
45. Sandeep Dikshit, 'India Offers Vietnam Credit for Military Ware', *The Hindu*, 28 July 2013.
46. Barton Gellman and Greg Miller, 'U.S. Spy Network's Successes, Failures and Objectives Detailed in "Black Budget" Summary', *Washington Post*, 29 August 2013.
47. Bill Carey, 'Congress Passes 2014 Defense Authorization Bill', *Aviation International News*, 3 January 2014.
48. See <http://www.treasurydirect.gov/NP/debt/current> (accessed 23 May 2014).

49. Christian Le Mière, 'Rebalancing the Burden in East Asia', *Survival: Global Politics and Strategy*, vol. 55, no. 2 (April–May 2013), 31–41.
50. 個人電話採訪。4 August 2013.

第八章　包圍與突破：方興未艾的軍備競賽

1. Quoted in J.M. Van Dyke, 'Military Ships and Planes Operating in the Exclusive Economic Zone of Another Country', *Marine Policy*, vol. 28 (2004), 29–39, esp. 36.
2. Dennis Mandsager, 'The U.S. Freedom of Navigation Program: Policy, Procedure, and Future', *International Law Studies*, vol. 72, 1998, 113–27.
3. 'Short Term Energy Outlook', US Energy Information Administration, 8 October 2013. Available at <http://www.eia.gov/forecasts/steo/outlook.cfm>.
4. See <http://eng.mod.gov.cn/Database/WhitePapers/2013- 04/16/content_4442755.htm>.
5. US Department of Defense. Joint Operational Access Concept. 17 January 2012. Available at http://www.defense.gov/pubs/pdfs/joac_jan%202012_signed.pdf.
6. Jason E. Bruzdzinski, 'Demystifying *Shashoujian*: China's "Assassin's Mace" Concept', in Andrew Scobell and Larry Wortzel, *Civil- Military Change in China: Elites, Institutions, and Ideas After the 16th Party Congress* (report issued by the Strategic Studies Institute, US Army War College, 2004), 309–64. Available at <http://www.mitre.org/publications/technical- papers/demystifying- shashoujian- chinas- assassins- mace- concept>.
7. Nan Li, 'The Evolution of China's Naval Strategy and Capabilities: From "Near Coast" and "Near Seas" to "Far Seas" ', in *The Chinese Navy: Expanding Capabilities, Evolving Roles* (Washington, 2011), 109–40.
8. Wendell Minnick, 'PACAF Concludes 2nd Pacific Vision Exercise', *Defense News*, 17 November 2008.

9. Greg Jaffe, 'U.S. Model for a Future War Fans Tensions with China and Inside Pentagon', *Washington Post*, 1 August 2012.
10. 個人電話採訪。29 October 2013.
11. Information from the Stockholm International Peace Research Institute (SIPRI) Military Expenditure Database, released 15 April 2013. Available at <http://www.sipri.org/research/ armaments/milex/milex_database>.
12. 'Annual Report to Congress: Military and Security Developments Involving the People's Republic of China 2014', Office of the Secretary of Defense, May 2014.
13. US Naval Vessel Register. Available at <http://www.nvr.navy.mil/nvrships/FLEET.HTM> (accessed 6 January 2014).
14. 個人採訪。Beijing 8 November 2013.
15. Wendell Minnick, 'Chinese Media Takes Aim at J- 15 Fighter', *Defense News*, 28 September 2013.
16. Ministry of National Defense of China, 'Military Forces in Urgent Need of Standardization', *PLA Daily*, 10 December 2013. Available at <http://news.mod.gov.cn/headlines/201312/10/content_4478350.htm>, translation available at <http://chinascope.org/main/ content/view/5995/105/>.
17. Roy Kamphausen, Andrew Scobell and Travis Tanner (eds), *The 'People' in the PLA: Recruitment, Training, and Education in China's Military* (report issued by the Strategic Studies Institute, US Army War College, 2008). Available at <http://www.strategicstudiesinstitute.army.mil/pdffiles/pub858.pdf>.
18. 'PLA Chief of General Staff Stresses on Cultivating [sic] High- quality Military Personnel', *People's Daily Online*, 31 May 2013. Available at <http://english.peopledaily.com. cn/90786/8265768.html>.
19. 個人電話採訪。31 October 2013.
20. Barry D. Watts, 'Precision Strike: An Evolution', *The National Interest*, 2 November 2013.
21. David A. Fulghum, 'USAF: Slash and Burn Defense Cuts Will Cost Missions, Capabilities', *Aerospace Daily & Defense*

Report, 30 September 2011, 6.

22. Jeff Stein, 'CIA Helped Saudis Secret Chinese Missile Deal', *Newsweek*, 29 January 2014. Available at http://www.newsweek.com/exclusive- cia- helped- saudis- secret- chinese- missile- deal- 227283.
23. Jeff Himmelman, 'A Game of Shark and Minnow', *New York Times*, 27 October 2013.
24. US Department of Defense, 'Media Availability with Secretary Panetta in Cam Ranh Bay, Vietnam', *News Transcript*, 3 June 2012. Available at <http://www.defense.gov/transcripts/ transcript.aspx?transcriptid=5051>.
25. 'SECNAV Visits Logistics Group Western Pacific and Navy Region Center Singapore', *Naval News Service*, 8 August 2012; Ian Storey, personal communication, February 2014.
26. International Institute for Strategic Studies, 'Military Balance 2013 Press Statement', 14 March 2013. Available at <http://www.iiss.org/en/about%20us/press%20room/press%20releases/press%20releases/archive/2013- 61eb/march-c5a4/military- balance2013- press- statement- 61a2>.
27. Michael Richardson, 'Indonesia to Acquire One- Third of Navy of Former East Germany', *The New York Times*, 5 February 1993.
28. Benjamin Schreer, 'Moving beyond Ambitions? Indonesia's Military Modernisation', Australian Strategic Policy Institute, November 2013. Available at <https://www.aspi.org. au/publications/moving- beyond- ambitions- indonesias-military- modernisation/Strategy_ Moving_beyond_ambitions.pdf>.
29. Office of the Spokesperson, US Department of State, 'DoD- funded Integrated Maritime Surveillance System', *Fact Sheet*, 18 November 2011. Available at <http://www.state.gov/r/ pa/prs/ps/2011/11/177382.htm>.
30. Rodney Tasker, 'Ways and Means: Manila plans an expensive military upgrade', *Far Eastern Economic Review*, 11 May 1995, 28.
31. 個人採訪。Beijing 8 November 2013.

32. Stein Tønnesson, 'The South China Sea in the Age of European Decline', *Modern Asian Studies*, vol. 40 (2006), 1–57.

第九章　合作與對抗：如何解決紛爭？

1. Food and Agriculture Organization of the United Nations, 'Philippines, Fishery Country Profile', November 2005. Available at <ftp://ftp.fao.org/FI/DOCUMENT/fcp/en/ FI_CP_PH.pdf>.
2. Statement of the Southeast Asian Fisheries Development Center to the Ninth Regular Session of the Scientific Committee of the Western and Central Pacific Fisheries Commission, 6–14 August 2013, Pohnpei, Micronesia.
3. Ibid.
4. Food and Agriculture Organization of the United Nations, 'Philippines, Fishery Country Profile', November 2005. Available at <ftp://ftp.fao.org/FI/DOCUMENT/fcp/ en/FI_CP_PH.pdf>.
5. Ministry of Agriculture Bureau of Fisheries, *China Fishery Statistics Yearbook 2011* (Beijing, 2011), quoted in Zhang Hongzhou, 'China's Evolving Fishing Industry: Implications for Regional and Global Maritime Security', *RSIS Working Papers*, no. 246 (Singapore, August 2012). Available at <http://www.rsis.edu.sg/publications/WorkingPapers/WP246.pdf>.
6. Zhang Hongzhou, 'China's Evolving Fishing Industry: Implications for Regional and Global Maritime Security', *RSIS Working Papers*, no. 246 (Singapore, August 2012). Available at <http://www.rsis.edu.sg/publications/WorkingPapers/WP246.pdf>.
7. 'China Starts Annual South China Sea Fishing Ban', *Xinhua*, 16 May 2013. Available at <http://english.people.com.cn/90882/8246589.html>.
8. Kor Kian Beng, 'Fishing for Trouble in South China Sea', *Straits Times*, 31 August 2012.
9. Ibid.

10. John McManus, 'The Spratly Islands: A Marine Park?', *Ambio*, vol. 23 (1994), 181–6.
11. Daniel Coulter, 'South China Sea Fisheries: Countdown to Calamity', *Contemporary Southeast Asia*, vol. 17 (1996), 371–88.
12. United Nations Environment Programme, 'Terminal Evaluation', Reversing Environmental Degradation Trends in the South China Sea and Gulf of Thailand, 22 May 2009. Available at <http://www.unep.org/eou/Portals/52/Reports/South%20China%20Sea%20Report.pdf>.
13. Rommel C. Banlaoi, *Philippines–China Security Relations: Current Issues and Emerging Concerns* (Manila, 2012).
14. The regulations (in Chinese) are available at <http://www.sbsm.gov.cn/article/zxbs/xzxk/fwzn/200709/20070900001890.shtml>.
15. Zhiguo Gao and Bing Bing Jia, 'The Nine- Dash Line in the South China Sea: History, Status, and Implications', *The American Journal of International Law*, vol. 107 (2013), 98–124.
16. International Crisis Group, 'Stirring up the South China Sea (I)', *Asia Report*, No. 223, 23 April 2012, 14.
17. 'China's CNOOC Starts Deepwater Drilling', *UPI*, 10 May 2012
18. Nayan Chanda and Tai Ming Cheung, 'Reef Knots: China Seeks ASEAN Support for Spratly Plan', *Far Eastern Economic Review*, August 1990, 11.
19. State Council Information Office, 'White Paper on China's Peaceful Development', 6 September 2011. Available at <http://www.china.org.cn/government/whitepaper/ node_7126562.htm>.
20. 'Commentary: Turn South China Sea Dispute into China–Vietnam Cooperation Bonanza', *Xinhua*, 13 October 2013.
21. Carl Thayer, 'China–ASEAN Joint Development Overshadowed by South China Sea', *The Diplomat*, 25 October 2013.
22. 'News Analysis: "Breakthrough" Helps China, Vietnam Build Trust, Boost Cooperation', *Xinhua*, 15 October 2013.

23. Clive Schofield (ed.), *Maritime Energy Resources in Asia: Legal Regimes and Cooperation*, National Bureau of Asian Research Special Report, no. 37, February 2012.
24. Hasjim Djalal, *Preventive Diplomacy in Southeast Asia: Lessons Learned* (Jakarta, 2002), 57.
25. Hasjim Djalal and Ian Townsend- Gault, 'Managing Potential Conflicts in the South China Sea: Informal Diplomacy for Conflict Prevention', in Chester A. Crocker, Fen Osler Hampson and Pamela Aall (eds), *Herding Cats: Multiparty Mediation in a Complex World* (Washington, 1999), 107–33.
26. Hasjim Djalal, *Preventive Diplomacy in Southeast Asia: Lessons Learned* (Jakarta, 2002).
27. Ibid., 78.
28. 'Premier Li Keqiang's Keynote Speech at 10th China–ASEAN Expo', *Xinhua*, 4 September 2013. Available at <http:// www.globaltimes.cn/content/808525.shtml>.
29. Kristine Kwok, 'China's "Maritime Silk Road" Linking Southeast Asia Faces a Rocky Birth', *South China Morning Post*, 18 October 2013.
30. Virginia A. Greiman, 'Resolving the Turbulence in the South China Sea: A Pragmatic Paradigm for Joint Development', Proceedings of the International Management Development Association Twenty Second Annual World Business Congress, 25–29 June 2013, National Taipei University, Taipei, Taiwan.
31. Joint Submission dated 6 May 2009 by Malaysia and the Socialist Republic of Vietnam to the Commission on the Limits of the Continental Shelf, through the UN Secretary- General, in accordance with Article 76, paragraph 8, of UNCLOS. Available at <http:// www.un.org/Depts/los/clcs_new/submissions_files/submission_mysvnm_33_2009.htm>.
32. Marion Ramos, 'Sulu Sultan Dies; Sabah Claim Lives on', *Philippines Inquirer*, 21 October 2013. Available at <http:// newsinfo.inquirer.net/510943/sulu- sultan- dies- sabah- claim- lives- on>.

謝詞與延伸閱讀

本書試圖探討的事件橫跨不同國家，涵蓋數千公里的地域，貫穿四千五百年的歷史。我對其中不少主題只有相當概略的了解，並對那些有意或無意曾經幫助過我的、在各個領域都學有專精的教授、研究員、分析家，抱有誠摯的感恩。有不少專家的大名已經出現在正文中，然而，我必須對他們的作品做更正式的介紹，並為那些想要進一步了解南中國海的歷史與現況的讀者提供更進一步的指引。

對南海的史前史有興趣的人，應該參考：艾托爾・安德生（Atholl Anderson）、彼得・貝爾伍德（Peter Bellwood，特別是他與Ian Glover在二〇〇四年編的*Southeast Asia: From Prehistory to History*, RoutledgeCurzon）、與威廉・索爾海姆（Wilhelm Solheim，特別是*Archaeology and Culture in Southeast Asia: Unraveling the Nusantao*, University of the Philippines Press, 2006）。關於較晚時代的作品有：Kenneth Hall（尤其是*A History of Early Southeast Asia: Maritime Trade and Societal Development, 100-1500*, Rowman & Littlefield, 2011）、Derek Hong的許多論文、

皮耶—伊扶士．曼奎恩（Pierre-Yves Manguin）、Roderich Ptak、安琪拉．蕭登漢默（Angela Schottenhammer）、Li Tana、Nicholas Tarling與韋德（Geoff Wade）都不容錯過。在關於南海的宏觀概述上，最傑出的依然是王賡武的 *The Nanhai Trade: The Early History of Chinese Trade in the South China Sea*，該書最初發表於一九五八年，但之後再版多次；他在東南亞區域問題上的近期作品一樣相當具有啟發性。還有Anthony Reid的書（特別是兩冊 *Southeast Asia in the Age of Commerce 1450-1680*, Yale University Press, 1988 and 1995與 *Imperial Alchemy: Nationalism and Political Identity in Southeast Asia*, Cambridge University Press, 2009）都是極佳的入門與參考。

關於雨果．格勞秀斯與荷蘭東印度公司，可以參考馬丁．朱利亞．范．伊特桑（Martine Julia van Ittersum，見 *Profit and Principle: Hugo Grotius, Natural Rights Theories and the Rise of Dutch Power in the East Indies, 1595-1615*, Brill Academic Publishers, 2006），還有彼得．博世伯格（Peter Borschberg，見 *Hugo Grotius, the Portuguese, and Free Trade in the East Indies*, NUS Press, 2011）。關於約翰．薛爾登的地圖，請參考羅伯特．巴齊樂（Robert Batchelor）與Timothy Brook的Batchelor in *London, the Selden Map and the Making of a Global City, 1549-1689* (University of Chicago Press, 2014)與Brook的 *Mr Selden's Map of China: The Spice Trade, a Lost Chart and the South China Sea* (Profile Books, 2014)。關於南海在二十世紀的歷史，我推薦法朗索．沙維耶．波奈特（François-Xavier Bonnet）、攸里西斯．葛瑞納多斯（Ulises Granados）、鄒克淵與Stein

Tønnesson的作品。

關於當代的事件發展，艾琳．巴維耶拉（Aileen Baviera）、David Brown、John W. Garver、Christian Le Miè re、李明江、Clive Schofield、伊安．史托瑞（Ian Storey）、卡爾．賽爾（Carl Thayer）與Mark Valencia的著作都是一時之選。在法律爭議上，我仰賴羅伯特．貝克曼（Robert Beckman）與Greg Austin的著作。本書第六章借重了班納迪克．安德森（Benedict Anderson）的《想像的共同體，*Imagined Communities: Reflections on the Origin and Spread of Nationalism*, Verso, 1991）、威廉．卡拉漢（William Callahan，特別是*China: The Pessoptimist Nation*, Oxford University Press, 2012）、安德魯．查布（Andrew Chubb）、施蘊玲（Caroline Hau）、郭清水（Kuik Cheng-Chwee）、Tuong Vu與Brantly Womack（*China and Vietnam: The Politics of Asymmetry*, Cambridge University Press, 2006）的思想。與Patricio Abinales、Ari Dy與Benedict Kerkvliet的切磋，幫助我釐清了我關於菲律賓民族主義的想法。

至於關於我個人的研究，我非常感謝那些幫助我進行旅行、研究，在思想上相互砥礪思索的人。在中國有吳士存博士、洪農博士、康霖博士與其他中國南海研究院既好客又胸襟開闊的人員。在北京，有國際危機組織（International Crisis Group）的Yanmen Xie與Daniel Pinkston，北京與清華大學的安德魯．查布與其他不願被指名道姓但慷慨大方的研究同仁。

在菲律賓，Consuelo Garcia與Colin Steley對我關懷備至。Alma Anonas-Carpio在翻譯上鼎

力相助。維克多・帕茲（Victor Paz）、Lace Thornberg與菲律賓大學考古學系的職員為我打開史前史的大門。我非常感謝Rommel Banlaoi、Renato Cruz de Castro與《馬尼拉快訊報》傑出的Myrna Velasco提供的寶貴協助與建議。

新加坡大學的許多專家也惠我良多，其中包括東亞研究所的王賡武、能源研究所的Hooman Peimani，還有東南亞研究所的學者，特別是伊安・史托瑞、魯多夫・席維里諾（Rodolfo Severino）與John Miksic。在新加坡其他地方，我與Platts Energy的Yen Ling Song、潘美莉亞・李（Pamelia Lee）、NYK的Tsutomu Hidaka、IDC的Bryan Ma、Tri-Zen的湯尼・雷根（Tony Regan）、東南亞石油開發組織（SEAPEX）的Mark Harris，還有其他成員都有愉快且有深度的對話。國際戰略研究中心（International Institute for Strategic Studies）允許我參與香格里拉對話，而海軍上將Kazumine Akimoto歡迎我參加日本海洋政策研究財團（Ocean Policy Research Foundation）主辦的專家論壇。

儘管越南公共安全部（Ministry of Public Security）不發給我簽證（他們尚未原諒我上一本有關越南的書），但是，越南研究小組（Vietnam Studies Group）給了我寶貴的援助，我特別要感謝Balazs Szalontai、Shawn McHale、Alex Vuving與Brett Reilly。英國國家廣播電台（BBC）越南語服務的Nga Pham、Ngoc Nguyen與其他夥伴也提供了莫大的支持。

在泰國，朱拉隆功大學（Chulalongkorn University）的Ake Tangsupvattana與Wachiraporn

Wongnakornsawang上校慷慨地與我分享他們的時間與觀點。在美國海軍陸戰隊的Evan Almaas中校與公共事務小組的其他成員的協助下，我有幸能夠參與金色眼鏡蛇演習。

其他功不可沒的人有：托瑪士．柯洛馬（Tomas Cloma)的姪子Ramir Cloma、吉拉德．柯許（Gerald Kosh）的家人、澳大利亞格里菲斯大學（Griffith University）的Vlado Vivoda、*Defense News*的Wendell Minnick、《金邊郵報》的Shane Worrell、Huy Duong、Kerry Brown、Nora Luttmer。在英國，Zhang Xiaoyang協助我翻譯中文，而在台灣的翻譯工作則由Pinnhueih Lee跨刀，Pinnhueih還幫助取得中華民國的報紙檔案。謝謝你們大家。

我與香港海事博物館（Maritime Museum）的前主任Stephen Davies、當代東南亞研究中心（Research Institute on Contemporary Southeast Asia）的法朗索．沙維耶．波奈特、退休美國外交官David Brown、澳大利亞國防學院（Australian Defence Force Academy）的卡爾．賽爾透過電郵進行愉快的意見交換。他們、伊安．史托瑞、Stein Tønnesson都看過我的草稿，並提供剴切翔實的評論。我要向他們表達我誠摯的謝意。耶魯大學出版社的我那親切又有耐心的編輯Heather McCallum始終提醒我要集中焦點、深入淺出，我希望我沒有辜負她。謝謝。

我的太太Pamela Cox，與我們的兩個子女Tess與Patrick無怨無悔地忍受我的長期不在家，還有屋子裡堆積如山的文獻。我對他們的愛無法用紙墨表達。

附錄　中華民國內政部南海諸島中英名稱對照表

資料來源：內政部統計資料服務網之「南海諸島礁名稱」

東沙群島	**(Pratas Islands)**
東沙島	Pratas Island
北衛灘	N.Verker Bank
南衛灘	S.Verker Bank
西沙群島	**(Paracel Islands)**
永樂群島	Crescent Group
甘泉島	Robert Island
珊瑚島（八道羅島）	Pattle Island
金銀島	Money Island
道乾群島	Duncan Islands
琛航島（燈擎島）	Duncan Island
廣金島（掌島）	Palm Island
晉卿島（杜林門島）	Drummond Island
森屏灘（測量灘）	Observation Bank
羚羊礁	Antelope Reef
宣德群島	Amphitrite Group
西沙洲	West Sand
趙述島（樹島）	Tree Island
華光礁（發現礁）	Discovery Reef
玉琢礁（烏拉多礁）	Vuladdore Reef
盤石嶼（巴蘇奇島）	Passu Keah
中建島（土來塘島）	Triton Island

北礁（北砂礁）	North Reef
北島	North Island
中島	Middle Island
南島	South Island
北沙洲	North Sand
中沙洲	Middle Sand
南沙洲	South Sand
永興島（林島）	Woody Island
石島（小林島）	Rocky Island
銀礫灘（亦爾剔斯灘）	Iltis Bank
西渡灘（台圖灘）	Dido Bank
和五島（東島）	Lincoln Island
高尖石	Pyramid Rocks
蓬勃礁	Bombay Reef
湛涵灘（則衡志兒灘）	Jehangire Bank
濱湄灘（勃利門灘）	Bremen Bank
中沙群島	**（Macclesfield Bank）**
西門暗沙	Siamese Shoal
本固暗沙	Bankok Shoal
美濱暗沙	Magpie Shoal
魯班暗沙	Carpenter Shoal
立夫暗沙	Oliver Shoal
比微暗沙	Pigmy Shoal
隱磯灘	Engeria Bank
武勇暗沙	Howard Shoal
濟猛暗沙	Learmonth Shoal
海鳩暗沙	Plover Shoal
安定連礁	Addington Patch
美溪暗沙	Smith Shoal
布德暗沙	Bassett Shoal

波洑暗沙	Balfour Shoal
排波暗沙	Parry Shoal
果淀暗沙	Cawston Shoal
排洪灘	Penguin Bank
濤靜暗沙	Tanered Shoal
控湃暗沙	Combe Shoal
華夏暗沙	Cathy Shoal
石塘連礁	Hardy Patches Reef
指掌暗沙	Hand Shoal
南扉暗沙	Margesson Shoal
漫步暗沙	Walker Shoal
樂西暗沙	Phillip's Shoal
屏南暗沙	Payne Shoal
黃岩島（民主礁）	Scarborough Shoal
憲法暗沙	Truro Shoal
一統暗沙	Helen Shoal
南沙群島	**(Spratly Islands)**
雙子礁群（北危島）	North Danger
北子礁	N.E.Cay
南子礁	S.W.Cay
永登暗沙	Trident Shoal
樂斯暗沙	Lys Shoal
中業群礁	Thi-Tu Reefs
中業島	Thi-Tu Island
渚碧礁	Subi Reef
道明群礁	Loaita Bank & Reefs
楊信沙洲	Lankiam Cay
南鑰島	Loaita/South Island of Horsbung
鄭和群礁（堤閘灘）	Tizard Bank & Reefs
太平島（長島、大島）	Itu Aba Island

敦謙沙洲（北小島）	Sandy Cay
舶蘭礁	Petley Reef
安達礁	Eldad Reef
鴻庥島（南小島）	Namyit Island
南薰礁	Gaven Reefs
福祿寺礁	Western or Flora Temple Reef
大現礁（大發現礁）	Discovery Great Reef
小現礁（小發現礁）	Discovery Small Reef
永暑礁	Fiery Cross Reef
逍遙暗沙	Dhaull Shoal
尹慶群礁（零丁礁）	London Reefs
中礁	Central Reef
西礁	West Reef
東礁	East Reef
華陽礁	Cuarteron Reef
南威島（西鳥島）	Spratly/Storm Island
日積礁	Ladd Reef
奧援暗沙	Owen Shoal
南薇灘	Riflemen Bank
蓬勃堡	Bombay Castle
奧南暗沙	Orleana Shoal
金盾暗沙	Kingston Shoal
廣雅灘	Prince of Wales Bank
人駿灘	Alexandra Bank
李準灘	Grainger Bank
西衛灘	Prince Consort Bank
萬安灘	Vanguard Bank
安波沙洲（安波那島）	Amboyna Cay
隱遁暗沙	Stay Shoal
海馬灘	Seahorse Bank

蓬勃暗沙	Bombay Shoal
艦長暗沙	Royal Captain Shoal
半月暗沙	Half Moon Shoal
保衛暗沙	Viper Shoal
安渡灘	Ardasier Bank
彈丸礁	Swallow Reef
皇路礁	Royal Charlotte Reef
南通礁	Louisa Reef
北康暗沙	North Luconia Shoals
盟誼暗沙	Friendship Shoal
南安礁	Sea-horse Breakers Reef
南屏礁	Hayes Reef
南康暗沙	South Luconia Shoals
海寧礁	Herald Reef
海安礁	Stigant Reef
澄平礁	Sterra Blanca Reef
曾母暗沙（詹姆沙）	James Shoal
八仙暗沙	Parsons Shoal
立地暗沙	Lydis Shoal
禮樂灘	Reed Bank
忠孝灘	Templier Bank
神仙暗沙	Sandy Shoal
仙后灘	Fairie Queen
莪蘭暗沙	Lord Aukland Shoal
紅石暗沙	Carnatic Shoal
棕灘	Brown Bank
陽明礁	Pennsylvania N.Reef
東坡礁	Pennsylvania Reef
安塘島	Amy Douglas Island
和平暗沙	3rd Thomas Shoal

費信島（平／扁島）	Flat Island
馬歡島	Nanshan Island
西月島（西約克島）	West York Island
北恆礁	Ganges N.Reef
恆礁	Ganges Reef
景宏島（辛科威島）	Sin Cowe Island
伏波礁	Ganges Reef
汎愛暗沙	Fancy Wreck Shoal
孔明礁	Pennsylvania Reef
仙娥礁	Alicia Annie Reef
美濟礁	Mischief Reef
仙濱暗吵	Sabina Shoal
信義暗沙	1st Thomas Shoal
仁愛暗沙	2nd Thomas Shoal
海口暗沙	Investigator N.E.Shoal
畢生島	Pearson Island
南華礁	Cornwallis S. Reef
立威島	Lizzie Weber Island
南海礁	Mariveles Reef
息波礁	Ardasier Breakers Reef
破浪礁	Gloucester Breakers Reef
玉諾島	Cay Marino Island
榆亞暗沙	Investigator Shoal
金吾暗沙	S.W. Shoal
校尉暗沙	N.E. Shoal
南樂暗沙	Glasgow Shoal
司令礁	Commodore Reef
都護暗沙	North Vipor Shoal
指向礁	Director Reef

國家圖書館出版品預行編目資料

南海：21世紀的亞洲火藥庫與中國稱霸的第一步？／比爾．海頓（Bill Hayton）著；林添貴譯. -- 二版. -- 臺北市：麥田出版，城邦文化事業股份有限公司出版：英屬蓋曼群島商家庭傳媒股份有限公司城邦分公司發，民110.08
面；　公分. --（麥田國際；2）
譯自：The South China Sea : the struggle for power in Asia
ISBN 978-626-310-031-2（平裝）
1. 南海問題　2. 中國
578.193　　110008562

麥田國際 02

南海

21世紀的亞洲火藥庫與中國稱霸的第一步？

The South China Sea : the Struggle for power in Asia

作　　者／比爾．海頓（Bill Hayton）
譯　　者／林添貴
責 任 編 輯／王家軒（初版）、許月苓（二版）
校　　對／陳佩伶
諮　　詢／區肇威（軍事術語）、楊玉鶯（越南文中譯）
主　　編／林怡君

國 際 版 權／吳玲緯
行　　銷／巫維珍　何維民　吳宇軒　陳欣岑　林欣平
業　　務／李再星　陳紫晴　陳美燕　葉晉源
編 輯 總 監／劉麗真
總 經 理／陳逸瑛
發 行 人／涂玉雲
出　　版／麥田出版
10483臺北市民生東路二段141號5樓
電話：(886)2-2500-7696　傳真：(886)2-2500-1967
發　　行／英屬蓋曼群島商家庭傳媒股份有限公司城邦分公司
10483臺北市民生東路二段141號11樓
客服服務專線：(886) 2-2500-7718、2500-7719
24小時傳真服務：(886) 2-2500-1990、2500-1991
服務時間：週一至週五09:30-12:00・13:30-17:00
郵撥帳號：19863813　戶名：書虫股份有限公司
讀者服務信箱E-mail：service@readingclub.com.tw
麥 田 網 址／https://www.facebook.com/RyeField.Cite/
香港發行所／城邦（香港）出版集團有限公司
香港灣仔駱克道193號東超商業中心1/F
電話：(852)2508-6231　傳真：(852)2578-9337
馬新發行所／城邦（馬新）出版集團Cite (M) Sdn Bhd.
41-3, Jalan Radin Anum, Bandar Baru Sri Petaling, 57000 Kuala Lumpur, Malaysia.
電話：(603)9056-3833　傳真：(603)9057-6622
讀者服務信箱：services@cite.my

封 面 設 計／廖勁智
印　　刷／前進彩藝有限公司

Printed in Taiwan.

■2015年（民104）6月　初版一刷
2021年（民110）8月　二版一刷

定價：480元

ISBN 978-626-310-031-2

讀者回函卡

cite城邦媒體

※為提供訂購、行銷、客戶管理或其他合於營業登記項目或章程所定業務需要之目的，家庭傳媒集團（即英屬蓋曼群島商家庭傳媒股份有限公司城邦分公司、城邦文化事業股份有限公司、書虫股份有限公司、墨刻出版股份有限公司、城邦原創股份有限公司），於本集團之營運期間及地區內，將以e-mail、傳真、電話、簡訊、郵寄或其他公告方式利用您提供之資料（資料類別：C001、C002、C003、C011等）。利用對象除本集團外，亦可能包括相關服務的協力機構。如您有依個資法第三條或其他需服務之處，得致電本公司客服中心電話請求協助。相關資料如為非必填項目，不提供亦不影響您的權益。

□ 請勾選：本人已詳閱上述注意事項，並同意麥田出版使用所填資料於限定用途。

姓名：________________ 聯絡電話：________________

聯絡地址：□□□□□ ________________

電子信箱：________________

身分證字號：________________（此即您的讀者編號）

生日：____年____月____日 性別：□男 □女 □其他________

職業：□軍警 □公教 □學生 □傳播業 □製造業 □金融業 □資訊業 □銷售業

□其他________________

教育程度：□碩士及以上 □大學 □專科 □高中 □國中及以下

購買方式：□書店 □郵購 □其他________________

喜歡閱讀的種類：（可複選）

□文學 □商業 □軍事 □歷史 □旅遊 □藝術 □科學 □推理 □傳記 □生活、勵志

□教育、心理 □其他________________

您從何處得知本書的消息？（可複選）

□書店 □報章雜誌 □網路 □廣播 □電視 □書訊 □親友 □其他________

本書優點：（可複選）

□內容符合期待 □文筆流暢 □具實用性 □版面、圖片、字體安排適當

□其他________________

本書缺點：（可複選）

□內容不符合期待 □文筆欠佳 □內容保守 □版面、圖片、字體安排不易閱讀 □價格偏高

□其他________________

您對我們的建議：________________

____